M.Sc. Psychologin
Anke Glaßmeyer

SELBST-FÜRSORGE

DEIN ANKER IN TURBULENTEN ZEITEN

Für Janosch und Lilly

humboldt

INHALT

VORWORT

Liebe Leser:innen,

noch ein Buch über Selbstfürsorge? Gibt es da nicht schon genug? Und wieso überhaupt Selbstfürsorge? Ist das nicht total egoistisch? Das sind vielleicht Fragen, die du dir stellst.

Erst einmal kann es meiner Meinung nach nicht genug Bücher über Selbstfürsorge geben, denn nicht jede:r Autor:in spricht jeden Menschen an. Dabei ist es so wichtig, dass wir alle verstehen, weshalb es essenziell ist, dass wir uns um uns selbst sorgen und lernen, wie wir dies bewerkstelligen. Deshalb hoffe ich, dass ich viele mit meinen Worten erreichen werde.

Im ersten Teil wirst du erfahren, was Selbstfürsorge ist, wieso sie wichtig ist, woran du merkst, dass du sie zu wenig praktizierst und wie du mit Hindernissen umgehen kannst.

Im zweiten Teil werden wir konkret. Du bekommst Einblicke in die verschiedenen Bereiche, die meiner Meinung nach wichtig für eine gute Selbstfürsorge sind. Hierfür stelle ich dir unterschiedliche Übungen vor, die du nach und nach testen und, wenn du sie als hilfreich erachtest, in deinen Alltag integrieren kannst.

Dabei werde ich immer wieder Patient:innenbeispiele einfließen lassen, um das Konzept der Selbstfürsorge besser zu veranschaulichen. Diese Fallbeispiele sind so verändert, dass sich niemand darin wiedererkennen wird. Auch wirst du Einblicke in meinen eigenen Weg heraus aus der Essstörung und zu mehr Selbstfürsorge erhalten, die dir Mut machen sollen, besser für dich zu sorgen. Denn Selbstfürsorge ist eine Art Superkraft, die dich dabei unterstützt, den Herausforderungen und Widrigkeiten des Lebens kraftvoll entgegenzutreten.

Ich habe mich bewusst entschieden, hier von Patient:innen, Freund:innen etc. zu sprechen und deshalb zu gendern, denn ich möchte alle Personen, egal mit welchen Geschlecht sie sich identifizieren, einbeziehen.

Das hat zur Folge, dass sich das Buch möglicherweise an manchen Stellen etwas umständlich liest. Ich denke jedoch, dass der Mensch ein Wesen ist, das sich an diese Schreibweise gewöhnen wird, wenn immer mehr Autor:innen sie übernehmen.

Auch habe ich mich entschlossen, dich, liebe:r Leser:in, in diesem Buch zu duzen, um dich mit meinen Worten besser zu erreichen. Wenn ich dir das, was du auf den kommenden Seiten lesen wirst, persönlich erzählen würde, so wäre das „Sie" auch kein Problem. So sieze ich meine Patient:innen, die ich in der Praxis behandle, um eine professionelle Distanz zu bewahren, denn eine Psychotherapie ist eine Arbeitsbeziehung und keine Freundschaft. In meinen Online-Beratungen duze ich die Menschen jedoch trotz Arbeitsbeziehung, um ein Gefühl der Nähe zu schaffen, das aufgrund der räumlichen Distanz etwas schwerer herzustellen ist. Und Nähe möchte ich in diesem Buch auch zu dir aufbauen.

Ich habe mich zudem dazu entschlossen, nicht von Eltern, sondern von Erziehungsberechtigten, Bezugspersonen oder Fürsorgepersonen zu sprechen, denn vielleicht hattest du nicht das Privileg, bei deinen Eltern aufwachsen zu können.

Wieso schreibe ich dieses Buch?

Ich bin psychologische Psychotherapeutin für Verhaltenstherapie. Das Thema Selbstfürsorge begegnet mir auf unterschiedliche Weise in jeder Therapie. Einiges habe ich in meinem Studium und meiner Weiterbildung darüber gelernt, aber das Leben ist doch der beste Lehrmeister.

Statistisch gesehen leidet jeder vierte Mensch ein Mal in seinem Leben an einer psychischen Erkrankung. Zudem zeigen Studien, dass jedes Jahr 27,8 % der erwachsenen Bevölkerung davon betroffen sind. Das sind 17,8 Millionen Menschen. 2019 waren 20 % der Fehltage bei Frauen durch psychische Erkrankungen verursachet, bei

Männern waren es 14,2 %. Ich finde, das sind ungeheuerlich hohe Zahlen, und ich bin überzeugt, dass diese Zahl deutlich geringer wäre, wenn die Menschen eine bessere Selbstfürsorge betreiben würden.

Wenn ich meine Patient:innen frage, wie sie ihren eigenen Akku aufladen, dann staunen einige erst einmal Bauklötze. Akku aufladen? Wie und wozu? Habe ich überhaupt einen Akku?

Jeder von uns hat einen Akku. Auch du. Genauso wie dein Smartphone. Wenn dein Handy jedoch morgens, bevor du die Wohnung verlässt, nur noch 3 % Akku anzeigt, dann lädst du es wahrscheinlich vorher noch kurz auf, nimmst ein Ladekabel oder eine Powerbank mit. Die wenigsten würden denken: „Ach, 3 % Akku, das reicht locker für den gesamten Tag." Bei dir selbst bist du da oft nachlässiger, gehst über deine Grenzen, bist für alle anderen da, nur nicht für dich selbst.

Oft höre ich auch als Antwort, dass man ja zweimal im Jahr in den Urlaub fahre oder am Wochenende länger ausschlafe. Das ist schon einmal sehr gut und ein Anfang, doch reicht das nicht aus. Selbstfürsorge sollte im besten Fall täglich stattfinden.

Mein Weg zur Selbstfürsorge

Ich bin durch eine psychische Erkrankung vor einiger Zeit in eine Situation gekommen, in der ich selbst erfahren und erleben durfte, wie wichtig und heilsam Selbstfürsorge ist. Ich bin also einerseits Psychotherapeutin, doch habe ich auch eine eigene Geschichte und kenne auch die Patient:innenseite sehr gut.

Im Alter von elf Jahren erkrankte ich an Magersucht, mit 12 Jahren war ich das erste Mal stationär in einer Klinik. Damals machte ich mit Ärzt:innen und Therapeut:innen sehr negative Erfahrungen, sodass ich mir sagte: „Ich werde mal Psychotherapeutin – ich mache es anders." Vieles wurde über meinen Kopf hinweg entschieden, ich musste funktionieren und meine Gefühle und Gedanken bekamen keinen Raum, da ich kaum psychotherapeutische Gespräche hatte. Das einzige Ziel war zuzunehmen, egal um welchen Preis.

Der Preis, den ich zahlte, war, dass aus Magersucht eine Bulimie wurde. Aus einem Klinikaufenthalt wurden insgesamt sechs und bis ich wirklich sagen konnte, dass es mir gut geht, mussten über 20 Jahre vergehen. Doch ich hatte immer ein Ziel vor Augen, und Aufgeben war keine Option: Ich will Psychotherapeutin werden.

Vor einigen Jahren ging es mir sehr schlecht, ich hatte einen schlimmen Rückfall, der auf der Intensivstation im Koma endete. Lange war unklar, ob ich überlebe oder irgendwelche Langzeitschäden behalte. Ich musste wieder neu Sprechen und Laufen lernen, doch ich habe mich zurück ins Leben gekämpft. Aufgeben war für mich eben keine Option.

Diese Krise war damals ein Wendepunkt für mich, denn ich verstand, dass ich auf der Welt noch eine Aufgabe habe, und fing aus tiefster Überzeugung an zu kämpfen. Ich kann also sagen, dass diese Krise eine Chance war. Vorher hatte ich es eher halbherzig getan, für meine Familie und mein Umfeld. Damals erkannte ich, dass nur ich es in der Hand habe, dass es mir besser geht, und ich mich dafür gut um mich sorgen darf. Eigenverantwortung ist hier der zentrale Begriff.

Du musst nicht auch an so einen Wendepunkt kommen, um dir mit Selbstfürsorge zu begegnen, denn der Mensch kann auch aus den Fehlern anderer lernen. Wenn du dich ***bewusst*** dafür entscheidest, dich um dich selbst zu kümmern, wird es dir jedoch deutlich leichter fallen, denn du weißt, wofür du es tust. Und das ganz ohne so einen krassen Wendepunkt.

Immer wieder spreche ich mit meinen Patient:innen über das Thema Eigenverantwortung, denn diese ist für eine Psychotherapie unabdingbar. Bei vielen Betroffenen erlebe ich, dass sie vor allem zu Beginn ambivalent sind. Einerseits ist da der große Wunsch nach einer Veränderung, denn oft ist der Leidensdruck sehr hoch und so soll es nicht weitergehen. Andererseits ist da das Bedürfnis nach Sicherheit und Gewohnheiten, und die vorhandenen Einstellungen und Verhaltensweisen können nur schwer aufgegeben werden. So ist es auch bei der Selbstfürsorge. Viele wollen, dass es ihnen besser geht, doch etwas zu ändern ist meist erst einmal anstrengend. Und genau das kann es zu Beginn sein: anstrengend, ungewohnt, eine Überwindung. Doch mit der Zeit wird es dir leichterfallen.

Heute geht es mir so gut wie noch nie. Ich führe ein zufriedenes Leben und fühle mich erstmals wohl in meinem Körper. Das ist ein unbeschreibliches Gefühl, für das ich hart gekämpft habe – wenn man bedenkt, dass ich mich schon im Kindergarten zu dick fühlte.

Jetzt wirst du vielleicht denken: „Ach, das schaffe ich doch eh nicht, ich habe doch schon so oft versucht, mich um mich selbst zu kümmern. Wenn es wirklich so anstrengend ist, dann lass ich es besser." Das kann ich verstehen, doch ich habe all mein Wissen, das auch mir geholfen hat, in dieses Buch gesteckt. Außerdem muss dieser Weg für dich gar nicht hart und anstrengend sein, nur, weil er es bei mir war. Er kann auch leicht und beschwingt verlaufen. Probier es aus. Es lohnt sich.

Übernimm Verantwortung für dich

Ohne Eigenverantwortung gibt es selten Fortschritt. Eigenverantwortung zu übernehmen bedeutet, zu verstehen, dass das eigene Verhalten und die eigenen Handlungen Konsequenzen haben, die du selbst beeinflussen kannst. Verantwortung zu übernehmen ist nicht leicht und kann schmerzhaft und herausfordernd sein.

Vielen Menschen fällt es schwer, Eigenverantwortung zu übernehmen. Es ist leichter, den Partner:innen, Kolleg:innen, Chef:innen, Politiker:innen etc. die Schuld zu geben. Dies ist eine Art Abwehrmechanismus, und so wird die eigentliche Ursache auf andere Menschen projiziert.

Bei vielen Menschen löst die Erkenntnis, dass sie für sich und ihr Leben verantwortlich sind, erst einmal Widerstand und Ängste aus. Einige fühlen sich unter Druck gesetzt oder als Versager:in. Es passieren schlimme Dinge in deinem Leben und der Welt, für die du keine Verantwortung trägst. Wofür du jedoch verantwortlich bist, ist, wie du auf die Umstände reagierst und mit ihnen umgehst.

Eigenverantwortung bedeutet, zu lernen und zu verstehen, wie du mit dir selbst umgehen solltest, damit du zufrieden bist und ein gutes Leben führst. Das umfasst auch, nicht andere Menschen für deine Situation verantwortlich zu machen und selbst die Schritte zu gehen, die nötig sind.

Eigenverantwortung beinhaltet, die eigenen Schwächen anzunehmen und sich Fehler einzugestehen, jedoch auch die Stärken und Ressourcen zu sehen. Außerdem bedeutet sie, gut für dich zu sorgen.

Eigenverantwortung hat jedoch auch ihre Grenzen, denn es gibt Themen, die nicht durch die einzelne Person gelöst werden können, sondern auf gesellschaftlicher Ebene in der Gemeinschaft verändert werden müssen. Dazu zählen Themen wie soziale Ungerechtigkeiten und Rassismus. Es geht also nicht darum, dass du dir nun selbst die Schuld zuschiebst oder dich für etwas verantwortlich fühlst, für das du vielleicht gar nicht verantwortlich bist, sondern darum, die Verantwortung für dich und deine Selbstfürsorge im Rahmen deiner Möglichkeiten und Grenzen so gut es geht zu übernehmen.

Ich habe mich in den letzten drei Jahren intensiv mit dem Thema Selbstfürsorge auseinandergesetzt, vieles am eigenen Leib getestet und ausprobiert. Ich habe für mich erkannt, dass Selbstfürsorge das Fundament für ein gutes Wohlbefinden ist. Nicht alles, was ich getestet habe, lädt meinen Akku auf, deshalb möchte ich dich dazu anregen, alles einige Male auszuprobieren, bevor du überzeugt sagen kannst, dass es nichts für dich ist.

So erging es mir z. B. beim Yoga. Nach dem ersten Mal dachte ich: „Oh nein, das ist nichts für mich, lieber mache ich Kraftsport, da weiß ich, dass er mir guttut.“ Nur ist ausschließlich Kraftsport ohne Regeneration auch keine gute Idee, und so ging ich weiter, wenn auch widerwillig, zur Yogastunde. Mit der Zeit fielen mir die Übungen immer leichter, ich konnte mich dabei entspannen und irgendwann machte es sogar Spaß. Wenn ich es mal nicht in die Stunde schaffe, mache ich alleine eine Online-Yogastunde. Wäre ich nach dem ersten Mal nicht mehr hingegangen, wäre mir eine große Kraftquelle verwehrt geblieben.

Anders geht es mir mit Meditation. Ich testete einige Apps und schaute mir YouTube-Videos an, doch zu diesem Bereich habe ich *noch* keinen Zugang gefunden – ich sage ganz bewusst *noch*, denn nichts ist absolut und Selbstfürsorge darf sich ändern, wir dürfen sie anpassen. Sie ist quasi eine Art Experiment. Wichtig ist nur, dass du beginnst, sie in deinen Alltag zu integrieren.

Das geht natürlich nicht von heute auf morgen und braucht Zeit. Deshalb möchte ich betonen, dass du dich nicht unter Druck setzen solltest. Der Mensch ist ein Gewohnheitstier. Neue Verhaltensweisen kosten erst einmal Kraft und Überwindung. Wenn du also am Anfang Schwierigkeiten mit der Umsetzung hast, dich gut um dich selbst zu kümmern, dann ist das vollkommen normal und kein Grund, gleich alles hinzuschmeißen. Fang klein an und geh mitfühlend mit dir um. Wenn sich etwas nicht gut anfühlt, darfst du deinem Gefühl vertrauen – auch das gehört zur Selbstfürsorge.

Mit uns selbst gehen wir häufig sehr hart ins Gericht, kritisieren uns und machen uns runter. Wenn ich meine Patient:innen dann aber frage, ob sie genauso mit ihren besten Freund:innen sprechen würden, werden die meisten ganz leise.

Mit anderen Menschen sind wir meist viel mitfühlender und wertschätzender. Viele gehen darin auf, sich um andere zu kümmern, sich selbst vergessen sie dabei, denn es gilt immer noch als egoistisch, wenn wir uns um uns selbst kümmern. Doch Selbstfürsorge ist eben alles andere als egoistisch, denn nur wenn es uns gut geht, können wir auch für andere da sein.

Selbstfürsorge ist zudem höchst individuell. Was mir guttut, das kann dir eher Energie rauben. Ich bin ein sehr aktiver Mensch, brauche Struktur und Routinen. Für dich kann es jedoch wie ein Gefängnis wirken, jeden Tag einen ähnlichen geplanten Ablauf zu haben. Wichtig ist, dass du ausprobierst und in dich hineinspürst, was dir guttut und Kraft gibt. Selbstfürsorge ist wandelbar und nicht statisch. Wenn es dich vor einem halben Jahr entspannt hat, ein Puzzle zu machen, so kann es heute bei dir zu Anspannung führen. Was also vor einiger Zeit für dich gut geklappt hat, muss heute nicht mehr unbedingt funktionieren.

Wichtig ist, dass du die Dinge auch ausprobierst und anwendest, denn nur angewandtes Wissen bringt dich in die Handlung und zu mehr Selbstfürsorge.

Ich habe also in den letzten Jahren gelernt, gut für mich zu sorgen, weshalb dieses Buch nicht schon früher erschienen ist. Als der humboldt Verlag bei mir anfragte, wusste ich, dass ich umziehen werde und somit keine Zeit haben würde, ein Buch zu schreiben, wenn ich weiterhin für mich sorgen und gut auf mich achtgeben wollte. Die frühere Anke hätte große Angst gehabt, dies dem Verlag mitzuteilen, weil sie eine komplette Absage befürchtete. Ich wusste aber, dass ich meinen Patient:innen nicht etwas von Grenzen setzen und Neinsagen erzählen konnte, wenn ich es selbst nicht tue und lebe, denn Authentizität, also Echtheit und nach meinen Werten und Bedürfnissen zu leben, ist ein wichtiger Wert für mich.

Also nahm ich meinen Mut zusammen und sagte dem Verlag, dass ich sehr gerne ein Buch über Selbstfürsorge schreiben würde, gleichzeitig aber auf meine Grenzen achtgeben wolle und es für mich essenziell sei, gut für mich zu sorgen. Der Verlag fasste das Ganze sehr positiv auf: Das sei gar kein Problem, das Buch könnte einfach später erscheinen.

Doch auch der Prozess des Schreibens war eine große Herausforderung für mich. Denn neben dem Buch hatte ich mich noch entschieden, meine Praxis zu vergrößern, mit ihr umzuziehen und mir eine:n Psychotherapeut:in als Unterstützung zu suchen. Immer wieder kam ich an meine Grenzen und wollte hinschmeißen. Selbstzweifel kamen hoch und ich fühlte mich klein. Doch auch in dieser Zeit vernachlässigte ich meine Routinen nicht, ging zum Sport und spazieren, achtete auf meine Ernährung und genug Schlaf, sagte Anfragen ab und sprach mit Freund:innen, meinen Supervisor:innen und meiner Therapeutin. Ich lernte noch einmal intensiv, wie wichtig es ist, liebevoll mit mir selbst umzugehen.

Wie du mit diesem Buch arbeitest

Im ersten Teil des Buches werde ich dir erklären, was Selbstfürsorge eigentlich bedeutet, was sie mit dem Selbstwert und Selbstvertrauen zu tun hat und weshalb sie eben nicht egoistisch ist. Wir werden uns auch anschauen, wie du das Ganze trainieren kannst. Du lernst einige Hindernisse kennen und erfährst, wie dir Struktur und Routinen helfen können.

Im zweiten Teil kommst du ins Handeln. Ich zeige dir, wie du an deiner Selbstfürsorge arbeiten kannst. Dazu werde ich dir die unterschiedlichen Bereiche der Selbstfürsorge erläutern und dir Übungen und praktische Beispiele vorstellen. Immer wieder werde ich auch meine eigenen Erfahrungen mit einfließen lassen, damit dir deutlich wird, dass das Ganze an mir erprobt ist und funktioniert.

Mit einigen Ideen wirst du möglicherweise nichts anfangen können. Das ist in Ordnung, denn was für die eine Person hilfreich ist, kann für eine andere eher das Gegenteil sein. Versteh meine Tipps eher als Impulse und bediene dich an ihnen wie an einem Buffet. Wenn dir eine Speise besonders gut schmeckt, nimm einen Nachschlag. Wenn du kein Nachspeisentyp bist, ist das vollkommen fein. Stell dir dein individuelles Selbstfürsorgemenü zusammen und verzichte auf das, was dir nicht guttut. Probiere vieles einige Male aus, bevor du dich dagegen entscheidest, denn manchmal braucht es einige Zeit, bis du von einer Sache profitierst. Der Weg zu mehr Selbstfürsorge ist kein Sprint, sondern ein Marathon, bei dem jeder Schritt dich deinem Ziel näherbringt.

Ich werde dir am Ende eines Abschnitts immer wieder Reflexionsfragen stellen, die dazu dienen, dass du dich selbst hinterfragst. Nimm dir für diese Fragen regelmäßig ein paar Minuten Zeit. Deine Antworten kannst du am besten handschriftlich festhalten, denn durch das Aufschreiben werden mehr Sinne aktiviert und du speicherst deine Antworten besser ab. Zudem kannst du dir deine Notizen auch Monate später noch einmal durchlesen.

Sollten bei den Fragen unangenehme (alte) Gefühle hochkommen, mit denen du dich überfordert fühlst, dann spreche bitte mit nahestehenden Personen oder in der Psychotherapie darüber, falls du gerade eine machst. Über die Terminservicestelle unter 116117 bekommst du auch zeitnah einen Sprechstundentermin bei einer:m Psychotherapeut:in. Hilfreich kann es zudem sein, dass du dir die Fragen regelmäßig wieder stellst, um so Veränderungen wahrzunehmen und ein anderes Bewusstsein für dich zu bekommen.

Wichtig ist, dass du dir das rausnimmst, was sich für dich gut und stimmig anfühlt. Nicht alles wird passen, und das ist okay.

Jetzt wünsche ich dir viel Spaß beim Lesen!

Deine

TEIL 1 SELBSTFÜRSORGE: WAS IST DAS?

Im ersten Teil des Buches erfährst du, was Selbstfürsorge eigentlich bedeutet, was sie mit dem Selbstwert und Selbstvertrauen zu tun hat und weshalb sie nicht egoistisch ist. Du lernst, wie du Selbstfürsorge trainieren kannst, Hindernissen und Schwierigkeiten begegnest und erfährst, wie dir Struktur und Routinen dabei helfen können.

DAS PRINZIP SELBSTFÜRSORGE

Wer keine Zeit für seine Gesundheit hat, wird später viel Zeit für seine Krankheiten brauchen.

Sebastian Kneipp (1821–1897), Priester und Naturheilkundler

Selbstfürsorge ist kümmern um sich selbst

Die Begriffe Selbstfürsorge oder auch Selfcare sind gefühlt in aller Munde. Überall liest man, dass man für sich selbst sorgen solle, illustriert mit Personen, die mit einer Gesichtsmaske in der Badewanne liegen. Viele Menschen reagieren erst einmal genervt oder frustriert, wenn sie hören, dass man sich besser um sich kümmern solle. Ich vermute, dass die Abneigung gegen Selbstfürsorge daher rührt, dass man nicht jeden Trend mitmachen möchte oder Druck verspürt und deshalb automatisch erst einmal dagegen ist. Kommen wir also zur wichtigsten Frage: Was genau ist denn nun diese Selbstfürsorge?

Im Duden sucht man das Wort vergeblich. Lediglich das Wort „Fürsorge" ist dort genannt als „aktives Bemühen um jemanden, der dessen bedarf". Selbstfürsorge könnte somit als das aktive Bemühen um sich selbst verstanden werden, weil man dessen bedarf.

Eine einheitliche Definition gibt es zu dem Wort tatsächlich nicht, obwohl dieses Konzept für uns Menschen so essenziell ist.

Eine sehr treffende Beschreibung des Begriffes findet sich bei der Psychotherapeutin Luise Reddemann. Für sie ist Selbstfürsorge der liebevolle, wertschätzende, achtsame und mitfühlende Umgang mit sich selbst und das Ernstnehmen der eigenen Bedürfnisse.

Das Internet hat unterschiedliche Beschreibungen des Begriffs parat. Da ist die Rede davon, sich Zeit für Dinge zu nehmen, die einem dabei helfen, gut zu leben und die körperliche und mentale Gesundheit zu verbessern. Man liest von einer inneren Haltung und Handlungen, mit denen man Verantwortung für sich selbst, sein körperliches und psychisches Wohlbefinden übernimmt. Anderen Quellen zufolge beinhaltet der Begriff Selbstfürsorge den sorgsamen Umgang mit den eigenen Bedürfnissen, Gefühlen und Ressourcen. Wieder eine andere Quelle redet von Aktivitäten, die dem physischen und psychischen Wohlbefinden dienen und uns helfen, Belastungen und Stress auszugleichen. Selbstfürsorge umfasst zum einen Dinge, die einem guttun, die einen verwöhnen und die man sich gönnt, andererseits kann sie aber auch Verzicht oder Beschränkungen (z. B. bestimmte Nahrungsmittel, Arbeitszeit, Social-Media-Konsum) bedeuten.

Es gibt also nicht *die eine* Definition und somit auch nicht *die eine* Selbstfürsorge. Selbstfürsorge ist individuell und du darfst deine eigene Beschreibung finden. Sie ist vielschichtig und beinhaltet nicht nur das Schaumbad oder die Gesichtsmaske, wie es in den Medien häufig suggeriert wird.

REFLEXIONSFRAGE

Wenn dich jemand zum jetzigen Zeitpunkt fragen würde, was Selbstfürsorge für dich bedeutet, was würdest du antworten?

Für mich bedeutet Selbstfürsorge, sich gut um sich selbst zu kümmern. Das beinhaltet: die eigenen Bedürfnisse wahrzunehmen, diese so gut wie gerade möglich zu befriedigen und sich selbst eine gute Bezugsperson zu sein. Als wir auf die Welt gekommen sind, haben sich unsere Bezugspersonen um uns und unsere Bedürfnisse gekümmert. Heute sind wir erwachsen und dürfen diese Aufgabe selbst übernehmen. So dürfen wir nun selbst für genug Schlaf, eine gesunde Ernährung, genügend Flüssigkeit, ausreichend Bewegung und soziale Kontakte sorgen. Auch Grenzen setzen und Nein sagen fällt für mich darunter. Früher haben deine Fürsorgepersonen dir in den meisten Fällen Anerkennung, Aufmerksamkeit und fürsorgliche Zuwendung gegeben. Heute darfst du das selbst übernehmen.

Selbstfürsorge ist auch die Fähigkeit, achtsam und bewusst mit deinen Ressourcen umzugehen, sodass du keinen Raubbau an dir betreibst. So sorgst du dafür, dass du ausreichend Energie für die Bewältigung des Lebens im Hier und Jetzt und in der Zukunft zur Verfügung hast.

Selbstfürsorge ist außerdem eine innere, wertschätzende Haltung sich selbst gegenüber, in der man sich mit Güte, Nachsicht, Selbstachtung und Realismus begegnet. Es ist die Fähigkeit, gut für sich zu sorgen, liebevoll mit sich umzugehen und Zeit für sich einzuplanen. Wie du mit dir selbst sprichst, ob du liebevoll mit dir umgehst oder ob du dich abwertest, kritisierst und niedermachst, macht einen großen Unterschied. Du solltest dir selbst ein:e gut:e Freund:in sein und dich so behandeln, wie du es mit deinem Umfeld tun würdest.

Selbstfürsorge bedeutet auch, Grenzen zu setzen und Nein zu sagen. Wenn du auf Anfragen von Freund:innen, Kolleg:innen, Familie oder sonstigen Menschen immer mit Ja antwortest, wird das irgendwann nicht mehr geschätzt und frisst ganz viel deiner Energie. So kann es hilfreich sein, immer mal wieder innezuhalten und zu überprüfen, wie es dir gerade geht, wenn du dich zu sehr um dein Umfeld kümmerst, immerzu gibst und hilfst. Denn sonst läufst du Gefahr, dass dein Akku sich komplett entleert und du ausbrennst. Dich selbst nicht zu vergessen und zu vernachlässigen, ist essenziell, um eine gute Selbstfürsorge zu betreiben.

Ich frage meine Patient:innen häufig, ob sie gut Nein sagen können. In den meisten Fällen sehe ich ein Kopfschütteln. Wenn ich dann sage, dass das ja gar nicht stimme, denn sie können sehr gut Nein sagen, nämlich zu sich selbst, dann kommen viele ins Nachdenken. Denn ein Ja zu jemand anderem ist auch immer ein Nein zu sich selbst oder, anders formuliert, ein Nein zu jemand anderem ist ein Ja zu sich selbst.

Damit meine ich nicht, dass du jede Anfrage ablehnen solltest, sondern, dass du, bevor du zu- oder absagst, kurz in dich hineinhorchst, ob du etwa einer Verabredung wirklich zustimmen möchtest. Da kann es beispielsweise hilfreich sein, sich etwas Bedenkzeit zu nehmen. Sätze wie „Lass mich kurz darüber nachdenken, ich melde mich in

30 Minuten zurück" oder „Das muss ich kurz mit meiner Familie abklären" geben dir die Möglichkeit, wirklich in dich hineinzuhorchen, statt aus Gewohnheit Ja zu sagen.

Selbstfürsorge sollte regelmäßig betrieben werden, denn sie ist, um in einem Bild zu sprechen, wie das Pflegen einer Pflanze, die man regelmäßig gießen und düngen muss. Erledigt man dies nur zweimal im Jahr (vergleichbar damit, zweimal im Jahr in den Urlaub zu fahren), so geht sie ein. Dasselbe passiert dir als Mensch, wenn du deine Selbstfürsorge langfristig vernachlässigst. Welche Folgen dies haben kann, werde ich später erläutern.

Nun weißt du in etwa, was Selbstfürsorge ist. Ich möchte aber auch noch darauf eingehen, was Selbstfürsorge eben nicht ist. Sie ist keine Selbstoptimierung, kein „höher, schneller, weiter". In unserer Leistungsgesellschaft geht es häufig nur darum, noch produktiver, noch effektiver oder noch leistungsfähiger zu werden. Vielen steht kaum Zeit für Regeneration oder Erholung zur Verfügung und sie haben Sorge, aus dem Rennen zu fallen, wenn sie nicht 100 % geben.

Das meine ich nicht mit dem Begriff Selbstfürsorge. Für mich bedeutet gut für sich selbst zu sorgen, eine mentale und körperliche Gesundheit entweder wiederherzustellen oder beizubehalten. Es geht dabei nicht um Effizienz, sondern um Zufriedenheit, Gesundheit und Wohlbefinden.

Die Grundvoraussetzung dafür, eine gute Selbstfürsorge zu erlernen, ist, dass du dir deiner Bedürfnisse und Energiequellen bewusst wirst. Was gibt dir Kraft? Was hat dir vielleicht in deiner Kindheit und Jugend Freude bereitet und dir Energie gegeben? Wenn du dich darin üben möchtest, besser für dich zu sorgen, so wirst du dich intensiv mit dir selbst auseinandersetzen und reflektieren dürfen. Ich schreibe extra „dürfen", denn es ist deine freie Entscheidung, ob du etwas verändern möchtest. Wie sagte jemand mal so schön? „Müssen tust du gar nichts, außer auf den Pott, atmen und irgendwann sterben."

Vielleicht bist du jetzt etwas verwirrt: „Wie? Ich muss gar nichts ändern?" Nein, selbstverständlich nicht. Der Mensch ist ein freies Wesen, und niemand kann und wird dich zu deinem Glück zwingen. So mache ich meinen Patient:innen auch immer wieder deutlich, dass sie sich nicht verändern müssen, denn sie haben ein Recht auf ihre Erkrankung. Der Großteil möchte natürlich nicht, dass alles so bleibt, wie es ist, und doch macht diese Bewusstwerdung für viele noch einmal deutlich, dass sie es in der Hand haben, und das vermittelt ein Gefühl von Kontrolle. Und so, wie man das Recht auf eine psychische Erkrankung hat, so hast auch du das Recht, keine Selbstfürsorge zu betreiben.

REFLEXIONSFRAGEN

- Was bedeutet Selbstfürsorge für dich?
- Wie gehst du mit dir um?
- Was machst du, um deinen Akku aufzuladen?
- Mit welchen Mitteln und Methoden kümmerst du dich um dich selbst?
- Wie sollte deine Selbstfürsorge aussehen?
- Möchtest du etwas verändern?
- Was ist deine konkrete Motivation, das Thema Selbstfürsorge anzugehen?

Selbstfürsorge, Selbstbewusstsein, Selbstvertrauen

Immer wieder berichten Patient:innen mir, dass sie sich wünschen würden, mehr Selbstvertrauen zu haben. Menschen mit wenig Selbstvertrauen machen sich oft Sorgen um die Zukunft, erinnern sich häufig nur an Misserfolge und Fehler und trauen sich wenig zu.

Doch was ist Selbstvertrauen überhaupt und was hat das mit Selbstfürsorge zu tun?

SELBSTVERTRAUEN

Unter Selbstvertrauen versteht man, sich selbst und den eigenen Fähigkeiten zu vertrauen. Menschen mit einem guten Selbstvertrauen glauben an sich, stellen sich Herausforderungen, sind seltener unsicher, gehen offen mit Fehlern und Schwächen um, haben größtenteils ein positives Selbstbild und glauben daran, dass sie die Herausforderungen des Alltags gut meistern können.

Menschen mit einem guten Selbstvertrauen kennen ihre Stärken und Schwächen und lassen sich nicht von hinderlichen Gedanken ausbremsen. Sie nehmen ihre Gefühle ernst, lassen sie zu, vertrauen jedoch auf die eigenen Fähigkeiten und stellen sich Herausforderungen. Diese Menschen kennen ihre Werte und Bedürfnisse, nehmen sie wahr, kommen ins aktive Handeln und lernen z. B. Fertigkeiten, die sie benötigen, um Hürden im Leben zu meistern.

Viele wünschen sich ein gutes Selbstvertrauen, kümmern sich oft aber nicht gut um den eigenen Körper und die Psyche und wundern sich dann, dass der Körper ihnen kein Vertrauen schenkt und ihnen nicht zutraut, dass sie sich gut um sich kümmern. Wenn du eine gute Selbstfürsorge betreibst, deinem Körper und deiner Psyche das gibst, was sie brauchen, um gesund zu werden oder zu bleiben, dann wird dein Körper dir auch vertrauen. Und dies beeinflusst auch dein Vertrauen in dich selbst – dein Selbstvertrauen. Denn Vertrauen ist wechselseitig. Oder würdest du jemandem vertrauen, der sich nicht gut um sich kümmert, Raubbau am eigenen Leib betreibt, keine Grenzen setzt und sich für andere aufopfert?

Je besser deine Selbstfürsorge ist, desto größer kann auch dein Selbstvertrauen werden. Zudem kann auch dein Selbstbewusstsein wachsen.

SELBSTBEWUSSTSEIN

Unter dem Selbstbewusstsein versteht man das Wissen um das eigene Bewusstsein und die Überzeugung von den eigenen Fähigkeiten. Es beinhaltet, dass du den Wert deiner Persönlichkeit erkennst, dich und deine Stärken und Schwächen wertschätzt. Im Alltag wird Selbstbewusstsein oft mit einem selbstbewussten Auftreten gleichgesetzt.

Wenn du dich also in deiner Selbstfürsorge trainierst, hat das Einfluss auf dein Selbstvertrauen. Sorgst du dich gut um dich selbst und kennst du deine Bedürfnisse, dann bist du dir deiner selbst mehr bewusst. Befriedigst du diese Bedürfnisse, fühlst du dich meist besser und das führt zu mehr Selbstvertrauen und Selbstbewusstsein. Selbstfürsorge, Selbstvertrauen und Selbstbewusstsein hängen also eng miteinander zusammen.

REFLEXIONSFRAGEN

- Wie schätzt du dein Selbstvertrauen ein?
- Kann dein Körper sich auf dich verlassen?
- Was müsstest du ändern, damit dein Körper dir mehr vertrauen kann und umgekehrt du auch ihm?

Darum ist Selbstfürsorge heute wichtig

Vielleicht hast du das Gefühl, dass das Thema Selbstfürsorge eine Modeerscheinung ist. Das kann ich gut verstehen, denn es gibt eine Vielzahl von Büchern und Seminaren, aber auch Tees und Duschbäder, die mit dem Begriff Selfcare werben. Da gibt es Duftkerzen, Superfoods oder Nahrungsergänzungsmittel, die den Stress reduzieren oder die Stimmung steigern sollen. Unter dem Hashtag #selfcare findet man auf Instagram 73 Millionen Beiträge, #selbstfürsorge bringt es auf 466.000 Beiträge (Stand Mai 2023). Hier finden sich Bilder von Yogaposen, Smoothies, Gesichtsmasken und Badewannen. Du hast ja schon gelesen, dass das allein eben keine nachhaltige Selbstfürsorge ist, sondern eher wie ein Pflaster wirkt, das du dir schnell auf eine Wunde klebst, die jedoch eine nachhaltigere Versorgung bräuchte. Von einem Bad oder einer Maske erhoffst du dir schnelle Linderung, die oft aber nicht nachhaltig ist, denn dass dir alles zu viel wird, liegt wahrscheinlich nicht daran, dass du zu selten eine Gesichtsmaske aufträgst oder zu wenig badest. Natürlich kann aber auch das guttun und Selbstfürsorge bedeuten.

Es kann also der Eindruck entstehen, dass Selbstfürsorge ein Zeichen unserer Zeit ist. Manche behaupten auch, dass das doch alles Quatsch sei, denn unsere Großeltern hätten das ja auch nicht gebraucht.

Dass frühere Generationen es nicht gebraucht hätten, sich gut um sich selbst zu kümmern, wage ich zu bezweifeln. Sie hatten jedoch kaum eine Möglichkeit dazu. Die Generation, die den Zweiten Weltkrieg erlebt hat, stand vor einem vom Krieg zerstörten Land. Menschen wurden vertrieben, mussten flüchten, den Verlust geliebter Menschen, Hunger und Kälte ertragen und traumatische Erfahrungen machen, Soldaten wie Zivilbevölkerung.

Dass diese Menschen in der Zeit einfach nur funktioniert haben, kannst du dir sicher gut ausmalen. Sie hatten keine andere Wahl, wie auch aktuell die Menschen in der Ukraine und anderen Kriegs- und Krisenregionen. Wenn es um das reine Überleben geht, dann ist so etwas wie gute Selbstfürsorge erst einmal nebensächlich. Wie soll man gut schlafen, wenn nachts die Flieger Bomben abwerfen oder die Sirenen Alarm schlagen? Wie soll man sich ausgewogen und gesund ernähren, wenn Nahrungsmittel immer knapper werden? Die Menschen damals hatten kaum eine andere Wahl, sie waren mit Überleben beschäftigt. Gebraucht hätten sie Selbstfürsorge jedoch umso mehr.

In der heutigen Zeit haben wir jedoch sehr wohl die Wahl. Natürlich ist das Leben heute auch nicht immer leicht und wird immer komplexer. Du hast unzählige Optionen und bist möglicherweise schon davon gestresst, da du dich nicht entscheiden kannst. Die Anforderungen der Gesellschaft, aber auch deine eigenen, steigen immer weiter. Wie sollst du deine berufliche Tätigkeit, soziale Kontakte, Familienleben, Haushalt, Einkaufen, Verabredungen, Ärzt:innentermine oder Ähnliches mit genug Schlaf, gesunder Ernährung, ausreichend Bewegung, positiven Aktivitäten, Grenzen setzen etc. vereinbaren?

Vielleicht hast du auch das Gefühl, ständig erreichbar sein zu müssen. Das fördert den Stress und eine unterbewusste Unruhe. Häufig erscheint es wie eine Mammutaufgabe, Privatleben und Arbeitsleben zu vereinen, sodass für beides genug Raum da ist. Du möchtest deinem Umfeld gerecht werden, deine:n Chef:in zufriedenstellen, und und und. Wer bleibt da meist auf der Strecke? Genau: du selbst. Denn das erscheint auf den ersten Blick als die einfachste Lösung. So vermeidest du Konflikte in deinen Beziehungen oder auf der Arbeit, mit dem Preis, dass du dich selbst vernachlässigst.

Als Säugling und in der Kindheit sind wir darauf angewiesen, dass unsere Bezugspersonen sich um uns kümmern, unsere Bedürfnisse erkennen und diese befriedigen. So weinen Babys, wenn sie Hunger, Schmerzen oder eine volle Windel haben. Auch wenn die ersten Milchzähne durchkommen, schreien sie. Sie können sich noch nicht mitteilen, sich selbst etwas zum Essen holen oder aufs Klo gehen, sie sind hilflos und abhängig. In der gesamten Kindheit sind wir darauf angewiesen, dass die erwachsenen Personen, die die Verantwortung tragen, unsere Bedürfnisse befriedigen. Geschieht dies in einem ausreichenden Maß, so versteht das Kind mit der Zeit immer mehr die

Signale des eigenen Körpers und kann sich immer besser selbst regulieren. So entsteht schon ganz früh ein fürsorglicher Teil. Passiert dies nicht in einem ausreichenden Maß, so werden eigene Bedürfnisse mit der Zeit immer mehr unterdrückt, ignoriert oder ausgehalten.

REFLEXIONSFRAGEN

- Wie sind deine Bezugspersonen in Bezug auf Selbstfürsorge aufgewachsen? (Wenn du magst, suche das Gespräch mit ihnen.)
- Wie wurden deine Bedürfnisse in der Kindheit und Jugend angemessen befriedigt?
- Welche Gründe fallen dir ein, weshalb Selbstfürsorge für dich persönlich wichtig ist?

Selbstfürsorge braucht Vorbilder

Die Menschen der Nachkriegszeit, die wahrscheinlich deine Großeltern oder Urgroßeltern, vielleicht auch deine Bezugspersonen sind, hatten also kaum die Möglichkeit, eine gute Selbstfürsorge zu erlernen und zu praktizieren, denn sie waren mit Wiederaufbau, Trauer, der Verdrängung von Schuld und schlicht mit der eigenen Existenz beschäftigt. Sie konnten also selten Vorbild sein. Vorbilder sind in der Erziehung jedoch sehr wichtig, denn Kinder lernen sehr viel am Modell – am Vorbild.

VORBILD

Ein Vorbild ist eine Person, zu der man aufschaut, mit der man sich identifiziert und die oft nachgeahmt wird. Ein Vorbild kann einem Kind Orientierung und Sicherheit geben.

Je mehr gute Vorbilder (z. B. Bezugspersonen, Großeltern, Erzieher:innen, Lehrer:innen) du in deiner Kindheit hattest, die dir vorgelebt haben, wie gute Selbstfürsorge aussehen kann, desto höher ist die Wahrscheinlichkeit, dass du selbst ebenfalls liebevoll mit dir umgehst. Kinder werden nicht nur durch die Erziehung geprägt, sondern auch durch das Verhalten der Fürsorgepersonen. Kümmern diese sich hauptsächlich um andere, opfern sich auf, vernachlässigen sich selbst, nehmen sich keine Zeit für sich oder die Paarbeziehung, dann wird dem Kind vorgelebt, dass andere wichtiger sind als die Fürsorgeperson selbst. Die Art, wie die Bezugspersonen sich verhalten, wird von Kindern oft übernommen. Wie wird gestritten? Zeigen sie Gefühle und lassen sie diese auch bei anderen zu? Wie wird generell mit Emotionen umgegangen? Können Kompromisse geschlossen werden? Wie wird kommuniziert?

Wie Erziehungsberechtigte sich bewegen, wie sie sprechen, wie sie sich sozial verhalten – all das wird von Kindern imitiert. Kinder können noch nicht reflektieren und bewerten, ob das Verhalten, das die Erwachsenen an den Tag legen, gut und richtig ist.

Vermitteln die Bezugspersonen dem Kind, dass es gut ist, wie es ist, ermutigen sie es, seinen Weg zu gehen, und vertrauen sie ihm, dann fühlt das Kind sich geliebt, gesehen und verstanden. Wichtig ist, dass die Erwachsenen genauso mit sich selbst umgehen, für sich sorgen, sich annehmen und wertschätzen, damit das Kind ein Modell hat, an dem es sieht, dass gelebte Selbstfürsorge funktioniert. Zudem geht es den Vorbildern besser, wenn sie sich um sich kümmern.

Wenn die Bezugspersonen dem Kind mit wenig Wertschätzung begegnen, es nicht respektvoll behandeln und seine Bedürfnisse nicht ernst nehmen, lernt das Kind ebenfalls, dass es nicht wichtig ist und die eigenen Interessen und Verlangen nicht zählen. Nehmen die Erwachsenen die Signale des Körpers wie Müdigkeit, Hunger, Durst oder Schmerz nicht ernst, lernen auch die Kinder, ihre Bedürfnisse hintanzustellen. Wie soll ein Mensch so lernen, dass Selbstfürsorge essenziell und wichtig ist?

REFLEXIONSFRAGEN

- Wer waren deine Vorbilder in deiner Kindheit?
- Wie haben sich deine Bezugspersonen um sich gekümmert?
- Wie wurde damals damit umgegangen, wenn du Bedürfnisse geäußert hast?
- Was macht ein gutes Vorbild für dich aus?
- Was braucht es, damit **du** dir ein gutes Vorbild für Selbstfürsorge bist?

Selbstfürsorge ist individuell

Wie schon erwähnt ist Selbstfürsorge individuell. Mir tun Kraftsport, CrossFit, Yoga und Spazierengehen sehr gut, eine gute Freundin von mir könnte ich damit jagen. Sie geht eher feiern. Die eine Person tankt auf, indem sie sich nach Feierabend mit Freund:innen trifft, ich bin froh, wenn ich nach Feierabend meine Ruhe habe und ein Hörbuch hören kann.

Die Art der Selbstfürsorge hängt außerdem auch immer mit der eigenen Lebenssituation zusammen. Eine Mutter oder ein Vater hat andere Möglichkeiten als Menschen, die keine Kinder versorgen müssen. Das solltest du immer im Hinterkopf behalten und dich nicht mit anderen vergleichen.

Es gibt die Menschen, die morgens um 5 Uhr aufstehen und erst einmal eine Runde meditieren. Ich drehe mich da lieber noch einmal im meinem kuscheligen Bett um. Die einen gehen abends nach Feierabend zum Sport, ich verbringe lieber morgens vor meiner Praxiszeit die Zeit im Gym, denn ich habe durch meine Selbstständigkeit die Möglichkeit, erst vormittags in der Praxis anzufangen. Dies ist beispielsweise auch eine bewusste Entscheidung von mir, denn ich bin und war noch nie eine Frühaufsteherin und brauche morgens einfach meine Zeit.

Menschen, die im Schichtdienst arbeiten, haben wieder eine andere Ausgangslage. Schau also nicht so sehr, was andere tun, um gut für sich zu sorgen, sondern spüre in dich hinein, probiere aus, betrachte deine gegenwärtige Lebenssituation und entdecke, was dir guttut.

REFLEXIONSFRAGEN

- Was hat dir in deiner Kindheit Spaß gemacht und deinen Akku aufgeladen?
- Zu welchen Zeiten könntest du dir Zeiten für dich einräumen?
- Hast du Ideen, was dir Energie geben könnte?
- Fertige dir eine Liste mit deinen kraftgebenden Aktivitäten an. Diese sollte zu deinen Bedürfnissen, Vorlieben, deinem Charakter und deiner Lebenssituation passen.

Selbstfürsorge macht nicht nur Spaß

Du hast nun schon eine Vorstellung davon, was Selbstfürsorge ist. Beispielsweise Pausen, Dinge, die dir guttun oder auch einfach mal das Klischee-Schaumbad. Klingt gar nicht so schwer, oder?

Doch ich muss dich enttäuschen. Auch wenn es paradox klingt: Selbstfürsorge macht nicht nur Spaß und kann auch manchmal unangenehm sein. Sicherlich wirst du gelegentlich keine Lust darauf haben und sie verfluchen. So können Unruhe, Ungeduld oder ein schlechtes Gewissen auftreten. Das ist ganz normal.

Selbstfürsorge beinhaltet nämlich auch Dinge, die kurzfristig keinen Spaß machen, langfristig aber wichtig sind, um gesund zu bleiben. So macht es z. B. wenig Freude, zweimal im Jahr zum Zahnarzt zur Prophylaxe zu gehen oder mit fortschreitendem Alter auch andere Vorsorgeuntersuchungen wahrzunehmen, etwa eine Darmspiegelung. Doch diese Dinge sind wichtig, um langfristig gesund zu bleiben. Vorsorge ist besser als Nachsorge und gehört zur Selbstfürsorge eindeutig dazu.

Habe ich immer Lust auf Ärzt:innenbesuche und Gesundheitsvorsorge? Nein, sicher nicht. Tue ich es trotzdem? Ja, definitiv. Ich habe meinem Körper durch meine jahrzehntelange Essstörung mehr als genug geschadet und habe noch heute mit vielen Langzeitfolgen zu kämpfen. Ich bin meinem Körper dankbar, dass er dennoch so gut funktioniert, und ich möchte ihm vertrauen. Deshalb tue ich alles dafür, dass er mir vertraut, und kümmere mich um ihn. Wie du schon gelesen hast, hat das Einfluss auf das eigene Selbstvertrauen.

Einige Ärzt:innenbesuche sind sehr unangenehm, doch wenn du dich überwindest, ist das Gefühl danach unbeschreiblich. Mir fällt regelmäßig eine Last von den Schultern, wenn ich so einen Termin hinter mir habe, denn zum einen habe ich etwas für mich und meinen Körper getan und zum anderen habe ich anschließend die Gewissheit, dass alles in Ordnung ist. „Aber was ist, wenn etwas gefunden wird und eben nicht alles okay ist?“, fragst du. Nun, dann ist das natürlich doof und belastend, doch definitiv besser, als wenn ich eben nicht zur Vorsorge gegangen wäre: Je früher etwas erkannt wird, desto eher kann man es auch behandeln und etwas tun.

Wenn du also auf etwas, das zu deinem Wohlbefinden beitragen würde, keine Lust und keinen Antrieb hast, stelle dir in Gedanken vor, wie du dich fühlen wirst, wenn du den Punkt erledigt und abgehakt hast. Vielleicht wirst du dich erleichtert, stolz, zufrieden, entlastet, selbstbestimmt, ermutigt oder zuversichtlich fühlen. Stelle dir das Gefühl genau vor und visualisiere, wo im Körper du es wahrnehmen würdest: im Bauch, in den Schläfen, in der Brust oder vielleicht durch ein Kribbeln in den Händen oder Füßen? Das hilft dir dabei, deine Sinne zu aktivieren und die Sache wirklich anzugehen.

Ebenfalls umfasst Selbstfürsorge, Dinge zu vermeiden, die nicht gut für dich sind. So ist die Verlockung vielleicht groß, die neue Handtasche zu kaufen, aber eigentlich wolltest du in vier Wochen in den Urlaub fliegen und brauchst das Geld. Oder du bist nach einem langen Arbeitstag total geschafft, hast keine Lust mehr zu kochen und die Tiefkühlpizza lächelt dich aus dem Eisfach an. Doch du hast diese Woche schon viermal Essen bestellt, da die Woche einfach so stressig war. Pizza ist also nicht die beste Option.

Du darfst dir bewusst machen, dass vieles nicht unbedingt eine Entscheidung *gegen* etwas ist (z. B. die Handtasche oder die Pizza), sondern eine bewusste Entscheidung *für* etwas, nämlich für deine körperliche und mentale Gesundheit. Wenn du dir die ganze Zeit bewusst machst, was du alles *nicht* darfst und dir verbieten musst, um Selbstfürsorge zu betreiben, dann wird dir das Ganze wenig Freude bereiten. Deine Einstellung hat großen Einfluss auf dein Leben, wie du Dinge siehst und wahrnimmst. Dazu später mehr.

REFLEXIONSFRAGEN

- Was könntest du für dich tun, was eher weniger Spaß macht?
- Welche Dinge vermeidest du, wie z. B. Ärzt:innenbesuche, die dir langfristig aber guttun würden?
- Welche der Punkte könntest du zeitnah angehen?
- Was glaubst du, wie du dich anschließend fühlen wirst?
- Wo im Körper würdest du es wahrnehmen?

Darum sorgen wir uns lieber um andere

Kennst du das? Ein:e gute:r Freund:in ruft an, erzählt dir, dass es ihm oder ihr nicht so gut geht. Du lässt alles stehen und liegen und hängst entweder stundenlang am Telefon oder fährst zu der Person hin und hast ein offenes Ohr? Wahrscheinlich sagst du mitfühlende Dinge, unterstützt, baust auf und hörst zu. Du wirst nicht ungeduldig, machst keinen Druck und bist nicht genervt, sondern mitfühlend und unterstützend.

Jemand anderem zu helfen, gibt dir wahrscheinlich ein gutes Gefühl und fühlt sich leichter an, als dich um dich selbst zu kümmern. Es hilft dir vielleicht auch, dich von dir und deinen eigenen Baustellen und Problemen abzulenken und dich auf jemanden anderen zu fokussieren. Wahrscheinlich hast du dann auch das Gefühl, gebraucht zu werden und etwas zu bewirken, und bekommst Dankbarkeit entgegengebracht. Eventuell kannst du es auch schwer aushalten, wenn es deinem Gegenüber nicht gut geht und die Person leidet.

Viele Menschen können nur schwer Hilfe annehmen, weil sie sich beispielsweise sonst unselbstständig fühlen. Andere wissen nicht, wen sie um Hilfe bitten können, weil sie es nie gelernt haben oder nicht hilflos wirken wollen. Es fällt ihnen schwer, sich schwach und verletzlich zu zeigen, oder sie wollen anderen nicht zur Last fallen. Häufig höre ich von meinen Patient:innen, dass sie es nicht verdient hätten, Hilfe anzunehmen. Sie befürchten, dass sie für andere eine Belastung sein könnten, oder vermuten, dann in der Schuld zu stehen. Schamgefühle oder Stolz können auch Gründe sein, weshalb eine Person keine Hilfe annehmen kann.

Möglicherweise erkennst du dich in einigen Punkten wieder oder hast vielleicht auch schon schlechte Erfahrungen gemacht. Frage dich einmal, ob es für dich eine Belastung ist, wenn deine Freund:innen dich ins Vertrauen ziehen, dich um Hilfe bitten oder du anderweitig helfen kannst. Wahrscheinlich fühlst du dich da eher gut.

Nun überlege mal, wie du mit dir umgehst, wenn es dir nicht so gut geht oder du etwas nicht so hinbekommen hast, wie du es dir gewünscht oder von dir erwartet hättest. Da hagelt es wahrscheinlich Vorwürfe, du wirst ungeduldig und machst dich nieder. Es würde dir vermutlich nie im Leben einfallen, so mit einer anderen Person zu sprechen und umzugehen. In so einer Situation Hilfe anzunehmen, fällt den meisten Menschen besonders schwer. Für andere da zu sein – gar kein Problem. Selbst die Person zu sein, die Hilfe empfängt, grenzt an eine Mount-Everest-Besteigung.

Damit bist du nicht allein, denn den meisten Menschen fällt es leichter, zu helfen, anstatt Hilfe anzunehmen. Vielleicht fühlst du dich schwach oder unzulänglich, wenn du Hilfe annimmst und möchtest deshalb vermeiden, als „Opfer“ oder Hilfesuchende:r erlebt zu werden. Möglicherweise hast du auch die Erfahrung gemacht, dass dein Leid nicht wahrgenommen und dir Hilfe versagt wurde. Wenn du für eine andere Person da bist, fühlst du dich gebraucht, hast das Gefühl, etwas zu bewirken und Gutes zu tun. Es gibt dir also ein gutes Gefühl.

Bist du hingegen in der Position, dass du Hilfe brauchst, fühlst du dich schlecht, hilflos und eventuell sogar hoffnungslos. Alles ist vielleicht schwarz und du siehst das Licht am Ende des Tunnels nicht. Das Beste, was du dann tun kannst, ist, Hilfe anzunehmen.

Wenn ich meine Patient:innen frage, weshalb sie so schwer Hilfe annehmen können, dann höre ich häufig, dass sie ihrem Umfeld nicht zur Last fallen wollen. Doch das ist ein Trugschluss. Wenn du dich deinen Freund:innen öffnest, um Hilfe bittest und diese annimmst, dann machst du den Personen ein Geschenk. Ein Geschenk? Ja, denn du schenkst ihnen Vertrauen und Offenheit. Du kennst sicher das Gefühl, das du bekommst, wenn du anderen helfen kannst. Wenn du deinen Freund:innen nicht die Chance gibst, dir auch einmal zu helfen, dann nimmst du ihnen die Möglichkeit, sich auch einmal in diesem Zusammenhang gut zu fühlen. Hilfe zuzulassen ist für andere ein Geschenk, denn helfen zu können gibt der helfenden Person ein gutes Gefühl, sie fühlt sich gebraucht und nützlich.

Je besser du dich um dich selbst kümmerst, desto empathischer kannst du mit deinen Mitmenschen umgehen und tiefe und bedeutsame Beziehungen eingehen. Nicht nur du hast also einen Vorteil davon, sondern auch dein Umfeld. Ich erlebe es tagtäglich, wenn meine Patient:innen mir in der Praxis das Geschenk machen, sich zu öffnen und mir von ihren Problemen zu berichten.

REFLEXIONSFRAGEN

- Was erhöht deine Bereitschaft, anderen zu helfen?
- Wie fühlst du dich, wenn du für andere da bist?
- Kannst du um Hilfe bitten?
- Falls ja: Was führt dazu, dass es dir gelingt?
- Fall nein: Weshalb fällt es dir so schwer?
- Welche Gründe fallen dir ein, weshalb dir deine eigene Selbstfürsorge so schwerfällt?
- Wie würden deine Beziehungen aussehen, wenn du deine Mitmenschen so behandelst wie dich selbst?

Das hält dich davon ab, selbstfürsorglich zu sein

Woran liegt es, dass uns Selbstfürsorge so schwerfällt? Es könnte z. B. sein, dass du dich mit Selbstfürsorge schwertust, weil das auch bedeutet, dass du dich mit dir selbst beschäftigen musst. Wenn du ständig zu tun hast, bist du abgelenkt und hast kaum Kapazitäten, dich mit dir, deinen Bedürfnissen, Schwächen und deiner Verletzlichkeit auseinanderzusetzen.

Wenn du zur Ruhe kommst und dir eine Auszeit vom stressigen Alltag gönnst, kann es passieren, dass Gefühle und Erkenntnisse hochkommen, die du dir vielleicht lieber nicht bewusst machen möchtest. Vielleicht wird dir klar, dass dir deine Arbeit keinen Spaß macht und du eigentlich etwas ganz anderes machen möchtest.

Womöglich wäre es für dich zu schmerzhaft zu realisieren, dass deine Ausbildung nicht die richtige war. Vielleicht ist aber auch der Beruf passend, doch die Arbeitsstelle, Führungsebene oder Kolleg:innen sind nicht die richtige Wahl.

Möglicherweise wird dir, wenn du dir mehr Zeit für dich nimmst, aber auch bewusst, dass dir die Menschen, die dich umgeben, nicht guttun. Vielleicht bemerkst du, dass dein:e beste:r Freund:in deinen Akku leersaugt und du dich ihr oder ihm sehr anpasst. Vielleicht bemerkst du, dass du dich selbst immer sehr zurücknimmst, deine Meinung nicht sagst und der Person alles rechtmachen willst, aus Angst, sie zu verärgern oder einen Konflikt hervorzurufen. Eventuell realisierst du aber auch, dass deine Partnerschaft nur noch eine Zweckgemeinschaft ist. Sich dies einzugestehen, kann enorm schmerzhaft sein.

Es könnte auch sein, dass du begreifst, dass du gar nicht so belastbar bist, wie du immer dachtest. Eine Patientin von mir arbeitete als Lehrerin, hatte zudem eine kleine Tochter, ein großes Haus und einen Ehemann, der ebenfalls sehr viel arbeitete und sie kaum unterstützte. Sie sagte, dass sie das alles schon schaffe und ihre Belastung sicherlich woanders herrühre. Auch wolle sie ihren Partner nicht um Hilfe bitten, denn er arbeite ja so viel und brauche auch eine Auszeit. Diese Frau wollte lange Zeit nicht wahrhaben, dass sie nicht Superwoman war. Als sie sich endlich erlaubte, „Schwäche“ zu zeigen und ihren Mann um Hilfe zu bitten, war das ein wichtiger Meilenstein auf ihrem Heilungsweg.

Eventuell wird dir, wenn du dir Momente für die Selbstreflexion nimmst, auch deutlich, dass du gegen deine eigenen Werte lebst. Vielleicht bist du sehr naturverbunden und tierlieb, isst jedoch gelegentlich noch Fleisch, weil es dir schmeckt oder es bequemer ist, anstatt dich damit auseinanderzusetzen, wie eine ausgewogene und gesunde vegetarische oder vegane Ernährung funktioniert. Oder für dich ist Ehrlichkeit ein wichtiger Wert, du belügst jedoch dein:e Partner:in immer wieder oder bist anderweitig nicht ehrlich.

Dir fallen sicherlich noch ein paar andere Gründe ein, weshalb du dich davor drückst, Verantwortung für dich und dein Leben zu übernehmen.

Wenn du dir dieser Zusammenhänge bewusst werden würdest, müsstest du konsequenterweise auch handeln. Du müsstest dir eingestehen, dass du den falschen Beruf oder die unpassende Arbeitsstelle hast, deine Freundschaften dir nicht guttun, deine Beziehung nicht so gut läuft, du doch nicht so belastbar bist, wie du dachtest oder nicht nach deinen Werten lebst. Und dann müsstest du folgerichtig handeln und etwas ändern. Das könnte bedeuten, dass du deinen Job kündigst, eine Umschulung anstrebst, Freundschaften beendest, eine Beziehung abschreibst oder eine Paarberatung beginnst, Hilfe suchst oder ein wertekonformes Leben anstrebst.

Doch das alles ist definitiv anstrengender, als alles beim Alten zu belassen. Doch wenn du nichts änderst, ändert sich nichts. So sagte Albert Einstein: „Auf Veränderung zu hoffen, ohne selbst etwas dafür zu tun, ist wie am Bahnhof zu stehen und auf ein Schiff zu warten.“

Eine weitere Ursache, weshalb vielen Menschen Selbstfürsorge nicht so leicht von der Hand geht, ist die Aussage „Ich habe keine Zeit für Erholung und Pausen“.

Ich erinnere mich gut an einen Patienten, den immer wieder Migräneattacken oder Rückenschmerzen plagten. Er ärgerte sich, weil er seiner Selbstständigkeit nicht so nachkommen konnte wie geplant und nicht so funktionierte wie erwartet.

Doch das Leben ist ein Geben und Nehmen. Auf stressige Phasen folgen Ruhezeiten, auf die Geburt folgt irgendwann der Tod, auf den Tag die Nacht. Ohne Erholungsphasen kann es keine Leistung geben und ohne Aktivität keine Entspannung.

Als ich dies mit meinem Patienten besprach, wurde ihm noch einmal deutlicher, dass er dadurch, dass er immer bis ans Äußerste gegangen war, seinen Körper dazu zwang, dass dieser die Notbremse ziehen musste, um ihm eine ordentliche Pause zu gönnen. Denn mit der Migräne war er ans Bett gefesselt und auch mit den Rückenschmerzen war er nicht so belastbar. Eine leichte Erkältung hingegen hätte nur dazu geführt, dass der Patient seine Grenzen weiter überschritten hätte.

Oftmals bekomme ich von meinen Patient:innen auch zu hören, dass sie ja nichts ändern könnten, es nicht anders gehe und es keine Alternativen gäbe. Wie sollst du bitteschön die Präsentation noch fertigbekommen, die Kinder von Freund:innen abholen, mit dem Hund zur Tierärzt:innenpraxis, einkaufen und noch ein Paket zur Post bringen? Tatsächlich ist das nicht machbar. Du könntest jedoch beispielsweise Kolleg:innen fragen, ob sie bei der Präsentation mithelfen, die Großeltern bitten, die Enkel nach Hause zu bringen, den Einkauf liefern lassen und dann mit dem Hund zu Fuß zur Tierärzt:innenpraxis laufen, um so eine kleine Auszeit zu haben, den Kopf frei zu bekommen und dich an der frischen Luft zu bewegen. Das Paket bringst du morgen zur Post. Oftmals hilft es, andere Menschen um Hilfe zu bitten. Denk daran, du machst ihnen damit ein Geschenk.

REFLEXIONSFRAGEN

- Meidest du Selbstfürsorge, weil du Angst hast, was dann hochkommen könnte?
- Was genau befürchtest du?
- Welche Gründe könnte es geben, dass du bisher noch nicht ins Handeln gekommen bist?
- Was müsste passieren, damit du dich mit dir auseinandersetzt?
- Wie würdest du dich fühlen und was würdest du über dich denken, wenn du deinen gewünschten Zustand von Selbstfürsorge erreicht hast?
- Welche Hindernisse könnten dich abhalten, dich selbstfürsorglich zu behandeln?
- Wie könntest du mit diesen Hindernissen umgehen?

Daran merkst du zu wenig Selbstfürsorge

Die meisten Menschen wissen, dass Selbstfürsorge wichtig ist. Die wenigsten wissen jedoch, wie man sie umsetzt. Da merkt man, dass nur angewandtes Wissen Macht ist. Du kannst die detailliertesten Informationen zu gesunder Ernährung haben – wenn du dich nicht danach ernährst, bringt es dir rein gar nichts.

Viele Menschen, vielleicht gehörst du auch dazu, müssen es körperlich oder auch psychisch merken, dass sie sich um sich selbst kümmern *müssen*. Wenn Menschen ihre Selbstfürsorge vernachlässigen, dann macht sich das ganz unterschiedlich bemerkbar. Vielleicht hattest du auch schon mal Phasen, in denen du häufig krank oder antriebslos warst, in denen du von Ängsten oder Selbstzweifeln geplagt wurdest oder das Bett am liebsten gar nicht verlassen hättest. Dein Körper hat dich womöglich wortwörtlich in die Knie gezwungen. All das können Anzeichen von Überlastung sein, die nicht von deiner Selbstfürsorge abgemildert wurde. Dein Körper möchte, dass es dir gut geht. Dafür braucht er jedoch deine Kooperation. Wenn du über deine Grenzen hinausgehst, dann ist er irgendwann gezwungen, dich zu Pausen zu zwingen, denn dein Körper ist in der Regel nicht gegen dich, sondern für dich.

Meiner Beobachtung nach kommt es häufig vor, dass der Körper zunächst auf „leichte" Symptome wie eine Erkältung, Verspannungen oder eine Grippe zurückgreift, um zu verdeutlichen, dass er eine Pause benötigt. Die meisten Menschen schonen sich dann erst einmal kurzfristig. Häufig hat das jedoch nur vorübergehende Folgen, denn die meisten Menschen machen, wenn sie wieder fit sind, weiter wie bisher. Dann greift der Körper auf „härtere" Methoden zurück, um uns zum Nachdenken zu bringen, weil er auf eine Veränderung hofft. Solche Methoden können z. B. Schlafstörungen, Depressionen, Ängste oder Selbstzweifel sein. Hier fangen dann mehr Menschen an, darüber nachzudenken, was gerade nicht gut läuft, und versuchen etwas zu ändern oder suchen sich professionelle Hilfe.

Vielleicht bemerkst du fehlende Selbstfürsorge bisher aber noch nicht so ausgeprägt, gehst aber dennoch nicht fürsorglich mit dir um. Möglicherweise kritisierst du dich häufig, gehst hart mit dir ins Gericht oder wertest dich ab. Sätze wie „Nie bekomme ich etwas hin", „Ich bin ein:e Versager:in", „Alle anderen sind besser als ich" oder „Wie dumm bin ich eigentlich" können Beispiele sein, wie du mit dir kommunizierst. Selbstabwertungen und die Stimme des inneren Kritikers können Signale sein, dass etwas im Argen ist. Mit guten Freund:innen würdest du wahrscheinlich niemals so sprechen, denn du würdest befürchten, dass sie dir direkt die Freundschaft kündigen. Selbstfürsorge bedeutet, dass du dir selbst ein:e gute:r Freund:in wirst und liebevoll und mitfühlend mit dir umgehst. Vielleicht bist du auch ständig unter Strom, hetzt von einem Termin zum nächsten oder in deiner Beziehung gibt es immer wieder belastende Situationen.

Ein weiteres Anzeichen für mangelnde Selbstfürsorge können mangelndes Selbstvertrauen und Selbstbewusstsein sein. Wie diese Begriffe zusammenhängen, hast du schon auf Seite 20 erfahren. Wenn du also bemerkst, dass du dir wenig zutraust, Herausforderungen gerne vermeidest, dich häufig klein und minderwertig fühlst und den Kontakt zu dir verloren hast, könnten das Zeichen sein, dass du deine Selbstfürsorge ausbauen solltest.

REFLEXIONSFRAGEN

- Du hast nun schon eine Menge Wissen über Selbstfürsorge. Wendest du es auch an? Falls nein: Weshalb nicht? Was hält dich davon ab?
- Welche Zeichen sendet dir dein Körper, um dir zu zeigen, dass du dich besser um dich kümmern solltest?
- Welche Anzeichen gibt es, dass du etwas verändern solltest?
- Was könntest du konkret verbessern?

So kann sich mangelnde Selbstfürsorge äußern:

- Wenn etwas nicht klappt, bist du schnell gereizt und verurteilst dich.
- Du gönnst dir selten eine Pause.
- Du hast das Gefühl, funktionieren zu müssen.
- Du bist für alle anderen da, nur nicht für dich selbst.
- Du bittest andere nicht um Hilfe.
- Du vertraust niemandem an, wie es dir geht.
- Wenn du dich mit Freund:innen triffst, ist das eher eine Belastung für dich.
- Du bist oft müde und hast das Gefühl, kaum Kraft zu haben.
- Du bist erschöpft und antrieblos.
- Du bist schnell frustriert und aggressiv.
- Du hast das Gefühl, zu kurz zu kommen.
- Du ernährst dich ungesund und/oder unregelmäßig oder brauchst Alkohol oder Medikamente, um abschalten oder schlafen zu können.
- Du gibst Dingen, die dir wichtig sind, wenig Zeit und Raum.

Körperliche Signale dafür, dass du dich dringend um deine Selbstfürsorge kümmern solltest, können z. B. folgende sein:

- chronische Müdigkeit
- Herzrasen
- Magenschmerzen
- Rückenschmerzen, Verspannungen
- Ein- und Durchschlafstörungen, Alpträume
- Kloß im Hals
- Engegefühl in der Brust
- innere Unruhe, diverse Ängste
- Konzentrationsprobleme, häufige Blackouts, Leistungsabfall
- Nervosität, Dünnhäutigkeit
- Appetitlosigkeit oder gesteigerter Appetit
- Atembeschwerden, Luftnot
- häufiges „grundloses" Weinen
- Kopfschmerzen, Tinnitus
- Durchfall, Verstopfungen, Blähungen
- sexuelle Funktionsstörungen (Erektions- oder Orgasmusprobleme, mangelnde Lust)

Je mehr solcher Symptome du bei dir wahrnimmst, desto wichtiger ist es, dass du anfängst, dich besser um dich zu kümmern. Bei all diesen körperlichen Symptomen ist eine medizinische Abklärung immer das Wichtigste und so kannst du gleich einen Punkt der Selbstfürsorge abhaken: den Gesundheits-Check-up bei Hausärzt:innen.

Manchmal kann es auch hilfreich sein, das eigene Umfeld zu fragen, wie du wahrgenommen wirst. Ich merke z. B. manchmal selbst gar nicht, wenn ich gestresst bin. Deshalb bin ich meinen Freund:innen und meiner Familie dankbar, wenn sie mich darauf hinweisen. Bitte dein Umfeld um ein Feedback, um dir deine Ausgangslage klarer vor Augen führen zu können.

Wahrscheinlich hast du dir schon öfter bewusst gemacht, dass du etwas ändern solltest, es dann aber auf später verschoben. „Wenn Oma ihren 80. Geburtstag gefeiert hat, dann …" oder „Wenn ich meine letzte Klausur geschrieben habe, dann …". Dabei ist es vermutlich meist geblieben. Es gibt nicht den perfekten Zeitpunkt, um damit anzufangen, für dich zu sorgen. Du wirst immer einen Grund finden, es weiter aufzuschieben. Der richtige Moment anzufangen ist *jetzt*.

Es wird Höhen und Tiefen geben. Du solltest die Erwartungen an dich selbst nicht zu hochschrauben und nicht so streng mit dir sein, wenn es einmal nicht klappt. Wenn du jedoch nicht anfängst, dann ändert sich nichts, denn, so sagte schon Albert Einstein: „Die reinste Form des Wahnsinns ist es, alles beim Alten zu lassen und zu hoffen, dass sich etwas ändert." Mach dir bewusst, dass es verständlich ist, wenn dir Veränderungen und die Auseinandersetzung mit dir selbst Angst machen. Verurteile dich nicht dafür, gib dir Zeit und sei es dir wert! Man kann Dinge auch tun, obwohl man Angst hat oder es sich ungut anfühlt.

REFLEXIONSFRAGEN

- Welche Anzeichen gibt es, dass deine Selbstfürsorge ausbaufähig ist?
- Welche Zeichen hat dein Körper dir in der Vergangenheit schon gesendet?
- Wie bist du bisher mit den Zeichen deines Körpers umgegangen?
- Wenn du dir Feedback von deinem Umfeld geholt hast: Wie nehmen sie dich wahr?

Die Folgen fehlender Selbstfürsorge

Für einige Zeit können dein Körper und deine Psyche fehlende Selbstfürsorge abfedern, denn sie sind sehr widerstandsfähig und robust. Doch irgendwann sind alle Reserven aufgebraucht und der Stress gewinnt die Oberhand. Gestresste Menschen sind schnell genervt, oft gereizt und verspüren häufig eine innere Unruhe. Viele sind auch sehr erschöpft, antriebslos, und in Extremfällen kann dies auch zu psychischen und psychosomatischen Erkrankungen wie Depressionen, Angststörungen, Schmerzen, Magenbeschwerden oder Kreislaufbeschwerden führen.

Wenn man wirklich krank wird, fällt es leichter, Grenzen zu setzen: „Tut mir leid, ich kann beim Umzug am Wochenende nicht helfen, weil ich XY habe“ oder „Ich muss mich leider für diese Woche krankmelden, da ich an XY erkrankt bin.“

Vielleicht kennst du das auch. Du hast durch deine Krankheit eine Begründung und quasi Entschuldigung, weshalb du dich ausruhen musst und nichts tun darfst. Jetzt darfst du dich zurückziehen, ohne Gewissenbisse Nein sagen und brauchst nicht funktionieren. So hat die Tatsache, dass du krank bist, also den sekundären Nutzen, dass du dir Pausen zugestehst.

Wenn du das liest, welche Gedanken gehen dir dabei durch den Kopf? Bemerkst du, wie absurd das ist? Dein Körper muss krank werden, damit du dir deine notwendigen Pausen gönnst? Wie schön wäre es, wenn du dir diese Auszeiten prophylaktisch gewähren würdest, um erst gar nicht auszufallen und langfristig zufriedener zu leben? Wenn du beginnst, Verantwortung für dich zu übernehmen und Selbstfürsorge in deinen Alltag zu integrieren, musst du nicht erst krank werden, um eine Pause einlegen zu können.

Schließlich benötigt es deutlich mehr Aufwand und Energie, dich von einer enormen Ermüdung und Kraftlosigkeit zu erholen, als wenn du dich regelmäßig um dich kümmerst und deinen Akku gewohnheitsmäßig und kontinuierlich auflädst. So wie den Akku deines Smartphones.

Wenn du dir die Defizite in deiner Selbstfürsorge eingestehst und dir des Mangels bewusst bist, kannst du etwas verändern. Diese Erkenntnis steht vor dem ersten Schritt der Veränderung.

Natürlich kann das erst einmal schmerzhaft sein, wenn du realisierst, was du deinem Körper, der nur das Beste für dich will, in der Vergangenheit angetan hast. Zu erkennen, dass du deine Selbstfürsorge vernachlässigt hast, sei es durch ungesunde Ernährung, fehlenden Schlaf, kaum Bewegung, Aufopferung für dein Umfeld etc., kann dich erst einmal traurig und schuldig stimmen. Schuldgefühle bringen dich jedoch nicht weiter. Die Vergangenheit lässt sich nicht ändern. Wichtig ist, dass du nach vorne schaust und es zukünftig besser machst.

Für mich war es damals zunächst auch erst einmal schmerzhaft, von Ärzt:innen zu hören, welche teils irreversiblen Folgen die Essstörung bei mir hinterlassen hat. Im ersten Moment ärgerte ich mich über mich selbst und verurteilte mich. Doch bald stoppte ich meine innere Kritikerin: Damals wusste ich es eben nicht besser bzw. wollte nicht sehen und hören, wie die Essstörung meinem Körper schadete. Den Ärger und die Wut darüber konnte ich aber nutzen, um mich nun gut um mich, meinen Körper und meine Gesundheit zu kümmern. Seitdem ich mich gut um mich selbst sorge, bin ich so gut wie nie krank. Ein liebevoller Umgang mit sich selbst ist deutlich zielführender als der Blick in die Vergangenheit.

REFLEXIONSFRAGEN

- Welche Folgen von mangelnder Selbstfürsorge nimmst du bei dir wahr?
- Warst du in letzter Zeit öfter krank?
- Kannst du besser Nein sagen, wenn du körperlich angeschlagen bist?

Gute Gründe, für dich zu sorgen

Du weißt nun, was Selbstfürsorge ist und weshalb sie dir so schwerfällt. Doch warum zum Teufel ist sie so wichtig?

Zum Teil habe ich dir das schon auf den vorherigen Seiten erklärt, denn du hast gelernt, welche Folgen es haben kann, wenn du dich nicht um dich bemühst. Hier nehmen wir uns jetzt einmal die Zeit, um uns ganz genau anzuschauen, welche Vorteile es hat, wenn du dich gut um dich selbst kümmerst.

Du tust etwas für deine Gesundheit

Wenn dein Körper nicht genug Schlaf und Ruhephasen bekommt, kann er irgendwann krank werden. Stress an sich setzt kurzzeitig Energien frei, doch er kann ebenfalls Krankheiten befördern. Wenn du dir Auszeiten nimmst, mal ein bisschen den Fuß vom Gas nimmst und dir bewusst Zeiten einräumst, in denen du „nichts" tust und damit ganz viel für dich, wird dein Körper es dir danken. Auf Phasen der Aktivität folgen Phasen der Ruhe, Entspannung und Regeneration. Wichtig ist, nicht zu warten, bis er dir körperliche Signale senden muss, weil du es vorher nicht von selbst verstanden hast.

Wenn du dich fürsorglich behandelst, deine Bedürfnisse befriedigst, genug schläfst, dich ausgewogen ernährst und ausreichend bewegst, deine sozialen Bindungen pflegst, wertekonform lebst, Grenzen setzt, dir Pausen gönnst und dich auch medizinisch gut um dich kümmerst, indem du regelmäßig zu Vorsorgeuntersuchungen und bei Bedarf zu Ärzt:innen gehst, wirst du gesünder leben, als wenn du all diese Faktoren als Zeitverschwendung und überflüssig abtust. Du wirst weniger erschöpft und gestresst sein, Momente mehr genießen können und achtsamer durchs Leben gehen. Natürlich wird das nicht immer alles gleichzeitig klappen und stressige Phasen gehören zum Leben dazu, doch hier kommt es wieder auf die Ausgewogenheit an. Ein gewisser Stresspegel ist sogar förderlich. Darüber wirst du später noch mehr erfahren. Permanenter Stress schadet dir und deiner physischen und psychischen Gesundheit jedoch nachweislich. Außerdem brauchen diese Effekte Zeit, erwarte also nicht, dass sie nach ein paar Tagen der verbesserten Selbstfürsorge direkt eintreten.

Du kannst deine freie Zeit mehr genießen

Wenn du deine Bedürfnisse ernst nimmst, dir Auszeiten einräumst und Grenzen setzt, dann braucht dein Körper dir nicht die rote Karte zu zeigen und dich mit einer körperlichen Erkrankung auszubremsen. Das kann z. B. eine fiese Erkältung oder ein Hexenschuss sein.

Ich hatte mal einen Patienten, der seine Selbstfürsorge enorm vernachlässigt hatte. Sein Körper sendete ihm starke Signale in Form von Infekten, Grippe, Herpes oder Verspannungen. Doch die Depression war stärker und meine Worte drangen nicht zu ihm durch. Irgendwann ging es ihm so schlecht, dass er sich bereiterklärte, ein Antidepressivum zu nehmen, was er zuvor vehement abgelehnt hatte.

ANTIDEPRESSIVA

Antidepressiva sind in der Behandlung von schweren Depressionen in der Kombination mit Psychotherapie empfohlen, auch wenn die Wirkmechanismen noch immer nicht ganz erforscht sind. Die konkrete Umsetzung obliegt dem Ermessensspielraum der Behandler:innen und der Entscheidung der Patient:innen.

Bei leichten und mittelgradigen Depressionen wird eine Medikation oder Psychotherapie angeraten, bei einer schweren Depression ist die Kombination der Goldstandard. Die Vor- und Nachteile einer pharmakologischen Unterstützung müssen den Patient:innen ausführlich erklärt werden, damit sie selbst entscheiden können.

Nach einigen Wochen wurde der Antrieb besser, auch die Stimmung steigerte sich. Doch an seiner Selbstfürsorge wollte der Patient noch immer nicht arbeiten, er hatte sich ja ein Medikament verschreiben lassen. Das Bedürfnis seines Körpers, nicht täglich trotz Depression Überstunden zu machen, sondern auch mal eine Erholungsphase einzubauen, ignoriert er.

Was geschah? Irgendwann rief mich der Patient an: Er habe sich am Vortag einen Hexenschuss zugezogen, sei die gesamte Woche krankgeschrieben und könne sich kaum bewegen. Der Körper hatte die Notbremse gezogen, der Patient war einige Tage an Bett und Sofa gefesselt. Diese nun eigentlich freie Zeit konnte er nicht wirklich genießen, da er starke Schmerzen hatte. Es war ihm nicht möglich, so über seine Zeit zu bestimmen, als wenn er sich immer mal wieder Pausen gegönnt und das getan hätte, wonach ihm ist.

Für meinen Patienten war dies ein sehr wichtiges Erlebnis, denn er verstand damals, dass es effektiver für ihn ist, Erholung und Pausen selbstbestimmt fest einzuplanen, um eben nicht eine Woche oder länger krankheitsbedingt auszufallen. Das gilt genauso für dich.

Du kannst effizienter arbeiten

Kennst du die Geschichte vom erschöpften Holzfäller? Er arbeitete die ganze Zeit mit einer stumpfen Axt und verschwendete seine Energie und Zeit. Die Menschen wiesen ihn auf die stumpfe Axt hin und schlugen vor, sie zu schärfen, doch er wies sie ab mit den Worten: „Dafür habe ich keine Zeit, ich muss doch Bäume fällen.“

Vielleicht kennst du das: Du setzt dich mit einer Aufgabe auseinander, doch du kommst einfach nicht weiter. Wie oft habe ich beim Schreiben dieses Buches den Wald vor lauter Bäumen nicht gesehen. Je mehr ich schrieb, recherchierte und mir Gedanken machte, desto mehr drehte ich mich im Kreis. Gleichzeitig verstrich die Zeit und der Abgabetermin rückte immer näher. Die Worte flossen einfach nicht, ich wurde unruhig und gestresst. Meine Routinen der Selbstfürsorge behielt ich zwar reduziert bei, dennoch bemerkte ich, dass es mir damit nicht so gut ging. Also überlegte ich, was ich ändern könnte, denn im ersten Moment erschienen mir Pausen zwar als unnötig und Zeitverschwendung, gleichzeitig ist genau das Selbstfürsorge. Pausen sind eben keine Zeitvergeudung, sondern sie schenken dir Zeit, da du anschließend effektiver arbeiten kannst.

Also führte ich feste Schreibtage ein, damit ich mich nicht nach einem langen Praxistag nach Feierabend noch an den Schreibtisch setzte. Und, oh Wunder, mit der Zeit fiel mir das Schreiben immer leichter und ging mir einfacher von der Hand.

Wenn du also vor einer gefühlt unüberwindbaren Aufgabe stehst, nicht mehr weißt, wo hinten und vorne ist und glaubst, dir keine Auszeiten erlauben zu können, dann tue genau das. Nimm dir die Zeit, etwas anderes zu tun. Gehe spazieren, triff dich mit Freund:innen, mache den Haushalt oder gehe einer Tätigkeit nach, die deinen Akku auflädt. Du kommst auf andere Gedanken und kannst dich später wieder mit der eigentlichen Aufgabe auseinandersetzen. Es ist sogar wissenschaftlich bewiesen, dass der Mensch effektiver arbeitet, wenn er sich zwischendurch immer wieder Pausen gönnt und auftankt. Aber Obacht: Selbstfürsorge dient nicht der Steigerung von Effizienz, sie ist eher eine positive Nebenwirkung davon.

Du kannst besser für andere da sein

Wenn es dir gut geht, du ausgeglichen, energiegeladen, belastbar, stabil und zufrieden bist, kannst du effektiver für dein Umfeld da sein, als wenn du selbst auf dem Zahnfleisch gehst. Wie sollst du nahestehenden Menschen eine Stütze sein, wenn du selbst erschöpft und belastet bist?

Mir kommt da eine Patientin in den Sinn, die mich aufsuchte, da ihre Frau kurze Zeit zuvor die Diagnose bipolare Störung bekommen hatte und sie damit maßlos überfordert war. Dies war für sie erst einmal sehr belastend, da sie nicht wusste, wie sie damit umgehen sollte. Das Paar hatte sich entschlossen, den Weg gemeinsam zu gehen, und die Patientin holte sich Unterstützung bei mir. Dadurch, dass sie frühzeitig in die Praxis kam, konnten wir in wenigen Gesprächen erarbeiten, wie sie ihre Partnerin mit ihrer Erkrankung unterstützen konnte. Gleichzeitig legte ich großes Augenmerk darauf, dass sie lernte, eine gute Selbstfürsorge zu betreiben. Denn nur, wenn sie stabil und stressresistent blieb, konnte sie auch ihrer Partnerin Halt geben und sie unterstützen.

So berichtete sie, dass ihre Frau wenige soziale Kontakte hatte und ihre Freizeit am liebsten durchgängig mit ihr verbringen wollte. Meine Patientin hatte aus Liebe zu ihrer Partnerin ihre Freund:innen schon länger nicht mehr gesehen und sich selbst zurückgenommen. Diese Kontakte fehlten ihr jedoch sehr und sie sehnte sich danach. Ich erarbeitete mit ihr Wege, wie sie ihrer Frau verständlich machen konnte, dass sie aus Liebe zu ihr Zeit mit anderen Menschen verbringen wollte, um ihren Akku aufzuladen. Nachdem sie ihr dies erklärt hatte, verstand die Partnerin, dass ihre Frau auch Zeit für sich brauchte, damit beide zusammen das Leben mit der Diagnose bewerkstelligen konnten.

Je besser es dir geht, desto mehr kannst du für andere da sein, und im Umkehrschluss muss sich dein Umfeld auch weniger Gedanken um dich machen, wenn sie fühlen und sehen, dass es dir gut geht.

Du kannst anderen Menschen ein gutes Vorbild sein

Wie du schon erfahren hast, hat es einen großen Einfluss auf deine eigene Selbstfürsorge, ob du selbst adäquate Vorbilder in deiner Kindheit hattest. Deine Bezugspersonen haben es möglicherweise von ihren Erziehungsberechtigten nicht vorgelebt bekommen und hatten deshalb Schwierigkeiten, es dir zu vermitteln. Das kann immer so weitergehen und über Generationen weitergegeben werden. So entsteht jedoch ein Teufelskreis.

Du hast jetzt jedoch für dich erkannt, dass deine Praxis der Selbstfürsorge nicht optimal ist. Um eine Veränderung herbeizuführen, ist es erst einmal wichtig, sich des Problems bewusst zu sein. So kannst du den Weg, der aktuell in einer Sackgasse endet, indem du, falls du schon Kinder hast oder einen Kinderwunsch verspürst, durchbrechen und so die Weitergabe dieser ungünstigen Muster beenden. Aber auch deinem Umfeld kannst du so ein gutes Vorbild sein.

In den ersten Sitzungen mit meinen Patient:innen erfahre ich mehr über die Probleme, aufgrund derer die Person zu mir kommt, und erfrage viel zur Lebensgeschichte. Wie ist der Mensch aufgewachsen? Was haben die Erziehungsberechtigten beruflich gemacht? Gibt es Geschwister? Wie war die familiäre Atmosphäre? Wie kümmerten die Bezugspersonen sich um die Kinder und um sich selbst? Konnten sie Grenzen setzen? Meist höre ich, dass die weiblichen Bezugspersonen sich hauptsächlich um Familie und die Kinder gekümmert haben und selten eigene Hobby oder Zeiten für sich hatten. Auch Paarzeiten waren meist kaum vorhanden, zumindest wenn die Kinder klein waren. Die männlichen Bezugspersonen nahmen sich nach der Arbeit oft Zeit für ihre Hobbys und waren meist weniger präsent in der Familie.

Damit es den Kindern gut geht, sollten die Erwachsenen deren Bedürfnisse befriedigen können. Das ist natürlich eine Herausforderung, und ein nigerianisches Sprichwort bringt es sehr gut auf den Punkt: „Um ein Kind aufzuziehen, braucht es ein ganzes Dorf." Dieses Dorf darf um Hilfe gebeten werden, wenn du Auszeiten benötigst und Phasen für dich oder deine Partnerschaft brauchst. Dazu muss dieses Dorf jedoch erst einmal aufgebaut werden, z. B. in Form von Familie, Freund:innen oder Babysitter:innen. Anschließend musst du jedoch diese Hilfe einfordern, denn wie soll dein Umfeld hellsehen können? Indem du nach Unterstützung fragst, kannst du dich in der Verbesserung deiner Selbstfürsorge üben und so den Teufelskreis durchbrechen, deinem Umfeld und, falls du Kinder hast, diesen ein gutes Vorbild werden und somit eine Engelsspirale aufbauen.

Du führst ein zufriedeneres Leben

In dem Fragebogen, den meine Patient:innen in den ersten Sitzungen mit nach Hause bekommen, steht auch die Frage, was sie sich von der Psychotherapie erhoffen. Sehr häufig lese ich von dem Wunsch, wieder glücklich und zufrieden zu sein und Freude zu empfinden. Doch was beinhalten diese Begriffe genau? Der Psychologieprofessor Philipp Mayring hat sich an der Universität Klagenfurt mit der Frage auseinandergesetzt und untersucht, was man genau unter Glück, Freude und Zufriedenheit versteht.

Freude ist eher ein kurzfristiges Gefühl, das sehr stark ist und das du wahrscheinlich gut kennst. Du siehst eine geliebte Person nach langer Zeit wieder, jemand bereitet dir eine Überraschung oder du bestehst eine Prüfung. Freude ist ein kurzfristiges Gefühl, das sehr angenehm ist und bei dem du dich lebendig und vital fühlst. Das Gegenteil von Freude sind Unwohlsein und Kummer.

Glück ist laut Mayring das stärkste und intensivste Wohlgefühl, das wir Menschen kennen. Es ist andauernder als die Freude, jedoch kürzer als die Zufriedenheit. Glück erlebst du auch in Situationen, die über dich hinausgehen, z. B. in sozialen Kontexten oder in der Natur. Glück macht dich aufgeschlossen und beeinflusst auch andere. Trauer und Melancholie sind die Gegenpole von Glück.

Mayring betitelt Zufriedenheit als das stabilste gute Gefühl. Es steht eher im Hintergrund und ist ruhiger als Freude und Glück. Zufriedenheit führt zu einer positiven und lebensbejahenden Grundstimmung und lässt dich widerstandsfähiger werden, da du dir und dem Leben vertraust. Ihr Gegenteil ist die Unzufriedenheit.

Diese drei Zustände wünschst du dir vielleicht auch mehr für dein Leben. Diese Gefühlslagen sind aber alle nicht stabil, sondern kommen und gehen. „Alles ist vergänglich, das Gute wie das Schlechte“, heißt es. Kein Gefühl ist für immer beständig und das kann dir vor allem in negativen Lebensphasen Kraft und Motivation geben, denn das negative Gefühl wird irgendwann von einem positiveren abgelöst werden.

Fokussiere dich vor allem auf mehr Zufriedenheit in deinem Leben, denn sie ist langlebiger und grundlegender als Freude und Glück und nicht so abhängig von äußeren Einflüssen. Denn diese kannst du nicht beeinflussen. Renne also nicht dem nicht dauerhaft bestehenden Glück hinterher, sondern konzentriere dich eigenverantwortlich auf deine Zufriedenheit, auf die du durch deine Selbstfürsorge Einfluss hast.

Was meine ich damit? Wenn du mit dir und deinem Leben zufrieden und im Einklang bist, weil du für dich sorgst, deine Bedürfnisse befriedigst und Grenzen setzt, dann werfen dich Einflüsse von außen nicht so aus der Bahn. Wenn du einen inneren Frieden mit dir schließt, also dir mitfühlend und fürsorglich begegnest, kommst du dem Wort Zufriedenheit sehr nahe, denn in ihm steckt auch das Wort „Frieden". Zufriedene Menschen fühlen sich meist ausgeglichener und mit sich und der Welt im Reinen. Zufrieden bist du, wenn deine Vorstellungen deinem realen Leben entsprechen.

Du lebst ein authentischeres Leben

Wenn du weißt, was deine Energiespender sind, du dir also bewusst bist, was dir Kraft gibt, und auch deine Energieräuber kennst, kannst du dein Leben besser danach ausrichten. Dies führt zu mehr Authentizität, weil du auch Grenzen setzen kannst, wenn es dir zu viel wird, du dir aber auch schöne Momente ermöglichst, indem du dir Energiespendermomente in dein Leben einlädst. Du gehst nicht im Autopiloten durch den Alltag, sondern achtest in Beruf und Freizeit darauf, dass du und deine Selbstfürsorge nicht zu kurz kommen. Wenn du bemerkst, dass es dir zu viel wird oder du erschöpft bist, kannst du bewusst darauf achten, dir Erholungsphasen einzuräumen und deinen Akku aufzuladen. Das macht dich auch resilienter, also widerstandsfähiger, gegen äußere Widrigkeiten.

Für mich ist beispielsweise Authentizität ein unglaublich wichtiger Wert. Ich möchte mich in meinem Leben, aber auch in den Therapiegesprächen und auf Instagram authentisch zeigen und keine Rolle spielen. Dazu gehört z. B. auch, dass ich offen mit meiner eigenen psychischen Betroffenheit und Essstörung umgehe oder Patient:innen, wenn es passt, Beispiele aus meinem Heilungsweg erzähle. Dabei geht es nicht darum, mich in den Mittelpunkt zu stellen oder ins Detail zu gehen, sondern Mut zu machen und Hoffnung zu geben, dass es möglich ist, aus einem tiefen Tal herauszukommen, egal wie unvorstellbar dies erscheint.

Hier ist es mir sehr wichtig, mich gut zu reflektieren und mich mit dem, was ich preisgebe, wohlzufühlen, ohne die Vertrauensbeziehung zu meinen Patient:innen zur Befriedigung meiner eigenen Bedürfnisse oder Interessen zu missbrauchen. Ich handle nach dem Motto: „Persönlich und gleichzeitig nicht privat."

Ich habe die Erfahrung gemacht, dass sich Patient:innen viel besser und schneller öffnen können, wenn sie ein wenig über ihr Gegenüber wissen. Authentizität und Menschlichkeit sind für mich persönlich wichtige Werte in einer Psychotherapie. Hierbei müssen sich beide Seiten wohlfühlen, sonst wäre es nicht authentisch.

REFLEXIONSFRAGEN

- Weshalb ist Selbstfürsorge für dich wichtig?
- Was bedeutet Authentizität für dich?
- Fallen dir weitere Gründe ein, weshalb du dich gut um dich kümmern solltest?
- Was müsste geschehen, damit du dich besser um dich sorgst?

SELBSTFÜRSORGE IST GUTER EGOISMUS

Was ist Egoismus überhaupt?

Das Wort Egoismus stammt von dem lateinischen Wort *ego* ab und bedeutet „ich". Unter dem Begriff versteht man laut Duden das Streben und Handeln, um das eigene Glück und Wohlbefinden zu erhalten und zu steigern und die eigenen Ziele, Interessen und Wünsche zu realisieren.

Du wärst also egoistisch, wenn du dich nur auf dich fokussierst und nur nach deinen Interessen und Bedürfnissen handelst, unabhängig davon, was das mit deinen Mitmenschen macht. Du würdest nur das tun, was dir Spaß und Freude bereitet und dir einen Nutzen oder Vorteil bringt. Rücksicht wäre dir ein Fremdwort, und um deine Ziele zu erreichen, würdest du die Menschen um dich herum links liegen lassen. Die Konsequenzen für dein Umfeld und deren Gefühle wären dir egal. Du wärst ausschließlich auf deinen Vorteil bedacht und könntest schwer empathisch oder hilfsbereit sein.

Klingt das für dich nach dem, was du bisher über Selbstfürsorge gelernt hast? Wahrscheinlich nicht.

Darum gilt Selbstfürsorge als egoistisch

Viele Menschen, und vielleicht ertappst du dich selbst auch dabei, verwechseln Selbstfürsorge mit Egoismus. Sie setzen beides gleich. Möglicherweise hast auch du den Glaubenssatz verinnerlicht: „Wenn ich an mich denke, dann bin ich ein egoistischer Mensch." Häufig höre ich auch von meinen Patient:innen, dass sie doch eingebildet wirken würden, wenn sie sich um sich kümmern und gut für sich sorgen. Eventuell hast auch du diese Annahmen tief verinnerlicht und dir fehlt noch das Verständnis, dass Selbstfürsorge sinnvoll ist. Hinter der Angst, egoistisch zu wirken, liegt oft die Sorge, verlassen zu werden und einsam zu sein. Angst ist eine große, oft unbewusste Motivation, die uns antreibt, uns um andere Menschen zu kümmern.

Wie du schon gelesen hast, werden die meisten Menschen so sozialisiert, dass sie sich eben nicht gut um sich sorgen. Ganz vorne stehen immer die Mitmenschen und das Funktionieren. Du hast wahrscheinlich auch gelernt, dich anzupassen und den Erwartungen deines Umfeldes zu entsprechen. Womöglich bist du so aufgewachsen, dass du Anerkennung und Lob erhalten hast, wenn du anderen geholfen hast und für sie da warst. Vielleicht hast du auch positives Feedback bekommen, wenn du deine eigenen Bedürfnisse hintangestellt und zurückgesteckt hast. Daher wurde es für dich ganz selbstverständlich, für andere da zu sein, und du sorgst dich, als egoistisch angesehen zu werden, wenn du dich um dich kümmerst.

REFLEXIONSFRAGEN

- Was bedeutet Egoismus für dich?
- Wurdest du in deiner Kindheit bestärkt, wenn du dich um andere gekümmert hast?
- Welche Bezugspersonen haben dir direkt oder indirekt vermittelt, dass Selbstfürsorge egoistisch ist?
- Wurdest du abgelehnt, wenn du einmal Grenzen gesetzt und Hilfe oder Kooperation verweigert hast?
- Hast du die Sorge, egoistisch zu wirken? Was genau befürchtest du?
- Findest du, dass Menschen, die sich um sich selbst kümmern, egoistisch sind?

Heutzutage ist es noch immer anerkannter, sich um andere zu kümmern, anstatt für sich selbst zu sorgen. Oft fühlen Menschen sich schlecht, wenn sie sich selbst etwas Gutes tun. Die wenigsten sind damit aufgewachsen, sich selbst gut zu versorgen, sondern wurden vielleicht eher gelobt, wenn sie sich um andere gekümmert haben, oder bestraft, wenn sie an sich gedacht haben. Oder sie haben es einfach nicht gelernt oder vorgelebt bekommen. Viele meiner Patient:innen tun alles, um zu vermeiden, auch nur im Entferntesten mit dem Begriff Egoismus in Verbindung gebracht zu werden. Das kann dann beispielsweise auch bedeuten, sich für andere aufzuopfern, noch ein Projekt oder Aufgaben von Kolleg:innen zu übernehmen, die Pflege von Angehörigen ganz alleine zu meistern, die Partner:innen nicht mit in die Haushaltsarbeit mit einzubeziehen etc.

Sprüche wie „Der Esel nennt sich immer zuerst“, „Es dreht sich nicht alles um dich“, „Stell dich doch nicht immer in den Mittelpunkt“ oder „Du bist nicht der/die Wichtigste“ hast du vielleicht auch in deiner Kindheit gehört. Solche Sätze prägen und führen zu Glaubensätzen, die dich, dein Leben, deine Gedanken und dein Verhalten beeinflussen (dazu später mehr).

Du bist also wahrscheinlich mit der Einstellung aufgewachsen, dass es positiver von deinen Fürsorgepersonen angesehen wurde, wenn du Rücksicht auf andere und dich zurückgenommen hast, anstatt deine Bedürfnisse zu befriedigen. Zudem haben die Erwachsenen dir vorgelebt, dass Selbstfürsorge überwertet und nicht wichtig ist. Daraus könnte resultieren, dass es für dich selbstverständlich ist, etwas für andere zu tun, auch aus Angst, egoistisch zu wirken.

REFLEXIONSFRAGE

Kannst du dich an Aussagen deiner Fürsorgepersonen erinnern, die sich negativ auf deine Selbstfürsorge ausgewirkt haben könnten?

Selbstfürsorge ist nicht egoistisch, sondern logisch

Hier zwei Beispiele, die dir verdeutlichen sollen, dass Selbstfürsorge und Egoismus ziemlich wenig miteinander zu tun haben:

Vielleicht bist du schon das ein oder andere Mal geflogen. Ganz am Anfang erklärt das Bordpersonal, wie man sich im Notfall zu verhalten hat. Irgendwann fällt auch der Satz, dass man im Falle eines plötzlichen Druckabfalls in der Kabine erst sich selbst die Sauerstoffmaske anlegen und erst dann Kindern und anderen Passagieren helfen soll. Wie bitte? Erst dir selbst helfen, anstatt deinen Kindern oder den Sitznachbar:innen? Ist das nicht total egoistisch? Die Kinder haben ja noch ihr ganzes Leben vor sich, und deine:n Partner:in möchtest du ja auch retten.

Nein, in diesem Fall ist eben *nicht* egoistisch, erst für dich zu sorgen und dann deinen Liebsten zu helfen, sondern logisch. Denn im Falle eines Druckabfalls droht dir schon nach 15 bis 18 Sekunden Sauerstoffmangel die Bewusstlosigkeit. Wenn du dich als Erstes mit deinen zappelnden Kindern oder Nachbar:innen beschäftigst und ihnen hilfst, verschenkst du kostbare Zeit. Im Worst Case wirst du bewusstlos, da du mehr als 18 Sekunden ohne Sauerstoff damit beschäftigt warst, anderen zu helfen – und so ist letztendlich niemandem geholfen.

Ein anderes Beispiel verdeutlicht ebenfalls, dass wir selbst zu kurz kommen, wenn erst die anderen dran sind. Das Herz ist unser wichtigstes Organ. Es pumpt das sauerstoffreiche Blut in unsere Organe. Was glaubst du, wohin das Herz das sauerstoffreiche Blut als Erstes pumpt? Vielleicht vermutest du, ins Gehirn oder in die Lunge. Doch was würde passieren, wenn zuerst Gehirn, Lunge oder andere Organe versorgt würden? Es wäre am Ende kein sauerstoffreiches Blut für das Herz selbst übrig und es würde aufhören zu schlagen. Was macht das Herz also? Es pumpt das Blut zuerst über die erste Abzweigung der Aorta in die Herzkranzgefäße und versorgt sich selbst mit Sauerstoff und Nährstoffen. Nur so kann das Herz das Leben des Menschen aufrechterhalten – ich bezweifle, dass du das Herz deswegen egoistisch nennen würdest.

Selbstfürsorge ist also nicht egoistisch, sondern überlebensnotwendig und eine Verpflichtung, auch deinem Umfeld gegenüber. Selbstfürsorge bedeutet, dir selbst bewusst zu sein, dass du in deinem Leben an erster Stelle stehst und es deine Aufgabe ist, dich gut um dich zu kümmern. In dem Moment, in dem du dies tust, bist du eine Bereicherung für deine Mitmenschen. Denn dann bist du ausgeglichen und zufrieden und kannst für dein Umfeld da sein.

Wenn alle Beteiligten gut für sich sorgen, können alle voneinander profitieren. Allen geht es gut, man kann sich ergänzen. Das bedeutet natürlich nicht, dass man sich nicht gegenseitig in Tiefphasen oder bei Problemen zu unterstützen braucht. Es heißt eher, dass beide Seiten dann eine bessere Resilienz haben, also eine erhöhte Widerstandsfähigkeit, und somit nicht so stark belastet werden, wenn es mal nicht so läuft, da durch eine gesunde Selbstfürsorge ein gutes Fundament geschaffen wurde.

Wenn du dich gut um dich kümmerst, dann ist dein Akku schon einmal aufgeladen. Und wenn du dich dann um andere kümmerst, ist das keineswegs egoistisch. Du bist zufriedener, lebst gesünder und dein Umfeld profitiert langfristig davon, auch wenn es kurzfristig vielleicht einmal nicht auf dich zurückgreifen kann. Wenn dein Akku geladen ist, dann hast du viel mehr Energie, für deine Mitmenschen da zu sein, falls sie dich um Hilfe bitten.

Wenn du beginnst, deine Selbstfürsorge zu verbessern, kannst du dein Umfeld damit positiv beeinflussen. Deine Mitmenschen werden bemerken, dass du besser drauf bist, nicht so gestresst wirkst und belastbarer erscheinst. Sie werden dich möglicherweise fragen, wie das kommt und dann kannst du ihnen erzählen, was du gelernt hast. Wenn auch deine Familie, Freund:innen und Kolleg:innen beginnen, besser für sich zu sorgen und auch mal Nein zu sagen, könnt ihr bessere Beziehungen haben.

Wenn du vorlebst, wie es geht, sich selbst ernst zu nehmen und gut für sich zu sorgen, dann schauen sich deine Kontakte vielleicht etwas von dir ab. Ein typisches Beispiel ist die Arbeit. Immer noch gehen viele Menschen krank zur Arbeit, denn man möchte ja nicht, dass die Kolleg:innen mehr arbeiten oder Termine abgesagt werden müssen. Das Phänomen nennt sich Präsentismus. Wer sich jedoch krank zur Arbeit schleppt, steckt womöglich andere an und kann sich darüber hinaus auch nicht gut konzentrieren und macht Fehler. Das kann deine:n Arbeitgeber:in einiges an Geld kosten. Ganz abgesehen davon gefährdest du auch deine Genesung.

PRÄSENTISMUS

Das Verhalten, dass Arbeitnehmer:innen krank zur Arbeit gehen, nennt sich Präsentismus. Es kommt von dem englischen Wort *presenteeism* und bedeutet so viel wie „Anwesenheitszwang" oder „Weiterarbeiten trotz Krankheit". Präsentismus hat zur Folge, dass die Produktivität eingeschränkt sein kann oder dass Erkrankungen chronifizieren. Zudem kann Präsentismus wirtschaftliche Kosten für die Unternehmen haben.

Die Gründe dafür, krank zur Arbeit zu gehen, sind vielfältig und reichen von der Angst, den Arbeitsplatz zu verlieren oder nicht befördert zu werden über Personalmangel oder die Sorge, die Kolleg:innen im Stich zu lassen. Laut Techniker Krankenkasse geht jede:r zweite Arbeitnehmer:in manchmal, häufig oder sogar sehr häufig krank zu Arbeit.

Bleibst du also zu Hause, wenn du krank bist und dich nicht belastbar fühlst, dann ist das zwar kurzfristig für deine Kolleg:innen ein Mehraufwand, weil sie deine Aufgaben auffangen müssen, langfristig geht es euch aber allen besser, weil du schnell(er) wieder fit bist, sie nicht angesteckt hast und dir keine Fehler unterlaufen sind. Zudem können deine Kolleg:innen so die Erfahrung machen, dass sie vielleicht zunächst genervt sind, wenn sie hören, dass du krank bist und sie einspringen müssen, langfristig werden sie vielleicht aber auch weniger Hemmungen haben, selbst zu Hause zu bleiben, wenn sie krank sind, und gehen damit auch einen Schritt in Richtung Selbstfürsorge.

Grenzen zu setzen, ist für einen Großteil der Menschen erst einmal unangenehm. Wenn ein:e Freund:in das nächste Mal eine Verabredung kurzfristig absagt, weil es ihm/ihr zu viel wird, solltest du nicht enttäuscht sein, denn er/sie betreibt Selbstfürsorge. Was egoistisch wäre, ist, wenn du erwartest, dass diese Person sich mit dir trifft, damit du dich gut fühlst oder deine Pläne umgesetzt werden.

Wenn du dich gut um dich selbst sorgst, dann erhöht das deine Empathie, also deine Fähigkeit, dich in andere Menschen einzufühlen und deren Emotionen, Empfindungen, Gedanken, Motive nachzuempfinden. Dadurch kannst du deinem Umfeld mit Mitgefühl, Verständnis, Offenheit und Akzeptanz begegnen – alles andere als das Sinnbild von Egoismus.

Selbstfürsorge ist in der Regel nicht egoistisch, sondern lebensnotwendig. Doch wie bei fast allem kommt es auch hier auf das richtige Maß an.

REFLEXIONSFRAGEN

- Beantworte die Frage möglichst intuitiv: Wem würdest du im Flugzeug zuerst die Sauerstoffmaske aufsetzen? Wäre dein Verhalten fürsorglich, egoistisch oder fahrlässig?
- Gehst du zur Arbeit, wenn du dich nicht fit fühlst?
- Welche Gedanken und Gefühle hast du, wenn deine Kolleg:innen krank zu Hause bleiben?
- Sind diese dann egoistisch?
- Was denkst du in derselben Situation über dich?

Die richtige Dosis Selbstfürsorge

In meinem Praxisalltag begegnen mir gewöhnlich Menschen, die deutlich zu wenig auf sich und ihre Bedürfnisse achten. Ich verstehe aber den Gedanken, den du vielleicht auch hast, dass es selbstbezogen wirken kann, wenn du nur auf deine Wünsche und Interessen achtest. Doch wie in so vielen anderen Lebensbereichen macht die Dosis das Gift.

Wenn du Selbstfürsorge so verstehst, dass es nur um deine Bedürfnisse, Wünsche, Interessen und Vorstellungen geht, du den Fokus ausschließlich auf dich und deine Befriedigung legst und sich deine Gedanken ausnahmslos darum drehen, ohne Rücksicht auf deine Mitmenschen zu nehmen und diese womöglich darunter leiden oder Schaden nehmen, ist das ein Indiz für „zu viel" Selbstfürsorge.

Wenn du dich hingegen für dein Umfeld aufopferst, es allen recht machen möchtest, keine Grenzen setzt, von Termin zu Termin hetzt, dich müde, ausgelaugt und überfordert fühlst, dann ist das ein klares Zeichen für zu wenig Selbstfürsorge.

Es gibt zwei klare Kriterien für das richtige Maß an Selbstfürsorge, anhand derer du gut entscheiden kannst, ob du dich zu sehr in den Fokus stellst und ein Zuviel an Selbstfürsorge an den Tag legst.

1. Selbstfürsorge stresst dich

Wenn du morgens schon eine Stunde früher aufstehst, um deine ausgefeilte Morgenroutine zu praktizieren und dein perfekt gesundes Frühstück vorzubereiten, du nach der Arbeit zur Yogastunde samt Meditation hetzt, anschließend noch fix in den Supermarkt eilst, um alles für die abendliche Kocheinheit zu besorgen und danach erledigt ins Bett fällst, dich aber noch zwingst, dein Dankbarkeitstagebuch auszufüllen, dann ist das falsch verstandene Selbstfürsorge.

Eine gesunde Selbstfürsorge sollte dich nicht stressen oder gar überfordern. Du solltest dich nicht unter Druck setzen, jede erdenkliche Tätigkeit, von der du mal gelesen hast, dass sie gut ist, in deine

Selfcare-Routine einzubauen. Wie du schon gelesen hast, ist Selbstfürsorge individuell und du brauchst nicht alle Möglichkeiten in deine Struktur einzubauen.

2. Selfcare-Routinen machen dich unflexibel

Wenn du eine feste Vorstellung davon hast, wie deine Routinen und deine Tagesstruktur abzulaufen haben, du dann aber von deinem Umfeld um Hilfe gebeten wirst und dich verschließt oder ablehnend reagierst, kann das ein Warnzeichen sein. Wenn du auf einmal alle Anfragen um Unterstützung, jede Verabredung oder Frage ablehnst, weil es dir nicht in deinen Zeitplan passt oder du denkst, dass die Person das ja auch selbst machen kann, dann bist du nicht bereit für Kompromisse und nimmst eine Abwehrhaltung ein.

Es geht nicht darum, immer und überall Grenzen zu setzen und Nein zu sagen, sondern einen guten Mittelweg zu finden. Deine Selbstfürsorge sollte kein Gefängnis sein, das dich unflexibel werden lässt und bei dem du starr nach deiner Routine vorgehen *musst*. Ein weiteres Indiz für zu viel Selbstfürsorge kann es sein, wenn dein Umfeld dich darauf anspricht, dass du nur noch an dich denkst und deinen Turn verfolgst.

REFLEXIONSFRAGEN

- Was wäre für dich das richtige Maß an Selbstfürsorge im Arbeitsalltag, in deiner Freizeit, in der Familie, bei Freund:innen?
- Woran würdest du merken, dass es richtig ist?
- Was würde dann passieren?

SELBSTFÜRSORGE KANNST DU TRAINIEREN

Selbstfürsorge ist erlernbar

Du weißt nun also, was Selbstfürsorge ist, weshalb sie wichtig für dich ist, welche Folgen mangelnde Selbstfürsorge für dich hat und weshalb sie dir so schwerfällt. Nun fragst du dich wahrscheinlich: Ist Hopfen und Malz verloren oder kann ich Selbstfürsorge erlernen?

Die gute Nachricht zuerst: Selbstfürsorge ist wie viele andere Verhaltensweisen erlernbar. Darauf fußt z. B. auch die Verhaltenstherapie (VT), die neben der tiefenpsychologisch fundierten Psychotherapie, der Psychoanalyse und systemischen Therapie ein zugelassenes Richtlinienverfahren in Deutschland ist, deren Kosten von den Krankenkassen übernommen werden. Die VT vereint eine Vielzahl unterschiedlicher Techniken und Behandlungsansätze. Das Wesentliche in unserem Zusammenhang ist: Viele destruktive Verhaltensweisen, die du erlernt hast, kannst du auch wieder verlernen und, noch wichtiger, du kannst auch neues Verhalten, z. B. eine Selfcare-Routine, erlernen. Es ist wie Auto oder Fahrrad fahren. Zu Beginn bist du unsicher und es ist anstrengend, aber mit der Zeit, mit Übung und Routine wird es leichter und du brauchst nicht mehr groß nachzudenken. Es geschieht automatisch.

Die schlechte Nachricht lautet jedoch: Neue Verhaltensweisen häufiger und alte weniger zu zeigen, ist nicht leicht und braucht Zeit. Vielleicht geht es dir wie manchen meiner Patient:innen: Nach ein paar Wochen stellt sich eine gewisse Unzufriedenheit ein, wenn die Veränderungen stagnieren. Dann höre ich Sätze wie: „Ich trete auf der Stelle“, „Mir wird es doch eh nie besser gehen“ oder „Meinen Sie, dass das noch Sinn macht und es Hoffnung gibt?“

Das ist ganz normal, denn Veränderungen brauchen Zeit. Ich frage dann immer, wie lange sie schon mit ihren Symptomen leben. Meist höre ich dann: viele Monate, wenn nicht Jahre bis Jahrzehnte. Wenn ich frage: „Und da erwarten Sie, dass es Ihnen innerhalb von fünf Wochen wieder richtig gut geht?“, verstehen die Patient:innen meist schnell, dass ihre Erwartung utopisch ist, dass Schwierigkeiten nach kurzer Zeit vollkommen verschwunden sind. Gib dir also Zeit für deinen Prozess.

REFLEXIONSFRAGEN

- Wie lange lebst du schon mit einer schlechten Selbstfürsorge?
- Hast du schon mal andere schlechte Verhaltensweisen abgelegt?

Kenne dein Warum und Wozu

Damit du dir eine nachhaltige Selbstfürsorge aufbaust, die du nicht schon nach ein paar Tagen oder Wochen wieder vernachlässigst, ist es wichtig, dass du dir dein Warum und Wozu bewusst machst. Es reicht nicht aus, die richtige Einstellung zu haben, um sein Verhalten zu verändern. Es wird dir leichter fallen, wenn du einen Sinn in deinem Handeln erkennst und dich aus freien Stücken dazu entscheidest. Dabei helfen zwei Fragen. Die Frage nach dem Warum schaut danach, welche Gründe in der Vergangenheit liegen. Die Frage nach dem Wozu beleuchtet, was du dir für deine Zukunft wünscht.

Also warum genau willst du dich besser um dich kümmern? Wozu möchtest du Selbstfürsorge betreiben? Welche Motivation steckt dahinter, dass du eine bessere Selbstfürsorge erlernen möchtest? Was wäre dann anders? Wie wichtig ist es dir, dass du etwas veränderst? Was hast du davon und wieso möchtest du ausgerechnet jetzt beginnen? In der Psychologie nennt man diese Motivation Veränderungsmotivation. Wichtig ist, dass du für dich eine innere Motivation findest, denn eine Veränderung von außen ist nicht nachhaltig.

VERÄNDERUNGSMOTIVATION

Veränderungsmotivation ist die Motivation, notwendige Verhaltensveränderungen umzusetzen, um das eigene Leiden zu lindern und das Wohlbefinden zu steigern. Sie beinhaltet, dazu bereit zu sein, Denkmuster und Verhaltensweisen zu hinterfragen, zu reflektieren und zu verändern, auch wenn dies mit unangenehmen Gefühlen einhergehen kann. Veränderungsmotivation lässt sich steigern, wenn du dir die zahlreichen Vorteile bewusst machst und die negativen Auswirkungen vor Augen führst, wenn du nicht in die Umsetzung kommst.

Als ich 2020 aus dem Koma erwachte, war mir klar, dass es so nicht weitergehen kann. Zunächst musste ich mich erst einmal fürs Leben entscheiden und zudem beten, dass mein Körper das Ganze mitmachte. Ich weiß noch, wie mir am Anfang die Kraft fehlte, um eine Teepackung zu öffnen, und meine Sprache war zunächst total undeutlich und verwaschen. In den Wochen im Krankenhaus hatte ich sehr viel Zeit zum Nachdenken und hinterfragte mein Leben und Handeln.

In der Vergangenheit hatte ich in meiner Freizeit jede Minute für meine Essstörung verwendet und mir keine Zeit für mich, meine Familie und Freund:innen genommen. Das hätte mich fast ins Grab geführt. Damals entschloss ich mich, dass ich etwas verändern wollte, und gleichzeitig fiel es mir nicht leicht. Der Schritt, noch einmal in eine Fachklinik für Essstörungen zu gehen, war nicht leicht, doch ich wusste, wenn ich mein Leben in den Griff bekommen wollte, brauchte ich professionelle Hilfe.

Ich hatte große Angst davor, in eine Klinik zu gehen, denn was würden Mitpatient:innen und Behandler:innen denken, wenn eine Psychotherapeutin so krank ist? Von diesen Gedanken versuchte ich mich jedoch zu distanzieren, denn Menschen denken immer etwas, und darauf hatte ich keinen Einfluss. Worauf ich sehr wohl einwirken konnte, war, mir Hilfe zu suchen, damit es mir besser ging und ich zurück ins Leben fand.

Letztendlich hatte ich mehrere Warums und Wozus:

- Ich wollte leben und nicht mehr vegetieren.
- Ich wollte meine Nichte und meinen Neffen aufwachsen sehen, Freundschaften aufbauen und etwas von der Welt sehen.
- Ich wollte Patient:innen ein Vorbild sein, indem ich Mut mache und Hoffnung gebe.
- Ich wollte irgendwann ein Buch schreiben.
- Ich wollte etwas in der Welt verändern.
- Ich wollte ein erfülltes Leben leben und am Ende sagen können, dass ich alles versucht habe.

Um das zu erreichen, musste ich mich bewusst entscheiden, in die Veränderung zu gehen, Dinge umzusetzen und vor allen Dingen auch, mich meinen Ängsten zu stellen. Denn ein großer Teil meiner neuen Selbstfürsorge zum damaligen Zeitpunkt war es, mich ausgewogen zu ernähren und vor allen Dingen zuzunehmen. Ich wusste, dass daran kein Weg vorbeiführte. So zog ich nach meiner Entlassung aus dem Krankenhaus zunächst bei meinen Eltern ein, um dort das Aufnahmegewicht für die Fachklinik zu erreichen. Ich ging teilweise durch die Hölle, denn ich musste es ohne fachliche Hilfe schaffen, Mahlzeiten zu mir zu nehmen und diese bei mir zu behalten. Darüber hinaus schlüpfte ich wieder in die Kinderrolle, was zu Spannungen führte.

Eine Entscheidung zur Veränderung zu treffen, bedeutet übrigens nicht, dass es immer leichtfällt, danach zu leben und immer so zu handeln. Es ist die bewusste Entscheidung, trotz Ängsten oder Widerstand den neuen Weg zu bestreiten. So biss ich mich durch, nahm zu und machte mir in dunklen Momenten immer bewusst, wofür ich das tat. Ich betrieb also letztendlich ganz viel Selbstfürsorge. Dies war jedoch nur möglich, weil ich eine Entscheidung getroffen und Verantwortung übernommen hatte. Zudem hatte ich professionelle Unterstützung auf mehreren Ebenen.

Was mir dabei half, auf meinem Weg zu bleiben, waren Bilder von meiner Familie. So hatte ich schon im Krankenhaus ein Foto von meiner neugeborenen Nichte auf dem Nachttisch, das mich immer wieder daran erinnerte, dass ich eine gute Tante sein wollte. Ich nutzte also einen Marker, der mich darauf hinwies, welches Versprechen ich mir gegeben hatte.

Vielleicht suchst du dir ein Symbol, eine Figur oder einen anderen Hinweis, änderst deinen Handyhintergrund oder kaufst dir ein Armband, um dich immer wieder daran zu erinnern, dass du ab jetzt gut für dich sorgen möchtest. Dieses Zeichen kann dich dann immer wieder auf deinen Weg der Selbstfürsorge zurücklenken, wenn du mal von ihm abgekommen bist.

REFLEXIONSFRAGEN

- Was genau möchtest du verändern?
- Wieso möchtest du es gerne ändern?
- Welche Vorteile hat eine Veränderung?
- Was spricht gegen eine Änderung?
- Wie entschlossen bist du, in die Umsetzung zu kommen?
- Welches Symbol, welche Figur, welcher Hinweis könnte dir auf deinem Weg helfen, um nicht von ihm abzukommen?

Werde dir über deine Ziele klar

Um deine Motivation zu finden, können dir möglicherweise Annäherungs- und Vermeidungsziele helfen. Dieses Konzept stammt aus der Feder des Psychologen und Psychotherapeuten Klaus Grawe. Die Begriffe können erklären, weshalb es dir bei einigen Aufgaben und Zielen unglaublich schwerfällt, sie zu erledigen, wohingegen dich andere Tätigkeiten kaum Kraft oder Überwindung kosten.

Laut Grawe gibt es vier psychologische Grundbedürfnisse, die der Mensch anstrebt zu befriedigen. Unser Ziel ist es, unsere inneren Bedürfnisse (psychische Prozesse) und das Erleben der Realität (neuronale Prozesse) in Einklang zu bringen. Diesen Zustand nennt Grawe Konsistenz. Je gesünder der Mensch lebt, desto höher ist die Konsistenz, also das Gleichgewicht. Diese Bedürfnisse findet man bei allen Menschen. Wie du selbst sie befriedigst, ist jedoch individuell und von deinen Erfahrungen abhängig. Mehr dazu liest du im Abschnitt „Kenne deine Bedürfnisse“ auf S. 177.

DIE PSYCHOLOGISCHEN GRUNDBEDÜRFNISSE

Laut Klaus Grawe gibt es vier psychologische Grundbedürfnisse:

- Bedürfnis nach Bindung
- Bedürfnis nach Orientierung und Kontrolle
- Bedürfnis nach Selbstwertschutz und Selbstwerterhöhung.
- Bedürfnis nach Lustgewinn und Unlustvermeidung

Annäherungsziele nennt man auch „Hin-zu-Ziele“, die dazu dienen, deine Bedürfnisse zu befriedigen. Vermeidungsziele oder auch „Weg-von-Ziele“ dienen dem Schutz von Bedrohung, Verletzung oder Frustration der Bedürfnisse. Menschen, die eher Annäherungsziele besitzen, gehen ihren Grundbedürfnissen aktiv nach. Diese Ziele sind meist konkret und man weiß, wann man sie erreicht hat. Beispiele in Bezug auf Selbstfürsorge sind: „Ich möchte mir täglich eine Pause gönnen“, „Ich möchte all meine Vorsorgeuntersuchungen bis Ende des Jahres gemacht haben“, „Ich möchte mir mehr Zeit für meine Freundschaften nehmen“, „Ich möchte in mich hineinhorchen und öfter Nein sagen“, „Ich möchte dreimal die Woche frisch kochen“, „Ich möchte abends ein Dankbarkeitstagebuch schreiben“, „Ich möchte täglich 20 Minuten spazieren gehen“ etc. Hier ist ganz klar, wenn das Ziel erreicht ist oder eben auch nicht.

Menschen mit Vermeidungszielen, auch Weg-von-Ziele genannt, schützen ihre Grundbedürfnisse eher vor Verletzung, Bedrohung, Frustration und Gefahr. Beispiele könnten hier sein: „Ich darf niemanden enttäuschen“, „Ich muss es allen recht machen“, „Ich möchte meine:n Partner:in nicht verärgern“, „Ich darf nicht negativ auffallen“, „Ich darf nicht krank zu Hause bleiben“ etc. Diese Ziele kann man kurzfristig erreichen (z. B. niemanden zu enttäuschen), doch schon bald ist dieses Vermeidungsziel wieder aktiv, denn es gibt ja noch andere Personen, die man enttäuschen könnte. Weg-von-Ziele kosten unglaublich viel Kraft und Energie, da man selten sicher sein kann, dass man sie wirklich erreicht hat.

In der Regel sind beide Systeme aktiv und der Mensch strebt nach einer optimalen Bilanz. Die Systeme können jedoch unterschiedlich stark ausgeprägt sein. So gibt es Menschen mit starken Vermeidungszielen (Schutz vor Verletzung, Bedrohung, Frustration und Gefahr) und Menschen mit starken Annäherungszielen, die ihre Grundbedürfnisse versuchen zu befriedigen.

Wenn du also ein gutes Warum für deine Selbstfürsorge finden möchtest, solltest du erst einmal reflektieren, nach welchen Zielen du aktuell strebst, und anschließend schauen, wie du sie messbar machen kannst. Wenn du z. B. den Wunsch nach mehr Zeit mit deiner Familie hast, dann überlege, woran du merken würdest, dass du mehr Momente mit ihr verbringst. Wenn dein Ziel mehr Gelassenheit ist, frage dich, wie es für dich ersichtlich wäre, dass du dies erreicht hast. Woran würdest du erkennen, dass du dich mehr um dich sorgst, besser Grenzen setzt, dich gesünder ernährst, mehr bewegst etc.?

Um dir deine Ziele in Bezug auf deine Selbstfürsorge, aber auch für jeden anderen Bereich, besser zu setzen, kann die SMART-Methode helfen. SMART ist ein Akronym und steht für „*s*pezifisch, *m*essbar, *a*ttraktiv, *r*elevant und *t*erminiert“.

Spezifisch: Was genau ist dein Ziel?
Dein Ziel sollte weder vage noch undeutlich formuliert sein, sondern kurz und prägnant.

Beispiel: „Ich werde meine Selbstfürsorge verbessern, indem ich mit Yoga anfange.“

Messbar: Woran erkenne ich, dass ich das Ziel erreicht habe?
Damit du feststellen kannst, ob du dein Ziel erreicht hast, sollte es so formuliert sein, dass du es auch messen kannst.

Beispiel: „Ich werde meine Selbstfürsorge verbessern, indem ich zweimal die Woche Yoga mache.“

Attraktiv: Möchtest du das Ziel wirklich erreichen?
Wenn dich dein Ziel nicht anspricht, wird es wahrscheinlich schwer, dass du langfristig dabeibleibst. Deshalb solltest du wirklich Lust und ein Warum haben. Formuliere daher dein Ziel positiv.

Beispiel: „Ich werde Yoga machen“ (Hin-zu-Ziel) statt „Ich werde weniger auf dem Sofa sitzen“ (Weg-von-Ziel).

Wenn dein Ziel also attraktiv ist, du dir vorstellst, wie schön es sein wird, wenn du dich in der Yogastunde dehnst und immer mehr zur Ruhe kommst, kannst du es leichter erreichen. Es gibt auch Varianten, in denen das „A“ für „aktiv“ steht. Hier geht es darum, zu formulieren, was man genau tun möchte, um das Ziel zu erreichen.

Beispiel: „Ich stehe morgens an den Yogatagen eher auf und praktiziere vor der Arbeit.“

Realistisch: Ist das Ziel erreichbar?
Groß zu denken, ist grundsätzlich eine positive Eigenschaft. Wenn du jedoch die Vorstellung hast, zukünftig täglich 45 Minuten Yoga zu machen, dann wird das ziemlich sicher zu Frust und Enttäuschung führen, wenn du dich bisher wenig mit Yoga beschäftigt hast. Dein Ziel sollte herausfordernd und gleichzeitig machbar sein. Überprüfe also genau, ob du die körperlichen, finanziellen und zeitlichen Ressourcen hast, um dein Ziel zu erreichen, oder was du vielleicht vorher noch anpacken solltest.

Beispiel: „Ich mache einmal die Woche Yoga.“

Du kannst dein Ziel mit der Zeit immer wieder anpassen. Für den Anfang sind kleinere Ziele jedoch meist motivierender.

Terminiert: Bis wann möchtest du dein Ziel erreichen?
Um dein Hin-zu-Ziel zu erreichen, ist es hilfreich, wenn du dir eine Deadline setzt. Diese hilft dir, zu kontrollieren, ob du dein Ziel erreicht hast, und motiviert dich. Du kannst dir beispielsweise Tages-, Wochen-, Monats- und Jahresziele setzen. Wann möchtest du beginnen? Wann möchtest du es erreicht haben?

Beispiel: „Ich werde diesen Monat einmal in der Woche Yoga machen, starte damit heute und möchte bis Ende des Jahres zweimal die Woche schaffen.“

REFLEXIONSFRAGEN

- Hast du eher Annäherungs- oder Vermeidungsziele?
- Wovon möchtest du mehr in deinem Leben (mehr Entspannung, Freude, Gelassenheit, Zeit mit der Familie, Gesundheit, ...)?
- Wie könntest du deine Ziele SMART formulieren?

Schaffe eine Basis für deine Selbstfürsorge

Damit du dich zukünftig besser um dich kümmerst und die Folgen fehlender Selbstfürsorge verringerst, brauchst du eine Basis, um Selfcare in deinen Alltag zu integrieren. Dazu solltest du dich immer wieder selbst reflektieren und bedingungslos ehrlich zu dir sein. Setz dich jedoch nicht unter Druck. Die kleinen Schritte zählen und machen das große Ganze aus.

Zwei Bausteine, die dir bei dem Aufbau einer gesunden Selbstfürsorge helfen, sind Struktur und Routinen.

Struktur aufbauen

Um eine gute Selbstfürsorge aufzubauen, ist eine Tages-, Wochen-, Monats- und Jahresstruktur sehr sinnvoll. Der Duden definiert Struktur als „Anordnung der Teile eines Ganzen zueinander; gegliederter Aufbau, innere Gliederung“. In Bezug auf Selbstfürsorge und dein Leben bedeutet dies, dass all deine Aufgaben, Verpflichtungen, Termine und Verbindlichkeiten einen festen und bestimmten Zeitrahmen in deinem Leben haben sollten.

Tagesstruktur hilft dir, deine Aufgaben zu erledigen, Pausen einplanen zu können und bestimmte Verpflichtungen nicht zu vernachlässigen. Feste Tagesabläufe, die du individuell für dich gestalten kannst (denn nicht jede:r benötigt das gleiche Maß an Struktur), geben dir Halt und verringern das Grübeln und Hinterfragen. Struktur ist quasi ein Gerüst, das dir hilft, deinen Tag zu absolvieren.

Immer gleiche Abläufe können dir zudem Sicherheit geben. Wenn du jeden Abend zur ungefähr gleichen Zeit ins Bett gehst und morgens aufstehst, dann wird dir dein Körper dies danken – das ist schon der erste Schritt Richtung Struktur. Auch feste Zeiten für deine Mahlzeiten sind eine einfache Möglichkeit, deinen Tag zu strukturieren und zudem gut für deine Gesundheit.

Für deine Tagesstruktur kann es hilfreich sein, dass du feste Zeiten hast. Du kannst dir beispielsweise alle deine Aufgaben in deinen Terminkalender eintragen. So könnte dort zukünftig auch der Begriff „Selbstfürsorge" zu finden sein. Plane am besten am Sonntag die kommende Woche und verschaffe dir einen Überblick. So reduzierst du Überraschungen und weißt genau, was dich wann erwartet. Abends kannst du dann den nächsten Tag noch einmal konkret vorbereiten.

Zu Beginn einer jeden Woche solltest du dir einen Überblick über alle To-dos verschaffen. So kannst du Überraschungen minimieren und besser einschätzen, wie du deine Zeit einteilen solltest.

VORTEILE VON ROUTINE UND STRUKTUR

- Sie geben dir Sicherheit.
- Du hast einen geregelten Tagesablauf.
- Du sparst Zeit und Energie.
- Du weißt, was dich erwartet.

Möglicherweise bist du aber auch ein Mensch, den Strukturen mehr stressen statt nutzen. Ich denke zum Beispiel an einige neurodivergente Menschen. Neurodivergenz ist ein Oberbegriff für Menschen, deren Gehirn anders funktioniert als gesellschaftlich „erwartet". Hierunter fallen zum Beispiel Menschen mit AD(H)S. Für sie können flexible Strukturen hilfreich sein. Also keine festen Tagesabläufe, sondern feste Aufgaben, die flexibel zu unterschiedlichen Zeiten erledigt werden.

Es kann sinnvoll sein, wenn du klar zwischen Arbeitszeit und Freizeit unterscheidest. Hier können dir Rituale helfen. So könntest du, wenn du aus dem Büro nach Hause kommst, direkt andere Kleidung anziehen, um in den Freizeitmodus zu wechseln und nicht „noch mal eben“ die Arbeitsmails zu checken. Wenn du im Homeoffice arbeitest, kann es sinnvoll sein, nach Feierabend den Arbeitsweg zu imitieren und 15 Minuten „nach Hause“ zu laufen, indem du einen Spaziergang machst.

Mache dir bitte deutlich, dass der Bereich Struktur wieder nur eine Speise auf dem Selbstfürsorgebuffet ist, an dem du dich bedienst. Nimm dir so viel Selbstfürsorge, wie du für einen entspannten Alltag benötigst. Es ist vollkommen in Ordnung, wenn ein klarer Tagesablauf sich für dich wie ein Gefängnis anfühlt. Genauso richtig ist es, wenn dir eine klare Struktur mehr kognitive Kapazitäten verschafft.

Routinen entwickeln

Um dir eine Struktur aufzubauen, sind Routinen sehr hilfreich und unterstützend. Routinen sind Fähigkeiten, die du durch Wiederholungen über einen längeren Zeitraum immer wieder ausführst und die dadurch quasi automatisch und ohne große Anstrengung ablaufen. Vorhersehbare Abläufe führen dazu, dass du dir weniger Gedanken über bestimmte Abläufe machen musst und somit Gehirnkapazitäten freihalten kannst.

Eine Routine ist z. B. das Zähneputzen. Seit der Kindheit weißt du, dass du mindestens morgens und abends deine Zähne putzen solltest. Daher ist es für dich völlig normal, nach dem Aufstehen oder spätestens nach dem Frühstück ins Bad zu gehen und die Zahnbürste in die Hand zu nehmen. Diese Handlung passiert automatisch, du musst dich nicht jeden Morgen neu daran erinnern.

Somit sind Routinen ressourcensparend, denn du hast jeden Tag nur ein gewisses Maß an Reserven zur Verfügung. Wenn du dich bei jeder Kleinigkeit wie z. B. dem Zusammenbinden der Schnürsenkel oder dem Anschnallen beim Autofahren daran erinnern müsstest, hättest du wahrscheinlich kaum noch Kapazitäten, um deiner Arbeit nachzugehen, da du nur mit Kleinigkeiten beschäftigt wärst. Feste Routinen haben außerdem den Vorteil, dass du in etwa abschätzen kannst, was dich erwartet. Das kann eine beruhigende Wirkung auf dich ausüben und Sicherheit vermitteln. Routinen schaffen Kontinuität und bilden einen stabilen Rahmen, der dir Orientierung gibt.

Es gibt übrigens auch „schlechte" Routinen. Wenn du beispielsweise nach dem Essen immer eine Zigarette rauchst, morgens auf deinem Handywecker dreimal die Snoozetaste drückst oder das Bezahlen von Rechnungen oder andere wichtige Erledigungen tagelang aufschiebst, dann ist auch das eine Routine, über die du in der Regel wenig nachdenkst, die jedoch nicht zu deinem Wohlbefinden beiträgt. Vielleicht hilft dir diese „schlechte" Routine aktuell jedoch auch, um abzuschalten, zu entspannen, etc. und du hast *noch* keine Alternative, doch genauso wie du dir das Rauchen irgendwann angewöhnt hast, so kannst du es dir auch wieder abgewöhnen.

Wenn du nun eine individuelle Selbstfürsorgeroutine für dich aufbaust, dann wird Selfcare für dich irgendwann etwas ganz Normales, über das du wenig nachdenken musst, weil du sie bereits integriert hast.

Wenn du etwas verändern möchtest, wird es zu Beginn möglicherweise anstrengend, Tätigkeiten anders auszuführen, mehr Pausen einzuplanen und diese konsequent einzuhalten, Grenzen zu setzen und Nein zu sagen. Doch mit der Zeit wirst du Übung darin bekommen und es wird dir leichter fallen. Du musst „nur" damit beginnen. Es zählen die kleinsten Veränderungen. Wenn du zu Beginn auch nur denkst: „Ich wollte es doch eigentlich anders machen", ist das ein Schritt in die richtige Richtung, denn du wirst dir der Veränderung bewusst. So entsteht kleinschrittig eine neue Gewohnheit. Wenn du deine passenden Routinen findest, so hat das auch Einfluss auf andere Lebensbereiche, denn du stehst mehr in deiner Mitte und bekommst deine Aufgaben besser erledigt.

Wenn du beispielsweise als Morgenroutine einführen möchtest, vor der Arbeit 15 Minuten zu meditieren oder Yoga zu machen, wird das in der ersten Zeit sicherlich anstrengend, da der Wecker morgens

15 Minuten eher klingeln wird. Hier ist deine Disziplin gefragt. Erinnere dich dann immer wieder an dein Warum und Wozu.

Ich bin beispielsweise normalerweise ein Morgenmuffel. Doch ich wollte vor einiger Zeit fitter werden und vor der Praxis noch ins Fitnessstudio. Ich weiß noch, wie ich mich die erste Zeit morgens aus dem Bett quälte. Heute werde ich automatisch früh morgens wach und mein Körper hat sich daran gewöhnt. So tue ich meistens morgens etwas für mich und bin erholt, um den weiteren Tag in der Praxis zu beginnen. Wenn ich vor der Praxis keine Zeit für Selbstfürsorge habe, nehme ich mir abends bewusst Zeit für mich. So bin ich nicht an feste Abläufe gebunden und flexibel. Denn wenn du immer dieselben Abläufe brauchst, um zu funktionieren, kann dich das einengen und dir das Gefühl von Selbstbestimmheit und Freiheit nehmen.

Schau genau, welche Routinen sich für dich stimmig anfühlen. Selbstfürsorge könntest du beispielweise auch abends betreiben, wenn du kein Morgenmensch bist. Lass dich von anderen inspirieren, jedoch nicht beeinflussen. Überlege dir deine neue Routine genau und notiere die Abläufe einmal auf einem Blatt Papier. Kommt das zeitlich alles hin und ist realistisch? Wichtig ist, dass die Verhaltensweisen zu deinem Lebensstil und deinen Umständen passen. Schreibe dir konkrete Verhaltensweisen auf und keine allgemeinen Ziele und nutze die SMART-Methode (S. 67). Wenn du deine Aufgaben nach einer festen Reihenfolge erledigst, wird dir der Ablauf ohne viel Überlegung leicht von der Hand gehen und du sparst kognitive Ressourcen, denn irgendwann wirst du über den Ablauf nicht mehr nachdenken müssen. Eine neue Routine ist entstanden.

Sei konsequent, aber nicht zwanghaft. Deine Struktur und Routinen sollten keine Festung sein. Es ist nicht schlimm, wenn du mal keine Zeit für dich und deine Selfcare hast. Hier sind Flexibilität und Geduld der Schlüssel. Am Anfang wird es holprig sein, deine Selfcare-Routine konsequent einzuhalten, und du musst dir möglicherweise öfter dein Ziel und Warum ins Gedächtnis rufen. Wenn du diese aus den Augen verloren hast, schau dir deine Notizen noch einmal an. Mit der Zeit wird dir deine Routine in Fleisch und Blut übergehen und du wirst dich nicht mehr bewusst daran erinnern müssen. Und: Falls du bemerkst, dass die Routine, die du dir überlegt hast, doch nicht zu dir passt, darfst du sie jederzeit ändern. Reflektiere und hinterfrage sie regelmäßig und schaue, ob sie dir noch guttut.

Zudem kann es hilfreich sein, wenn du dein Umfeld miteinbeziehst. Teile deinen Freund:innen mit, dass du dich besser um dich kümmern möchtest, indem du z. B. zweimal die Woche Sport machen, mit Yoga beginnen, mehr Grenzen setzen oder dich gesünder ernähren möchtest. Zum einen schafft das mehr Verbindlichkeit, zum anderen möchte dein Umfeld vielleicht mitmachen oder dich unterstützen.

REFLEXIONSFRAGEN

- Wie soll deine Selbstfürsorge-Routine konkret aussehen?
- Womit möchtest du beginnen?
- Wann möchtest du sie abhalten (morgens, in der Mittagspause, nachmittags oder am Abend)?
- Was ist dafür nötig, damit es klappt?
- Wie sehen die konkreten Abläufe aus?
- Möchtest du dein Umfeld mit einbeziehen? Falls ja, sprich mit ihnen.

Eine Tagesstruktur entwickeln

Vielleicht gehörst du auch zu den Menschen, die sich Dinge vornehmen und sie dann doch vor sich herschieben. Da ist die Steuererklärung, die dringend gemacht werden sollte, die Wohnung müsste auch seit Tagen geputzt werden, und eigentlich wolltest du deine Klamotten auch mal wieder aussortieren und zum Spendencontainer bringen. Am Ende des Tages, wenn du deine Aufgaben nicht erledigt hast, setzt dann häufig die Unzufriedenheit ein, die sich negativ auf dein Wohlbefinden auswirkt, deine Selbstzweifel erhöht und meist nicht dazu beiträgt, dass du am nächsten Tag mit Motivation aufwachst.

Eine Struktur zu entwickeln, bedarf erstmal ein wenig an Umgewöhnung und braucht Zeit. Der Mensch ist ein Gewohnheitstier und es braucht mehrere Wochen, um neue Gewohnheiten zu etablieren und alte Verhaltensweisen abzulegen.

Deshalb schauen wir uns jetzt einmal an, wie du eine Struktur für dich findest, die dir hilft, vieles unter einen Hut zu bekommen, und individuell auf dich abgestimmt ist. Wenn du beginnst, nicht mehr in den Tag hineinzuleben, sondern allen Bereichen, die dir wichtig sind, Zeiträume zu geben, bringst du Ordnung in deinen Alltag und hast am Ende mehr vom Tag.

Wahrscheinlich fragst du dich jetzt: Wo fange ich an? Wie nutze ich meine Zeit am besten? In diesem Zusammenhang spricht man häufig von Zeitmanagement. Zeit an sich kann man jedoch nicht managen, denn sie vergeht und kommt nie zurück. Deshalb ist Lebenszeit auch das Kostbarste, was wir haben. Was du jedoch managen kannst, ist dein Verhalten und wie du deine Zeit nutzt.

Prioritäten setzen

Eigentlich weißt du genau, dass es wichtig ist, auch mal eine Pause einzulegen und etwas für dich zu tun. Doch da ist noch die Präsentation, die du fertig machen sollst, der Abwasch wartet, deine Tante bittet um einen Rückruf und das Katzenfutter neigt sich dem Ende zu. Wie sollst du da bitte innehalten, entschleunigen und etwas für dich tun? Alle anderen Aufgaben fühlen sich mindestens genauso wichtig wie Selbstfürsorge für dich an und du weißt nicht, wo du beginnen sollst. Hier können dir Prioritäten helfen.

PRIORITÄT

Priorität stammt von dem lateinischen *prior* (der Vordere, Frühere) ab und bezeichnet den Vorrang einer Sache. Die zeitliche Reihenfolge einer Sache kann aufgrund der Dringlichkeit oder aufgrund der Bewertung (Priorisierung) definiert werden.

Prioritäten helfen dir, Struktur in deinen Alltag zu bekommen und das Wesentliche nicht aus dem Blick zu verlieren. Du kannst besser planen und kommst so leichter in die Umsetzung. Ohne Prioritäten wird es für dich deutlich schwieriger, dir Zeit für dich und deine Bedürfnisse einzuräumen. Durch Prioritäten kannst du dir den Freiraum schaffen, den du für deine Selbstfürsorge benötigst.

Was Priorität hat, das bestimmst einzig und allein du selbst. Auch können sich deine als wichtig eingestuften Aufgaben jederzeit ändern. Du hast vielleicht neue Fähigkeiten hinzugelernt, andere Erfahrungen gemacht oder siehst das Ganze aus einem anderen Blickwinkel: Dann ändere deine Prioritäten.

Zu deinen Prioritäten im Leben könnten gehören: Gesundheit – Familie – Karriere – Reisen – Freiheit – Partnerschaft – Freundschaften – Sport – Selbstfürsorge – persönliche Weiterentwicklung – finanzielle Sicherheit – Selbstverwirklichung.

Sobald du dir darüber im Klaren bist, was dir im Leben wichtig ist, kannst du leichter Entscheidungen treffen und dich besser um dich kümmern. Das muss nicht von jetzt auf gleich geschehen, sondern du solltest es in kleine Teilschritte oder -ziele runterbrechen.

Werde dir zu Beginn bewusst, welche Aufgaben, Termine, Herausforderungen, Erwartungen etc. an dich herangetragen werden und welche du erfüllen möchtest. Mach anhand der folgenden Reflexionsfragen einen Kassensturz.

REFLEXIONSFRAGEN

- Wie viele Stunden arbeitest du?
- Wie lauten deine Arbeitszeiten?
- Welche anderen festen Termine hast du (Hobbys, Ärzt:innenbesuche, Hundeschule, Beautytermine, Autoinspektion etc.)?
- Wann kümmerst du dich um den Haushalt (einkaufen, putzen, Müll wegbringen etc.)?
- Welche Aufgaben fallen in der Familie und Partnerschaft an (Termine der Kinder, Kinderbetreuung, Familienbesuche, Ausflüge, Date Nights etc.)?
- Notiere dir alle Punkte. Überlege dir im nächsten Schritt, ob du alle Dinge selbst erledigen, planen oder organisieren musst oder ob du auch Punkte delegieren kannst. Hier kann dir das folgende Eisenhower-Prinzip helfen.

Das Eisenhower-Prinzip

Das Eisenhower-Prinzip geht auf den US-Präsidenten Dwight D. Eisenhower zurück und ist eine Zeitmanagement-Methode, bei der du deine privaten und beruflichen Aufgaben mit den Kriterien „Dringlichkeit“ und „Wichtigkeit“ bewertest und vier Kategorien erhältst. So kannst du Aufgaben leichter priorisieren und besser Prioritäten setzen.

Dringlichkeit bezieht sich auf die Zeit, die du hast, um die Aufgabe zu erledigen. Wenn sie dringend ist, dann sollte die Aufgabe zeitnah erledigt und keinesfalls aufgeschoben werden. Wichtigkeit meint den Einfluss, den deine Aufgabe auf deine kurz-, mittel- und langfristigen Ziele hat. Das können Ziele in deinem Beruf, deiner Ausbildung, deiner Freizeit, deiner Beziehung oder eben auch in Bezug auf deine Selbstfürsorge sein. Daraus ergeben sich vier Kategorien.

		Dringlichkeit	
		dringend	nicht dringend
Wichtigkeit	wichtig	A	B
	nicht wichtig	C	D

Die Quadranten des Eisenhower-Prinzips

Kategorie A: wichtig und dringend – muss sofort erledigt werden

Diese Aufgaben sollten möglichst zeitnah selbst erledigt werden. Hier kann Struktur und Planung dir helfen, denn meist weißt du einige Zeit vorher, was wann ansteht. Wenn du rechtzeitig beginnst, kommst du nicht in Zeitnot. Beispiele:

- bestimmte E-Mails, unmittelbar auslaufende Deadlines
- die Bitte der Vorgesetzten um sofortige Rückmeldung
- Lernen für die Klausur am nächsten Tag
- das kranke Kind zum Arzt bringen
- du bist erschöpft und benötigst eine Pause

Kategorie B: wichtig, nicht dringend – keine feste Frist, kann später erledigt werden

Diese Aufgaben sind wichtig, haben jedoch noch etwas Zeit und du brauchst dich nicht zu stressen. Setze dir am besten eine Deadline, bis wann du sie erledigt haben möchtest, denn aus B-Aufgaben können durch Aufschieben schnell A-Aufgaben werden. Hier fällt auch alles hinein, was mit Selbstfürsorge zu tun hat. Beispiele:

- Sport, Me-Time, Familienzeit
- Ausarbeitung eines Projekts, bei dem die Deadline noch Zeit hat
- Aufgaben, die keine feste Frist haben
- langfristige Projekte, z. B. Weiterbildung

Kategorie C: nicht wichtig, aber dringend – kann vielleicht abgegeben werden

Diese Aufgaben müssen zeitnah erledigt werden, es ist jedoch nicht zwingend notwendig, dass du sie selbst erledigst. Diese Aufgaben kannst du ohne schlechtes Gewissen abgeben und delegieren, wenn möglich, denn sie müssen nicht zwingend von dir erledigt werden – z. B., dass deine Wohnung sauber ist, weil du am nächsten Tag Besuch bekommst. Hier könntest du die Aufgabe abgeben und deine:n Partner:in fragen oder dir eine Reinigungskraft suchen. Wenn du etwas nicht delegieren kannst, dann erledige diese Aufgaben, nachdem alle A- Aufgaben abgehakt sind. Beispiele:

- Wohnungsputz
- Pakete wegbringen
- Kund:innen anrufen

Kategorie D: nicht wichtig und nicht dringend – muss nicht erledigt werden

Kategorie-D-Aufgaben sind weder dringend noch helfen sie dir, deine Ziele zu erreichen. Sie sind meist nur zur Ablenkung da und bringen dich nicht weiter. Beispiele:

- Aufgaben, die keine Frist haben
- Dinge, die dich deiner Selbstfürsorge nicht näherbringen
- wahllos fernsehen, im Internet/in sozialen Medien surfen
- aus Langeweile Videospiele spielen

Wenn du dir nicht sicher bist, ob die Aufgabe dringend ist, frage dich:

- Gibt es eine Deadline?
- Wenn ja, liegt sie in naher oder ferner Zukunft?

Wenn du dir nicht sicher bist, ob die Aufgabe wichtig ist, frage dich:

- Bringt mich die Aufgabe meinen Zielen näher?
- Bringt sie mich in Kontakt zu dem, was mir in meinem Leben wichtig ist? Was passiert, wenn ich die Aufgabe bis zur Deadline nicht erledigt habe?
- Ist es dir wichtig, die Aufgabe selbst zu machen? Drohen Konsequenzen, z. B. Überforderung, Überlastung oder Burn-out?

Wichtig ist mir jedoch zu betonen, dass sich die Bewertung dessen, was wichtig und dringend ist, von Person zu Person unterscheidet. Für die eine Person ist ein ordentlicher Haushalt eine A-Aufgabe, für eine andere fällt er eher in Kategorie C. Schau also für dich, welche Aufgaben deiner Liste in welche Option passen, und übe dich darin, mehr Anforderungen in C und D einzuteilen.

Natürlich hat diese Methode auch ihre Nachteile. So hast du vielleicht nicht die Möglichkeit, Aufgaben zu delegieren, da dir die finanziellen Möglichkeiten fehlen, weil du Single oder alleinerziehend bist. Auch kann man nicht alle Aufgaben in diese Matrix packen. Ich finde die Idee dahinter, genau zu schauen, was gerade wichtig und dringend ist, jedoch sehr hilfreich, um Prioritäten zu setzen.

REFLEXIONSFRAGEN

- Mache dir eine Liste der Aufgaben der letzten Woche. Ordne die Aufgaben in die oben beschriebene Matrix ein.
- Welche Aufgaben kannst du delegieren?

Wie du Schwierigkeiten überwindest

Sich für mehr Selbstfürsorge zu entscheiden und dieses Vorhaben umzusetzen, sind zwei verschiedene Paar Schuhe. Dass viele Menschen ein Defizit im Bereich Selfcare haben, liegt zum einen daran, dass die meisten es nicht vermittelt oder vorgelebt bekamen oder sogar dafür bestraft wurden. Zum anderen gibt es aber auch einige andere Hindernisse, die die Selbstfürsorge erschweren. In unserem System ist es nicht vorgesehen, dass Menschen gut für sich sorgen, sich Pausen nehmen und Grenzen setzen. Unsere Gesellschaft ist darauf ausgelegt, dass jede:r Leistung erbringen soll, Innehalten ist weniger gefragt

In diesem Abschnitt gehe ich daher auf einige Hindernisse ein, die dir auf deinem Weg zu mehr Selbstfürsorge begegnen können.

„Ich bin ein hoffnungsloser Fall“

Solche Glaubenssätze, wie etwa auch „Das schaffe ich eh nicht“, höre ich immer wieder von meinen Patient:innen. Viele Menschen glauben nicht an sich, da sie in der Vergangenheit negative Erfahrungen gemacht haben, die dazu führten, dass ihr Selbstvertrauen und Selbstbewusstsein darunter gelitten haben. Selbstfürsorge wird dir dabei helfen, beides wieder zu stärken. Ich glaube nicht, dass du ein hoffnungsloser Fall bist, was Selfcare angeht – immerhin liest du dieses Buch! Machen wir ein Experiment: Stell dir vor, deine liebste Bezugsperson würde entführt und die Entführer:innen würden sie freilassen, wenn du 10.000 € überweist. Wahrscheinlich würdest du alle Hebel in Bewegung setzen, um das Geld zusammenzubekommen. Stelle dir nun vor, dass dein gutes Leben entführt wurde und in Gefangenschaft ist. Um es zurückzubekommen, lautet die „Lösegeldforderung“, dass du Selbstfürsorge betreiben musst, egal, welche Gedanken und Gefühle dabei hochkommen. Nur dann erhältst du dein gutes Leben zurück. Würdest du es tun? Vermutlich ja, oder?

Natürlich gibt es Grenzen dessen, was jede:r erreichen kann. Das hängt mit deinen individuellen Voraussetzungen, deiner Lebenssituation, deinen Erfahrungen und Fähigkeiten zusammen. Gleichzeitig bleiben viele Menschen unter ihren Möglichkeiten, da sie sich wenig zutrauen und nichts riskieren. Wenn du dir selbst einredest, dass du es eh nicht hinbekommst, dich besser um dich selbst zu kümmern, dann wird das wahrscheinlich auch so eintreten. Du legst dir also selbst Stolpersteine in den Weg, weil du nicht an dich glaubst. Was du glaubst, wird deine Wahrheit. Was würde passieren, wenn du dir sagst, dass du es *noch* nicht schaffst, dich gut um dich zu sorgen, jedoch auf dem Weg bist?

Veränderungen sind immer möglich. Wie diese konkret aussehen, ist jedoch individuell. Bisher hast du es *noch* nicht geschafft, deine Vorsätze in die Tat umzusetzen. Das hatte sicherlich Gründe. Du hast jedoch an jedem Tag zu jeder Zeit die Möglichkeiten zu beginnen, etwas zu verändern. Wahrscheinlich waren deine Lebensumstände, deine Einstelllungen oder Motivation bisher noch so belastend oder mangelhaft, dass dir die Kraft für Selbstfürsorge fehlte. Jetzt bist du an einem anderen Ausgangspunkt und zudem brauchen Veränderungen Zeit. Außerdem darfst du das Risiko eingehen, denn es könnte ja auch klappen. Wenn du es nicht probierst, wirst du es nicht erfahren.

„Ich habe keine Kraft für Selbstfürsorge"

Wie oft höre ich von meinen Patient:innen, wenn ich ihnen das Konzept der Selbstfürsorge näherbringe, Sätze wie „Mir fehlt die Kraft, noch eine Aufgabe zu erledigen" oder „Noch eine Verpflichtung? Wie soll ich die in meinen Tag packen, wenn ich sowieso schon so erschöpft bin?". Vielleicht wirkt es auf dich auch so, dass Selfcare noch ein weiterer Punkt auf deiner To-do-Liste ist.

Ich glaube, dass viele Menschen Selbstfürsorge mit einer Methode verwechseln, mit der sie noch mehr erreichen können und in der sie erfolgreich sein müssen. Doch wenn du dich mehr um dich selbst kümmerst, wirst du erst mal wenig Feedback von außen bekommen. Niemand wird dich dafür loben, dass du dir regelmäßig eine Gesichtsmaske und ein Schaumbad gönnst. Das ist wahrscheinlich erst einmal frustrierend.

Dadurch, dass Selbstfürsorge sehr weit hinten auf deiner Prioritätenliste steht, nimmt sie wenig Raum in deinem Leben ein. Du ackerst, opferst dich auf und gehst über deine Grenzen. Das raubt dir mit der Zeit deine Kraft und dadurch bist du erschöpft. Dass Selfcare dann erst mal als Belastung von dir erlebt wird, weil du auf Resultate aus bist, ist nachvollziehbar. Selbstfürsorge entzieht dir jedoch keine Energie, sondern sie gibt dir mit der Zeit Kraft.

Selbstfürsorge hat zudem nichts mit Leistung zu tun. Du musst nicht besonders gut darin sein oder damit etwas erreichen. Sie ist jedoch notwendig, eben damit du dich nicht so ausgelaugt fühlst. Und wenn du dich eine Weile gut um dich kümmerst, dann wird dein Umfeld wahrscheinlich auch bemerken, dass du ausgeglichener, zufriedener und mehr in deiner Mitte bist, und es dir rückmelden.

Selbstfürsorge ist wie die Luft, die dich am Leben hält. Sie macht dich belastbar und zufrieden.

„Selbstfürsorge muss ich mir verdienen"

Bleiben wir bei den Glaubenssätzen. Es sind tief sitzende, meist unbewusste Überzeugungen, Annahmen oder Lebensregeln, die du über dich selbst, andere Menschen und die Welt hast. Oft bekomme ich zu hören, dass man sich Selbstfürsorge ja verdienen müsse und sie einem nur zustehe, wenn man vorher auch etwas geschafft habe. Vielleicht machst du sie auch von deiner Leistung abhängig oder erwartest von anderen die Erlaubnis, dir Zeit für dich nehmen zu dürfen. Eins kann ich dir sagen: So wirst du wahrscheinlich nie an den Punkt kommen, dass du sagst: „So, jetzt habe ich genug erreicht. Jetzt bin *ich* dran." Es wird immer etwas gegeben, das wichtiger zu sein scheint, und du wirst, wenn du es von deiner Leistung abhängig machst, nicht ohne schlechtes Gewissen selbstfürsorglich sein.

Hier spielt oft der Satz „Erst die Arbeit, dann das Vergnügen" mit hinein – als ob Selbstfürsorge eine Art Belohnung für die harte Arbeit sei. Das ist sie jedoch eben nicht. Selfcare ermöglicht es dir, dass du hart arbeiten kannst. Wenn es eine Bedingung ist, dass du vorher etwas geschafft haben musst, dann machst du dich abhängig. Hier machte meine Supervisorin in einer Sitzung mal einen schönen Vergleich zu Selbstfürsorge und Bedingungen: Das sei so, als wenn du nur unter bestimmten Bedingungen atmen dürftest. Nur wenn du etwas erreichst, geleistet oder geschafft hättest, dürftest du eine vorher festgelegte Anzahl an Atemzügen machen. Klingt absurd, oder? Selfcare ist von keiner Leistung abhängig, sondern du brauchst sie, um deinen Alltag zu bewerkstelligen.

„Ich bin es nicht wert"

Die Aussage, man sei es nicht wert, sich um sich selbst zu kümmern, ist auch sehr beliebt. Da hake ich immer nach: Wann ist eine Person es denn wert, sich um sich selbst zu kümmern? Was muss sie dafür tun? Welche Menschen haben die Berechtigung, sich um sich selbst zu sorgen? Woran wird das festgemacht?

Vielleicht erkennst du dich in diesem Gedanken wieder. Wenn du so denkst, machst du dich automatisch klein. Wahrscheinlich hast du in deiner Herkunftsfamilie Erfahrungen machen müssen, die deinen Selbstwert haben verkümmern lassen. Auch wenn du es noch nicht spürst: Du bist wertvoll. Jeder Mensch ist wertvoll.

Du bist als unbescholtenes Baby auf die Welt gekommen und wurdest in der Regel direkt geliebt. Babys müssen nichts leisten, um wertvoll zu sein. So ist ein 50-Euro-Schein auch nicht weniger wert, wenn er zerknüllt ist, in den Dreck fällt und möglicherweise einen kleinen Riss hat. Egal was du in deinem Leben schon erlebt hast, wie oft du beschimpft, abgewiesen oder misshandelt wurdest: Es ändert nichts an deinem Wert. Dein Wert hängt nicht von dem ab, was du tust oder nicht tust. Fang an, dich selbst als wertvoll zu erachten, und sorge gut für dich. Ich weiß, das ist nicht leicht, aber es ist möglich. Mit diesem Buch hast du den ersten Schritt getan.

„Selbstfürsorge setzt mich unter Druck"

Vielleicht hast du das Gefühl, dass Selbstfürsorge dich unter Druck setzt. Du siehst in den sozialen Medien oder in deinem Umfeld, wie (scheinbar) erfolgreich andere Menschen sind und was sie (angeblich) für sich tun und glaubst, auch so handeln zu müssen? Da gibt es die Influencer:innen, die ein Leben voller Selbstliebe und Selbstbewusstsein zu führen scheinen, währenddessen erfolgreich sind und geliebt werden? So möchtest du auch leben? Gleichzeitig fühlst du dich nutzlos, uneffektiv, erfolglos und ungeliebt, wenn du diese Menschen siehst? Der Gedanke: „Ich muss nur das tun, was diese Menschen machen, dann werde ich zufrieden sein", liegt nahe.

Wenn du dich in diesen Gedanken wiedererkennst, machst du einen entscheidenden Fehler, den der französische Psychiater François Lelord in seinem Buch „Hector und die Suche nach dem Glück" sehr treffend beschreibt. Hector ist ein kleiner Psychiater, der durch die Welt reist und erforscht, was die Menschen glücklich macht. Dies hält er in Glückslektionen fest. Lektion Nr. 1 lautet: „Vergleiche anzustellen, ist ein gutes Mittel, sich sein Glück zu vermiesen."

Bei den Nachbar:innen ist das Gras immer grüner. Wenn du dich vergleichen möchtest, dann bitte nur mit einer Person: mit dir selbst zu einem anderen Zeitpunkt. Du hast nicht dieselben Voraussetzungen wie ein anderer Mensch auf dieser Welt. Nicht einmal eineiige Zwillinge sind zu 100 % gleich.

Selbstfürsorge ist kein weiteres To-do auf deiner Liste, sondern etwas, das dir langfristig gut tun wird. Ich wiederhole mich: Selbstfürsorge ist individuell, da gibt es nicht *das* Patentrezept. Wenn dir jemand dieses verkaufen will, nimm die Beine in die Hand und renn. Du brauchst niemandem etwas zu beweisen oder dich unter Druck zu setzen. Auch wenn es mit der Selfcare mal nicht so klappt, wie du es dir vorgestellt hast, ist das okay. Veränderungen brauchen Zeit. Wichtig ist, dass du beginnst und dranbleibst.

„Die Tipps sprechen mich nicht an"

Vielleicht hast du dich schon ein wenig mit Selbstfürsorge beschäftigt, Blogartikel gelesen, Podcasts gehört und nach Tipps gegoogelt, bisher aber nicht das Gefühl bekommen, dass diese dich abgeholt haben.

In unserer Gesellschaft herrscht aktuell noch die Vorstellung, dass man nur ein paar Strategien anwenden muss und zack, lebt man selbstfürsorglich. Einfach morgens ein wenig Yoga und Meditation, eine gesunde Bowl zum Mittagessen, abends Journaling und Tagebuch schreiben und am besten noch eine Einschlafmeditation. All das ist natürlich super und wenn es dir hilft, grandios. Gleichzeitig heißt das nicht, dass dir diese Tätigkeiten guttun. Wie schon beschrieben, ist Selbstfürsorge individuell. Was mir gut tut, kann dir Energie rauben und umgekehrt. Genauso ist sie auch wandelbar: Das, was dir heute guttut, kann dich in einigen Monaten stressen. Das ist okay.

Deshalb: Lass dich nicht abschrecken und probiere, probiere, probiere, auch wenn du erst einmal glaubst, dass dir etwas keine Freude bereitet. So erging es mir auch vor einiger Zeit beim Yoga. Heute bin ich ein großer Fan. Blocke also nicht direkt und gib neuen Tipps die Chance, dein Leben zu bereichern.

Übrigens ist es total normal, dass dich nicht jeder Tipp anspricht. Hör auf dein Gefühl, fordere dich auf der Suche nach deiner Selbstfürsorge-Routine jedoch auch heraus.

„Ich habe Angst vor der Reaktion meines Umfelds"

Wenn du dich mehr um dich kümmerst, Grenzen setzt und auch mal Nein sagst, kann es passieren, dass dein Umfeld nicht so begeistert davon ist. „Du hast dich voll verändert", könnte eine Aussage sein, die du dann zu hören bekommst. Und das sind noch die netten Aussagen. Vielleicht wirst du auch arrogant, zickig, aggressiv, egoistisch genannt. Vielleicht hörst du, dass du dich nicht so anstellen sollst.

Veränderungen, die dir guttun, führen nicht zwangsläufig dazu, dass deine Mitmenschen sich für dich freuen oder dich unterstützen. Das ist nachvollziehbar, denn wenn du auf einmal nicht mehr mit deiner:m Partner:in abends auf der Couch eure Lieblingsserie sehen möchtest, sondern eine Runde Yoga machst, am Wochenende auf einer Party auf Alkohol verzichtest, Grenzen setzt und dich nicht mehr für andere aufopferst, dann bedeutet das für dein Umfeld erst einmal Gefahr, denn bestehende Verhaltensweise werden aufgebrochen. Auf einmal muss dein:e Partner:in dich im Haushalt unterstützen, die Kinder bekommen Aufgaben zugeteilt, die (Schwieger-) Eltern werden auch nicht mehr wie sonst jeden Sonntag besucht oder deine Kolleg:innen können dir nicht mehr jede unliebsame Aufgabe unterschieben – das stößt im ersten Moment nicht auf Beifall.

Wie du schon gelernt hast, geben Routinen Sicherheit. Wenn du nun beginnst, mehr für dich zu tun, veränderst du dich, was bei deinem Umfeld Unsicherheit erzeugen kann. Vielleicht kommt bei deinen Mitmenschen auch die Angst auf, dich zu verlieren, oder sie haben es nun eben nicht mehr so bequem. Auch könnten sie glauben, dass du erwartest, dass sie bei deinen neuen Veränderungen mitziehen.

Wenn du beginnst, Verabredungen abzusagen, weil du Zeit für dich brauchst oder nicht mehr zu allem, was dein:e Partner:in sagt, Ja und Amen sagst, kann dies auch zu Konflikten führen. Im schlimmsten Fall kann es passieren, dass Freundschaften oder Beziehungen auseinandergehen. Das ist traurig und gleichzeitig darfst du dir dann bewusst machen, dass diese Freundschaft oder Beziehung wahrscheinlich nur gut funktionierte, weil du dich zurückgenommen hast. Hier hatte deine fehlende Selbstfürsorge wohlmöglich die Funktion, dich anzupassen, um die Beziehung aufrechtzuerhalten.

Das kommt auch immer mal wieder in meiner Praxis vor. Ein Patient war wegen einer Depression bei mir in Behandlung. Er berichtete mir, wie zufrieden er in seiner zwölfjährigen Beziehung sei und dass sie nie streiten würden. Ich wurde hellhörig, denn wenn es nie zu Konflikten oder Diskussionen kommt, kann das ein Indiz dafür sein, dass ein Part sich oft zurücknimmt und anpasst.

In der Behandlung konzentrierten wir uns darauf, dass der Patient lernte, überhaupt erst einmal für sich zu sorgen. Er lernte, welche Interessen und welche Wünsche er hatte, und begann, seine Meinung nicht für sich zu behalten, sondern diese auch kundzutun. Daraufhin kam es vermehrt zu Streitigkeiten mit seiner Freundin, die das Ganze nicht gewohnt war, hatte sie doch zuvor all die Jahre einen Freund gehabt, die sich perfekt anpasste und immer ihrer Meinung war.

Der Patient teilte mir irgendwann mit, dass er sich nicht mehr wohl in seiner Beziehung fühle und bemerke, dass er, wenn er diese weiterführen wolle, sich selbst aufgeben müsse. Kurze Zeit später trennte er sich. Das war zunächst eine herausfordernde Zeit für ihn, doch ihm war bewusst, dass diese Beziehung nur so lange gehalten hatte, weil er sich unterordnete. Er wusste, warum und wozu er es tat, und war bereit, in die Veränderung zu gehen, um das selbstfürsorgliche Leben zu leben, das er sich wünschte. Nach der Trennung blühte er richtig auf, nahm sich eine Auszeit und reiste drei Monate durch Asien, begann anschließend neue Hobbys und datete. Nach gar nicht so langer Zeit befand er sich in einer neuen Beziehung, in der es nun auch mal kracht, in der er sich aber nicht verstellt und dadurch viel zufriedener ist.

So weit muss es natürlich nicht kommen, wenn du dein Umfeld auf deine Reise zu dir selbst mitnimmst und aufzeigst, weshalb du dich nun anders verhältst und warum dies für dich wichtig ist. Kommunikation ist der Schlüssel.

„Aber was ist, wenn mein Umfeld mich nun ablehnt?", fragst du vielleicht. Es kann natürlich sein, dass du einige Menschen aus deinem Umfeld verlieren wirst, wenn du beginnst, besser für dich zu sorgen. Es kann passieren, dass Freund:innen dich ablehnen, wenn du du selbst bist. Wie schlimm der Verlust einer Person für dich ist, die dich nicht akzeptiert, wie du wirklich bist, das darfst du entscheiden. Wohlmöglich regst du aber auch einige Personen zum Umdenken an und inspirierst sie, ebenfalls besser für sich zu sorgen.

Echte Freund:innen werden vielleicht zu Beginn irritiert sein, wenn du dir auf einmal regelmäßig Zeit für dich allein nimmst, anstatt mit ihnen Zeit zu verbringen, aber nach einer Weile werden sie bemerken, dass auch sie davon profitieren, wenn du ausgeglichener bist. Keine Beziehung kann langfristig funktionieren, wenn du dich verstellen musst. Es kommt zudem immer auf die Art und Weise an, wie man Grenzen setzt. Dazu später mehr.

Bei den Menschen, die dir wichtig sind und die du keinesfalls verlieren möchtest, ist es wichtig, dass du über deine Bedürfnisse und Wünsche sprichst. Wie das geht, erfährst du noch. Sei ehrlich zu ihnen und erkläre, dass du dich entschlossen hast, mehr für dich zu tun und dass auch sie davon profitieren werden.

„Ich habe (kleine) Kinder"

„Das klingt ja alles gut und schön mit der Selbstfürsorge", denkst du vielleicht, „und ich würde gerne morgens Yoga machen, doch ich habe Kinder und mein Baby schläft nur mit Körperkontakt. Deshalb habe ich keine Zeit für Selbstfürsorge."

Das glaube ich dir. Wahrscheinlich findest du manchmal kaum Zeit zum Duschen. Vielen Müttern und Vätern fällt es schwer, sich um sich selbst zu sorgen. Gleichzeitig ist gerade das wichtig, um „gute“ Fürsorgepersonen zu sein. Selbstverständlich ist es schwieriger, dir mit Kindern Zeit für dich selbst zu nehmen, doch hier verweise ich auf deine Prioritäten, denn was nutzt es deinem Kind, wenn dein Akku leer ist? Dann bist du wahrscheinlich gestresster, schneller gereizt und wirst vielleicht laut.

Gerade in deiner Situation ist es wichtig, dass du dich auf dich besinnst und in kleinen Schritten mehr für dich tust. Es reichen zu Beginn schon zehn Minuten, in denen du zur Ruhe kommst. Selbstfürsorge kann auch bedeuten, dass du dein Kind achtsam und bewusst badest oder fütterst. Vielleicht darfst du deine Ansprüche an dich oder deinen Haushalt etwas reduzieren. Es ist z. B. zwar wichtig, dass du saubere Wäsche hast, aber muss sie wirklich perfekt gebügelt und zusammengelegt sein?

Indem du dieses Buch liest, gehst du den ersten Schritt zu mehr Selbstfürsorge, denn in dich hineinzuhorchen, was du gerade bräuchtest und dich mit dem Thema auseinanderzusetzen, ist der wichtigste Schritt.

Erinnere dich einmal an deine Schwangerschaft zurück oder an die Zeit, als deine Partnerin schwanger war. Wie war die Zeit für dich? Bist du da so sorglos mit dir umgegangen wie aktuell? Oder war es womöglich so, dass es dir leichter gefallen ist, dich um dich zu sorgen, weil du wusstest, dass in dir ein kleiner Mensch heranwächst oder du dich zusammen mit der Kindsmutter gut vorbereiten wolltest? Ich höre immer wieder von Müttern, dass sie sich während der Schwangerschaft gesünder ernährt, mehr auf Bewegung, Entspannung und Grenzen setzen geachtet haben und alles taten, was gut für das Ungeborene war. Ist es nicht paradox, dass all dies oft schnell vergessen ist, wenn das Kind auf der Welt ist? Hört dann die Verantwortung auf? Oder ist es nicht eher so, dass sie dann erst recht beginnt? Ist es nicht gerade für das Kind auf der Welt wichtig, dass es Mama und Papa gut geht?

Versuche dir regelmäßig kleine Auszeiten für dich zu nehmen und falls du eine:n Partner:in hast, versuche ihn oder sie mehr einzubinden. Ein:e Babysitter:in kann es dir zudem ermöglichen, dich wieder mit Freund:innen zu treffen oder einem Hobby nachzugehen. Es ist definitiv etwas umständlicher und herausfordernder mit Kindern, sich selbst nicht zu vergessen. Es erfordert mehr Organisation und Planung, ist jedoch möglich. Wenn du ausgeglichen bist, kannst du dich bestmöglich um deine Kinder kümmern. Ist das nicht eine gute Motivation für mehr Selbstfürsorge?

„Ich mache immer wieder Rückschritte"

Du kennst es wahrscheinlich: Du nimmst dir vor, dich gesünder zu ernähren oder mehr Sport zu machen, einige Wochen geht es gut und du bemerkst positive Veränderungen. Doch dann fällst du in alte Verhaltensweisen zurück, inklusive Selbstvorwürfen und Abwertungen.

In der Psychotherapie würde man von einem Rückfall sprechen. Ich mag das Wort überhaupt nicht und nutze eher den Begriff „Vorfall". Warum? Weil das Zurückfallen in alte Verhaltensweisen ein Warnsignal ist und wenn du aufhorchst, achtsam bist und Ursachenforschung betreibst, kann dich so ein Rückschritt weiter- und *vor*anbringen.

Du nimmst dir beispielsweise abends vor dem Schlafengehen zehn Minuten Zeit zum Meditieren und es klappt eine Weile gut. Wenn du dann jedoch Stress mit Kolleg:innen auf der Arbeit oder Streit mit deiner:m Partner:in hast und dir die Zeit für dich nicht nimmst, kann das ein Rückfall sein, wenn du dich dafür tagelang abwertest und die Meditation die nächsten Abende ebenfalls nicht durchführst. Dann wäre es sicherlich ein Schritt zurück auf deinem Weg zu mehr Selbstfürsorge.

Wenn du jedoch hinterfragst, weshalb du in alte Verhaltensweisen zurückgekehrt bist, und überlegst, was du zukünftig tun kannst, wenn ähnliche Situationen auftreten, dann bringt es dich weiter. Du könntest dir in diesem Fall überlegen, wie du mit den Menschen, mit denen es Unstimmigkeiten gibt, sprichst, und dir vor Augen führen, dass es gerade in diesem Fall wichtig ist, dass du dich gut um dich kümmerst.

Vorbereitung ist das A und O. Überlege, welche Vor- und Rückfälle es geben könnte, wenn du beginnst, dich mehr um deine Selbstfürsorge zu kümmern. Wie könntest du schon im Vorfeld das Risiko reduzieren? Wenn du dir z. B. vornimmst, vor der Arbeit joggen zu gehen und anschließend gesund zu frühstücken, so solltest du dir die Joggingklamotten schon abends zurechtlegen und das Frühstück vorbereiten.

Ich erlebe bei meinen Patient:innen häufig, dass sie zuerst immer besser darin werden, sich um sich selbst zu kümmern. Nach einer Weile werden die Symptome weniger. Irgendwann fallen viele jedoch in alte Verhaltensweisen zurück und die Strategien, die ihnen geholfen haben, damit es ihnen besser geht, werden vernachlässigt. Es wird nicht mehr so auf Grenzen, Pausen und Selbstfürsorge geachtet, weil ja „alles so gut läuft“. Das ist jedoch der Denkfehler: Selfcare sollte nicht nur betrieben werden, bis es einem gut geht, sondern kontinuierlich beibehalten werden, damit es zu einem langfristigen Wohlbefinden beiträgt.

Du fragst dich vielleicht, ob jetzt alles umsonst war, wenn es kein Vorfall war, sondern tatsächlich ein Rückfall, indem du eine längere Zeit deine Selbstfürsorge vernachlässigt hast. Nein, natürlich nicht. Es zeigt dir jedoch, dass du wieder aufmerksamer sein solltest und gerade etwas nicht rund läuft. Wenn du dich nun entschließt, dich wieder besser um dich zu kümmern, dann fängst du auch nicht bei null an, denn das, was du bisher schon gelernt und verinnerlicht hast, bleibt und ist nicht vergessen oder gelöscht. Wenn du die Chance nutzt, zu schauen, was zu deinem Rück-/Vorfall geführt hat, dann bringt es dich weiter, du lernst und verstehst, wie du zukünftig anders mit ähnlichen Situationen umgehen kannst.

Es ist übrigens total normal, dass es zu Rück- und Vorfällen kommt. Sie gehören zum Weg zu mehr Selbstfürsorge dazu. Veränderungen laufen nicht geradlinig. Nur wenn du Fortschritte machst, kann es auch Rückschritte geben. Der Weg geht nicht immer in eine Richtung.

„Mein Schichtdienst lässt es nicht zu"

Vielleicht gehörst du zu den Arbeitnehmer:innen, die eine Arbeitsstelle haben, bei der sie im Schichtdienst arbeiten müssen. Das hat einige Vorteile. Du hast auch freie Tage unter der Woche, bekommst Zeitzuschläge und hast je nach Dienst mal vor- und mal nachmittags frei.

Das Ganze hat jedoch auch Nachteile. So musst du arbeiten, wenn andere frei haben. An festen wöchentlichen Terminen teilzunehmen und soziale Kontakte zu pflegen, ist schwierig und der Einfluss der wechselnden Arbeitszeit auf Körper und Psyche ist auch nicht zu unterschätzen. Dein Körper muss sich an unterschiedliche Schlaf-wach-Rhythmen gewöhnen, was oft als belastend empfunden wird und zu körperlichen und psychischen Beschwerden führen kann. Eine Selbstfürsorge-Routine zu entwickeln, scheint auf den ersten Blick auch erschwert, denn kaum eine Woche gleicht der anderen. Wenn ich Patient:innen behandle, die im Schichtsystem arbeiten, erarbeiten wir gemeinsam Selbstfürsorgeroutinen für Früh-/Spät- und Nachtschichten. Selbstfürsorge im Schichtdienst ist nicht unmöglich, bedarf jedoch einer guten Planung und Absprachen.

Eine Patientin, die in der Pflege arbeitete und somit einen sehr anspruchsvollen und stressigen Job hatte, bei dem es unglaublich wichtig war, dass sie belastbar war und es ihr gut ging, hatte für sich erkannt, dass sie mehr Sport machen und sich gesünder ernähren wollte. Da die Ernährung im Schichtdienst schwierig ist und sie dazu neigte, sich nach Feierabend Fast Food zu kaufen, begann sie, sich die Mahlzeiten entweder für die Arbeit, damit sie nicht das Krankenhausessen zu sich nehmen musste, oder für den Feierabend vorzukochen. Weil sie dreimal die Woche ins Fitnessstudio gehen wollte, legte sie die Tage und Zeiten für Früh- und Spätdienste fest. Sie entwickelte also zwei Selfcare-Routinen, je nach Schicht.

Damit du, wenn du im Schichtsystem arbeitest, gut für dich sorgst, solltest du dir also Gedanken machen, wie du deine Routinen gestalten kannst. Wahrscheinlich kommen auch das Familienleben und Beziehungen etwas zu kurz. Hier ist Planung das A und O. Versuche mit deinen Freund:innen feste Termine abzusprechen, schau, wo es Überschneidungen mit der freien Zeit gibt, versuche eine gemeinsame Mahlzeit mit deiner:m Partner:in einzunehmen und mache dir bewusst, dass Qualität vor Quantität geht.

Verbringe bewusst Zeit mit deinen Liebsten und sei in dem Moment voll und ganz da, anstatt mit deinen Gedanken abzuschweifen. Vielleicht hast du Freund:innen, die ebenfalls im Schichtdienst sind und ihr könnt die Freizeit gemeinsam nutzen? Wenn du einem Hobby nachgehst oder gern ein neues beginnen möchtest, behalte es bei oder führe es ein. Vielleicht bist du dann nicht jede Woche dabei, wenn der Chor sich trifft oder das Volleyballtraining stattfindet, du bist jedoch je nach Schicht doch dabei und aktiv.

„Wenn ich entschleunige, werde ich direkt krank"

Kennst du das? Du hast ein verlängertes Wochenende oder Urlaub und nimmst dir vor, mal richtig zu entschleunigen und etwas für dich zu tun – und was passiert? Zack, du wirst krank. Das kann dir auch passieren, wenn du beginnst, dich mehr in Selbstfürsorge zu üben. Für dieses Phänomen gibt es einen Fachbegriff: *Leisure Sickness* oder auch „Freizeitkrankheit".

Die Bandbreite der Symptome reicht von grippalen Infekten mit Halsschmerzen und Fieber über starke Kopfschmerzen, Übelkeit bis hin zu Migräne. Hinzu kommen Wut und die Enttäuschung, dass dir jetzt, wo du dich besser um dich kümmerst, dein Körper einen Strich durch die Rechnung macht.

Viele Menschen merken erst im Urlaub oder am Wochenende, wie sehr sie sich in der Zeit zuvor körperlich und geistig überanstrengt haben. Wenn du beginnst, dich um dich zu sorgen, wirst du erst realisieren, wie sehr du dich zuvor vernachlässigt hast. Doch warum werden einige Menschen ausgerechnet in der Phase krank, in der sie in der Regel wenig Stress haben?

Eine Erklärung ist, dass Stress zwar einerseits anfälliger für Infektionen macht, andererseits aber auch durch das Stresshormon Kortisol die Immunantwort unterdrückt und man dadurch unter großem Stress seltener krank wird. Fällt der Stress dann von dir ab, kommst du zur Ruhe und entspannst dich, wirst du eher krank. Denn bei Stress arbeitet dein Körper auf Hochtouren und es gibt eine Menge Abwehrzellen. Beginnt die Erholung und du machst eine Pause, so fährt dein Körper die Produktion der Abwehrzellen herunter und Infektionen haben freie Fahrt – du wirst krank.

Eine andere Begründung ist, dass du in stressfreien Zeiten deinen Körper anders wahrnimmst und Symptome unterschiedlich empfindest. Wenn du mit einer Luftmatratze im Schwimmbad treibst oder auf der Sonnenliege im Garten liegst, nimmst du die körperlichen Veränderungen, z. B. Magenbeschwerden, anders wahr. Denn dann hast du ja auch Zeit fürs In-dich-hinein-Spüren, da du nicht von Meeting zu Meeting hetzt.

Jetzt fragst du dich vielleicht, was du tun kannst, damit du nicht immer direkt krank wirst, wenn du deine Selfcare ernster nimmst. Hier sind Routinen und Kontinuität die zwei wichtigen Begriffe. Dein Körper stand wahrscheinlich eine längere Zeit unter Strom und wenn du auf einmal entschleunigst, dann ist der Kontrast sehr groß und Infekte haben gute Chancen. Wenn du dir nun eine Routine aufbaust, die du kontinuierlich anwendest, reduzierst du das Risiko, „freizeitkrank“ zu werden.

Regelmäßige Pausen auch während stressiger Phasen sind essenziell, damit dein Akku nie ganz leer ist und es Viren, Keime, und Bakterien nicht so leicht haben. Dazu musst du deinen Akku aber erst einmal vollladen. Wenn du gut für dich sorgst, deine Bedürfnisse nicht nur während des Wochenendes oder im Urlaub befriedigst, Grenzen setzt, Nein sagst und dir kontinuierlich Erholungsphasen gönnst, sinkt dein Risiko, krank zu werden, enorm.

REFLEXIONSFRAGEN

- Welche Hindernisse könnten auftreten, wenn du beginnst, Selbstfürsorge zu betreiben?
- Wie möchtest du damit umgehen?
- Was würdest du Freund:innen raten, die dir von diesen Hindernissen berichten?
- Bei welchen Menschen ist es dir wichtig, dass die Beziehungen nicht abbrechen?
- Bei welchen Personen musst du dich verstellen?
- Wie kannst du einen Rückfall in einen „Vorfall" umwandeln?

TEIL 2 AUF DEM WEG ZU DIR SELBST

Jetzt hast du einen Überblick, was Selbstfürsorge ist, weshalb sie wichtig ist, kennst einige Hindernisse und weißt, dass Struktur und Routinen hilfreich sind. Nun kommst du ins Handeln. Du lernst, wie du an deiner Selbstfürsorge arbeiten kannst. In Übungen und praktischen Beispielen erfährst du viel über die unterschiedlichen Bereiche der Selbstfürsorge. Die Tipps sollen dir als Impulse dienen – stell dir dein persönliches Selbstfürsorgemenü zusammen und gib dir Zeit, dein neues Verhalten in dein Leben zu integrieren. Trainiere die unterschiedlichen Impulse mindestens für eine Woche, bevor du die nächste Anregung testest. Der Weg zu mehr Selbstfürsorge ist kein Sprint, sondern ein Langstreckenlauf, bei dem jeder Schritt dich deinem Ziel näherbringt.

1 SORGE DICH GUT UM DEINEN KÖRPER

Gesundheit ist nicht alles,
aber ohne Gesundheit ist alles nichts.

Arthur Schopenhauer (1788–1860), Philosoph

Darum ist körperliche Gesundheit wichtig

Gesundheit ist unser höchstes Gut. Ohne Gesundheit ist unser Leben häufig beschwerlich. Mit Gesundheit werden viele positive Begriffe wie Lebensfreude, Zufriedenheit oder Leistungsfähigkeit assoziiert. Eine gute Gesundheit ist eine Voraussetzung dafür, dass du die Herausforderungen in deinem Leben gut meistern kannst und es dir mental gut geht. Das heißt übrigens nicht, dass du, wenn du eine körperliche oder psychische Erkrankung hast, kein gutes Leben führen kannst, es gibt dann jedoch mehr Hindernisse. Die physische und psychische Gesundheit hängen eng zusammen, wie die Psychosomatik zeigt.

PSYCHOSOMATIK

Die Psychosomatik (von griechisch *psyche*, „Seele", und *soma*, „Körper") beschäftigt sich damit, wie Körper und Geist sich gegenseitig beeinflussen. Die psychosomatische Medizin befasst sich mit Krankheiten und Leidenszuständen, die sich körperlich zeigen und dabei ganz oder teilweise psychische Ursachen haben.

Wenn es dir seelisch nicht gut geht, hat das auch Auswirkungen auf deinen Körper. Dies spiegelt sich auch in Redensarten wie „Das liegt mir schwer im Magen", „Das geht mir an die Nieren" oder „Das bereitet mir Kopfzerbrechen" wider. Einige Schmerzerkrankungen wie Reizdarm, aber auch Tinnitus oder Schwindel können psychosomatische Ursachen haben. Gleichzeitig bedingt auch die körperliche Gesundheit die mentale. So belegen zahlreiche Studien, dass es bei Krebspatient:innen oft zu Begleiterscheinungen wie Depressionen, Angststörungen oder Anpassungsstörungen kommt.

Viele Menschen bemerken erst, wie wichtig die eigene Gesundheit ist, wenn sie krank sind, und dennoch fällt es ihnen schwer, sich im Alltag gesund zu verhalten. Selbstfürsorge kann dich dabei unterstützen, deine physische und psychische Gesundheit zu erhalten oder wiederherzustellen. Deshalb werden wir uns hier ausführlich mit allem, was deiner Gesundheit dient, beschäftigen.

Gesundheit wird unterschiedlich definiert

Die Weltgesundheitsorganisation (WHO) versteht unter Gesundheit den Zustand des vollständigen körperlichen, geistigen und sozialen Wohlbefindens. Eine ziemlich utopische Vorstellung, finde ich, denn ich kenne wenige Menschen, die physisch wie psychisch vollkommen gesund sind und sich zudem noch sozial wohlfühlen. Für mich ist das zu allgemein gefasst. Ich sehe Gesundheit eher als Kontinuum statt als absoluten Zustand: Mal ist man mehr am Pol der Gesundheit, mal mehr am Pol der Krankheit. Doch es ist möglich, Schritte in die jeweils andere Richtung zu tun – mit gesundheitsförderlichem oder gesundheitsschädlichem Verhalten.

Deshalb sagt mir das Konzept der Salutogenese von Aaron Antonovsky deutlich mehr zu. Der Begriff steht im Kontrast zur Pathogenese, also der Beschäftigung mit der Entstehung und Entwicklung einer Krankheit, denn er beschäftigt sich mit den Fragen, wie Gesundheit entsteht, wie man gesund bleibt und wie man Gesundheit fördern kann. Antonovsky versteht Gesundheit als einen Prozess, nicht als einen Zustand. Gesundheit und Krankheit sind für ihn eine Art Kontinuum, auf dem man sich bewegt.

Einer der bedeutsamsten Einflussfaktoren auf die Gesundheit ist Stress. Darunter fallen psychosoziale Stressoren wie belastende Lebensereignisse oder Arbeitsbelastungen, aber auch physikalische Faktoren wie Bakterien oder Umweltschadstoffe. Stressoren können dich jedoch auch positiv beeinflussen, denn wenn du sie gut bewältigst, bewegst du dich auf dem Kontinuum in die positive Richtung. Es kommt nicht so sehr darauf an, keine Stressoren in deinem Leben zu haben, sondern darauf, wie du mit ihnen umgehst. Ich finde, das ist eine schöne Vorstellung, denn sie gibt dir die Verantwortung zurück.

Immer wieder habe ich Patient:innen, die eine schwere Diagnose gestellt bekommen. Die meisten hadern damit dann erst einmal und stellen sich die Frage: Warum ich? Ich kenne das zu gut, denn mir wurde im Jahr 2021 die Diagnose Osteoporose gestellt. Das ist eine chronische und irreversible Erkrankung der Knochen, in der die Knochenmasse abnimmt. Diese Erkrankung tritt in der Regel erst im Seniorenalter auf, ist bei mir jedoch durch die jahrzehntelange Mangelernährung entstanden.

Zunächst hatte ich das Gefühl, dass mir jemand den Boden unter den Füßen wegzieht. Nachdem ich mich gefasst hatte, schaute ich jedoch nach vorne. Meine Vergangenheit kann ich nicht mehr ändern, meine Zukunft kann ich aber sehr wohl beeinflussen. Also kontaktierte ich einige Ärzt:innen, besprach die Möglichkeiten und entschied mich für ein Medikament, das ich nun eine Weile verwende. Zudem sind eine ausgewogene Ernährung und Kraftsport für mich die beste Medizin. Mich hat diese Diagnose auf dem Kontinuum von Antonovsky definitiv in die positive Richtung gebracht, stärker gemacht und lässt mich meinen Körper bewusster wahrnehmen.

Antonovsky beschreibt einige Ressourcen, die dir helfen, Belastungen gut zu bewältigen. Die Gene spielen *eine* Rolle, denn du und ich sind mit unterschiedlichen Voraussetzungen auf die Welt gekommen.

Auch die psychosozialen Ressourcen wie Wissen, Fähigkeiten oder Einstellungen, aber auch die sozialen Bindungen oder Unterstützungsmöglichkeiten spielen eine bedeutsame Rolle, denn diese sind, anders als die genetische Disposition, beeinflussbar. Daneben spielt auch das Kohärenzgefühl mit hinein.

KOHÄRENZGEFÜHL

Kohärenzgefühl ist die tiefe Zuversicht und Überzeugung, dass das Leben im Prinzip verstehbar, sinnvoll und bewältigbar ist. Es setzt sich aus drei Komponenten zusammen:

- dem Gefühl, dass du Zusammenhänge verstehen kannst (*sense of comprehensibility*)
- dem Vertrauen darauf und der Überzeugung, dass du dein eigenes Leben gestalten und bewältigen kannst (*sense of manageability*)
- der Überzeugung, dass dein Leben einen Sinn hat (*sense of meaningfulness*).

Wenn du ein höheres Kohärenzgefühl hast, kannst du Stressoren besser bewältigen. Mit einem niedrigeren Kohärenzgefühl bewegst du dich tendenziell eher in die negative Richtung. In seinen Studien fand Antonovsky heraus, dass das Kohärenzgefühl positiv mit den Indikatoren für Gesundheit korreliert, besonders mit der psychischen Gesundheit.

Deshalb ist es wichtig, dass du dein Kohärenzgefühl steigerst und das Gefühl bekommst, für die Herausforderungen in deinem Leben gewappnet zu sein. Dabei hilft dir Selbstfürsorge, denn sie kann zu deiner mentalen und körperlichen Gesundheit beitragen.

Bewegung

Dass Bewegung für dein Wohlbefinden und eine körperliche und mentale Gesundheit wichtig ist, das hast du wahrscheinlich schon öfter gehört. Sport ist eines der wirkungsvollsten und sichersten „Medikamente“, so das Ärzteblatt, die Medizinzeitschrift der Bundesärztekammer.

Bewegung hält den Körper gesund

Tatsächlich bewegt sich knapp ein Viertel der Weltbevölkerung zu wenig. Das sind knapp zwei Milliarden Menschen. Mangelnde Bewegung hat ähnliche negative Folgen wie Rauchen, Diabetes oder Bluthochdruck. Bewegung hat eine Vielzahl von positiven Effekten auf deine Gesundheit und trägt zum Wohlbefinden bei. Hier seien nur einige genannt:

- Regelmäßiger Sport beugt Herz-Kreislauf-Erkrankungen, Bluthochdruck, Diabetes Typ 2, Osteoporose, Übergewicht und Stress vor.
- Das Immunsystem profitiert und die natürlichen Killerzellen, die die Aufgabe haben, Krebszellen zu bekämpfen, werden aktiviert.
- Sport hilft bei Diabetes und unterstützt einen insulinunabhängigen Mechanismus, sodass der Körper Glukose aus dem Blut besser aufnehmen kann.
- Sport hilft den Blutdruck zu senken und fördert den Muskelaufbau.

Bewegung steigert das Selbstwertgefühl

Wie du gelesen hast, gibt es einen Zusammenhang zwischen körperlicher Aktivität und dem emotionalen und geistigen Wohlbefinden. So fand eine Metaanalyse, also ein statistisches Verfahren, das mehrere Studien mit derselben Fragestellung zusammenfasst, heraus, dass Sport zu einer leichten, aber signifikanten Verbesserung des Selbstwertgefühls führt. Ein Grund ist, dass es durch die Bewegung zu einer

Verbesserung des körperlichen Fitnesszustands kommt. So nahmen vor allem die Teilnehmer:innen eine Verbesserung des Selbstwerts wahr, die sich durch den Sport fitter fühlten. Außerdem hat Bewegung Einfluss auf deine Selbstwirksamkeit.

SELBSTWIRKSAMKEIT

Das Prinzip der Selbstwirksamkeit stammt von dem Psychologen Albert Bandura. Es beschreibt die innere Überzeugung und den Glauben, dass man mit den eigenen Fähigkeiten schwierige oder herausfordernde Situationen meistern oder einen Handlungsverlauf so beeinflussen kann, dass man ein gestelltes Ziel erreicht.

Wenn du dich sportlich betätigst, machst du die Erfahrung, dass du zum Beispiel dem Ziel, fitter zu werden, näherkommst. Dabei geht es nicht um eine Gewichtsabnahme. So zeigte eine Metaanalyse, dass es durch eine Steigerung der körperlichen Aktivität zu einer Verbesserung des Wohlbefindens vor allem durch die Stärkung der Selbstwirksamkeitserwartung kam.

Außerdem zeigte eine Übersichtsarbeit mit 55-jährigen Proband:innen, dass sich durch Bewegung die kognitiven Funktionen zum Teil verbesserten (motorisches Lernen, Aufmerksamkeit, Verarbeitungsgeschwindigkeit). Auf das Gedächtnis und exekutive Funktionen hatte Sport jedoch keinen Einfluss. Ich könnte dir noch unzählige Studienergebnissen präsentieren, doch ich glaube, es wird ersichtlich, dass Bewegung deiner körperlichen und mentalen Gesundheit guttut. Für Menschen jeder Altersklasse ist irgendeine Form der körperlichen Aktivität empfehlenswert. Wenig oder keine Bewegung ist genauso wenig fürsorglich wie zwanghafte körperliche Betätigung. Wie bringst du aber nun das richtige Maß an Bewegung in dein Leben?

In Bewegung kommen

Das richtige Maß

Die WHO empfiehlt für Erwachsene zwischen 18 und 64 Jahren:

- Ausdauersport: 150–300 Minuten in moderater Intensität oder 75–100 Minuten in hoher Intensität (darunter fallen z. B. Nordic Walking, Joggen, Radfahren oder Schwimmen) pro Woche. Ausdauersport bedeutet, dass dein Herzschlag sich erhöht, dein Atem schneller geht, du aber nicht vollkommen aus der Puste bist.
- Krafttraining: mindestens zweimal die Woche die wichtigsten Muskelgruppen trainieren
- eine gleichwertige Kombination aus beidem
- Sitzzeit reduzieren und durch jegliche Aktivität ersetzen

Wenn du dich bisher kaum bis gar nicht sportlich betätigt hast, lass dich nicht entmutigen. Du fängst nun klein an und jede Bewegung zählt. So sind auch schon „Bewegungssnacks" von zehn Minuten nicht zu unterschätzen. Du kannst heute damit beginnen.

Doch wie? Zuerst einmal ist es sinnvoll, dass du mehr Bewegung in deinen Alltag integrierst. Mach mehr zu Fuß und nimm die Treppe statt des Aufzugs. Ich mache meine Erledigungen beispielsweise fast ausschließlich zu Fuß und bewege mich so schon relativ viel im Alltag. Ich verbinde den Weg ins Fitnessstudio mit einem Spaziergang, verbringe also auch Zeit in der Natur, auch in die Praxis gehe ich häufig zu Fuß. Lange Zeit hatte ich keine Sportart, die mir wirklich Freude bereitete. Dann meldete ich mich in einem Fitnessstudio an, in dem ich sehr gut betreut werde. Dort entdeckte ich die Liebe zum Kraftsport und seit einiger Zeit auch zum Yoga und CrossFit.

Für viele Menschen ist Sport heutzutage negativ besetzt. Die einen setzt er unter Druck, bei anderen ist er nur Mittel zum Zweck, um gut auszusehen, abzunehmen oder nicht zuzunehmen. Die Zahl auf der Waage spielt für viele Frauen eine große Rolle, Männer legen den Fokus oft auf das Muskelwachstum. Das führt zu negativen Emotionen, wenn das Idealbild nicht erreicht wird. Leider haben viele Menschen ein negatives Verhältnis zu ihrem Körper. So sehe ich in den sozialen Medien immer wieder, dass Menschen sich z. B. ein tägliches Schritteziel setzen, und wenn dies nicht erreicht wird, geht die Welt unter oder man geht spätabends noch spazieren, obwohl man eigentlich keine Lust mehr hat. Alles dreht sich um Sport und Bewegung, was wenig fürsorglich ist. Deshalb ist es unglaublich wichtig, auch bei Bewegung das richtige Maß zu finden.

Aus diesem Grund weiß das Studio, in dem ich trainiere, auch um meine Vergangenheit. Ich habe es mit 16 Jahren komplett übertrieben und geriet in eine Sportsucht. Mein Leben bestand neben der Schule nur aus der Beschäftigung mit dem Essen bzw. Nicht-Essen und dem Sport. Nach der Schule fand man mich eigentlich nur im Fitnessstudio. Deshalb sind mir persönlich der Austausch mit den Trainer:innen und ein fester Trainingsplan sehr wichtig. Mir gibt der Sport heute den Ausgleich, den ich zum Praxisalltag benötige. Ich kann abschalten, mich auf mich fokussieren und tue meinem Körper etwas Gutes. Denn Krafttraining ist ein wichtiger Bestandteil meiner Osteoporose-Behandlung. Zudem fühle ich mich erstmals in meinem Körper wohl. Ich habe lange gebraucht, um einen für mich stimmigen Umgang und passende Aktivitäten zu finden.

Viel wichtiger als eine geeignete Sportart zu finden, ist es jedoch zunächst, deine Alltagsaktivität zu erhöhen. Dafür gibt es viele Möglichkeiten:

- Nimm die Treppe.
- Mach Erledigungen zu Fuß.
- Steige eine Haltestelle früher aus.
- Fahre Rad.
- Geh in der Mittagspause spazieren.
- Starte mit Dehnübungen in den Tag.
- Parke dein Auto etwas weiter weg und gehe ein Stück zu Fuß.

Selbstfürsorge bedeutet nicht, dass du nun dreimal die Woche ins Gym gehst, wenn dir Kraftsport keine Freude bereitet. Es sollte vielmehr so sein, dass du für dich eine Betätigung findest, die dir Spaß macht und deiner Gesundheit guttut. Wenn du mit einer neuen Sportart beginnst, geht es nicht darum, dass du wie ein Profi trainieren musst.

Wichtig ist, dass du auf deinen Körper hörst und nicht über deine Grenzen gehst. Wenn dein Körper dir signalisiert, dass er gerade eine Pause benötigt, dann solltest du dich nicht zum Sport quälen, nur weil es heute auf dem Plan steht. Bewege dich so, dass es dir, deinem Körper und deiner Psyche guttut – unabhängig von irgendwelchen Vorgaben.

Der passende Sport

Damit du die Art der Bewegung findest, die dir langfristig guttut und ein Zeichen von Selbstfürsorge ist, frage dich, zuerst, welche Ziele du hast:

- Ausdauer und Kondition verbessern?
- Muskeln aufbauen?
- beweglicher werden?
- Spaß haben?
- allein oder in der Gruppe trainieren?

Es ist auch hilfreich, wenn du mal überlegst, was dir in deiner Kindheit und Jugend Freude bereitet hat. Warst du in einem Sportverein? Bist du gerne in der Natur gewandert? Zudem ist es wichtig, dass du schaust, welche Aktivität du rein körperlich schaffst. Wenn du Knieprobleme hast oder ein paar Kilo zu viel auf die Waage bringst, dann ist Joggen erst einmal nicht die beste Idee.

Hier einige Sportarten, um dich zu inspirieren:

Ausdauersportarten: Fördern die Ausdauerleistung, steigern die Leistungsfähigkeit des Herzens: Wandern, Walking, Joggen, Radfahren, Schwimmen

Kraftsportarten: Erhöhen die Muskelmasse, schützen dadurch die Gelenke vor Fehlbelastungen, stabilisieren die Wirbelsäule, stärken die Wirbelsäule durch Zug- und Druckbelastungen: funktionales Training, Krafttraining, hochintensives Intervalltraining (HIIT), Bodybuilding, Fitnesskurse

Wassersportarten: Schwimmen, Kajak/Kanu fahren, Surfen, Wassergymnastik, Wasserski, Wakeboarden
Gruppensportarten: Ballsportarten (Fußball, Handball, Volleyball, Basketball), Tanzen, Yoga, Tai Chi, Qigong, Pilates, Hockey, Tennis, Tischtennis, Badminton
Individualsportarten: Leichtathletik, Turnen, Reiten
Tanzsportarten: Hip-Hop, Partnertanz, Zumba, Breakdance, Bauchtanz/orientalischer Tanz
Kampfsportarten: Judo, Boxen, Kickboxen
andere Sportarten: Calisthenics, Skaten, Poledance

Du kannst auch bei deiner Krankenkasse nachfragen, ob sie Bewegungsangebote fördern, es gibt Börsen, in denen du eine:n Sportpartner:in finden kannst, und dein:e Hausärzt:in kann dir beispielsweise auch Rehasport verschreiben, um Bewegung in deinen Alltag zu integrieren.

REFLEXIONSFRAGEN

- Betreibst du Sport?
- Falls nein: Was hat dich bisher davon abgehalten?
- Falls ja: Wie könntest du selbstfürsorglicher dabei sein?
- Welche Sportart hat dir früher Freude bereitet? Welche Sportart würdest du gerne einmal ausprobieren?
- Wie könntest du deine Alltagsaktivität erhöhen bzw. ist das überhaupt nötig?

Die besondere Bedeutung des Spazierengehens

Eine Sache, die ich fast allen Patient:innen ans Herz lege, ist das Spazierengehen. Vielleicht denkst du im ersten Moment: „Wie bitte? Das ist doch voll die Rentner:innenbeschäftigung" oder „Das machen sonst nur Mütter mit ihren Kindern oder Hundebesitzer:innen, das ist sowas von uncool." Du täuschst dich.

Spätestens zu Coronazeiten, als alle im Lockdown waren, bist du sicherlich, wie ein Großteil der Bevölkerung, spazieren gegangen. Ich erinnere mich noch gut, wie ich bei meinen Morgenrunden auf einmal so viele Menschen traf wie nie zuvor. Doch warum bin ich eine so große Verfechterin des Spazierengehens?

Es werden mehrere Fliegen mit einer Klappe geschlagen. Du gehst spazieren, bewegst dich also, bist an der frischen Luft, was deiner Lunge guttut, tankst Sonnenlicht, was deine Vitamin-D-Produktion anregt und unter anderem dem Knochenaufbau nützt, und triffst vielleicht noch ein paar Menschen, sodass auch der Punkt soziale Kontakte abgehakt werden kann. Außerdem hast du Zeit zum Nachdenken, Reflektieren und für Achtsamkeit. Spazierengehen hat also Vorteile für deinen Körper und deine Psyche. Du kannst es zu jeder Jahreszeit tun (es gibt auch Regenjacken und Thermohosen bei Regen oder Kälte) und es ist eine einfache, flexible und preiswerte Form der Bewegung.

Ich verstehe jedoch auch deine Abneigung, denn die kenne ich auch von meinen Patient:innen. Wenn sie meinen Tipp aber eine Weile umsetzen und regelmäßig an die frische Luft gehen, ist der Großteil begeistert und kann sich das Leben nach einer Weile nicht mehr ohne das Gehen vorstellen, egal ob sie dabei durch die Fußgängerzone flanieren oder wandern gehen.

Ich selbst gehe jeden Morgen eine Runde spazieren, höre dabei oft Hörbücher oder Podcasts und bilde mich so weiter. Immer wieder nehme ich jedoch bewusst die Kopfhörer aus den Ohren, um achtsam die Natur zu beobachten. Ich konzentriere mich bewusst auf meine Umgebung, lasse meine Seele baumeln und den stressigen Alltag für eine Weile hinter mir. Mir tut das unglaublich gut.

ÜBUNG: ACHTSAMKEIT IN BEWEGUNG

Nimm dir zu Beginn vor, täglich zehn Minuten spazieren zu gehen. Die Zeit kannst du nach einer Weile steigern. Geh zu Fuß zur Arbeit oder zum Einkaufen, laufe ein paar Haltestellen oder verabrede dich mit Kolleg:innen in der Mittagspause zu einem Fußmarsch. Trainiere dich dabei in Achtsamkeit und achte z. B. auf folgende Dinge:

- Was hörst du? (Vogelgezwitscher, Blätterrascheln, das plätschernde Wasser, die vorbeifahrenden Autos etc.)
- Welche Tiere siehst du?
- Welche Pflanzen entdeckst du?
- Was für Baumarten erkennst du?
- Wie viele Insekten siehst du?
- Was für Steine findest du?
- Was riechst du?
- Grüße alle Personen, die dir entgegenkommen.

Regeneration und Pausen

Pausen sind im Sport unerlässlich. Regenerationsphasen gehören zum Sport genauso dazu wie die Trainingseinheiten, denn nur so kann der Körper sich erholen und die Trainingsreize umsetzen. Auch im Alltag solltest du nicht auf sie verzichten, um eine gute Selbstfürsorge zu betreiben.

Du kennst das sicherlich auch: Wenn du auf deiner Arbeit kaum Zeit zum Durchatmen oder Pausen hast, wirst du unkonzentrierter, es unterlaufen dir leichter Fehler und deine Motivation sinkt. Das Leben besteht aus Ein- und Ausatmen, Wachphasen und Schlaf, Anspannung und Entspannung. Pausen ermöglichen dir eine kurze Auszeit und lassen Luft und Raum zum Durchatmen und für Achtsamkeit. Wer arbeitet, und damit meine ich nicht nur bezahlte Tätigkeiten, braucht auch Pausen.

Wenn du deinem Körper Erholungsphasen zugestehst, werden die Stresshormone Adrenalin und Kortisol abgebaut, dein Herz schlägt langsamer, deine Muskulatur entspannt sich, die Atmung verlangsamt sich, wodurch der Blutdruck sinkt und dein Herz gestärkt wird, und durch Entspannung wird deine Verdauung aktiviert.

Dass Pausen sinnvoll sind, belegen auch Studien: Chirurg:innen unterlaufen beispielsweise weniger Fehler, wenn sie während einer langen OP alle 30 Minuten eine Fünfminutenpause einlegen. So bleibt die Leistung erhalten und es passieren weniger Fehler.

Pausen sind sogar gesetzlich vorgeschrieben. Laut Arbeitszeitgesetz stehen dir, wenn du zwischen sechs und neun Stunden arbeitest, mindestens 30 Minuten Pause zu, die in Abschnitte von mindestens 15 Minuten aufgesplittet werden können. Arbeitest du mehr als neun Stunden, muss die Pausenzeit mindestens 45 Minuten betragen. Bis zum nächsten Arbeitsbeginn müssen mindestens elf Stunden vergehen, auch wenn in bestimmten Branchen wie Gaststätten, Krankenhäusern, Medienhäusern oder Verkehrsbetrieben diese Zeit unter Umständen verkürzt werden kann.

Obwohl Pausen in der Arbeitswelt festgelegt sind, haben die meisten Menschen Schwierigkeiten damit, Ruhephasen in den Alltag zu integrieren. Dabei müssen es nicht immer 30 Minuten Entspannung sein.

Es gibt unterschiedliche Pausenformen. In einer Mikropause blickst du einfach nur kurz während einer Tätigkeit aus dem Fenster. Minipausen dauern ein bis drei Minuten, in denen du dich kurz streckst oder dehnst. Bei drei- bis fünfminütigen Kurzpausen trinkst du beispielsweise kurz etwas oder lässt deine Gedanken schweifen. Eine Pause muss nicht lang sein und ist dennoch erholsam und tut deinem Körper gut.

Doch wann ist der richtige Zeitpunkt für eine Pause und wie lang sollte sie sein? Wenn du müde und erschöpft bist, ist es eigentlich schon zu spät. Du solltest jeden Tag mehrere kleine Pausen in deinen Alltag integrieren und lieber häufiger kurze Pausen (alle ein bis zwei Stunden fünf bis zehn Minuten) machen statt einer langen Pause, denn der Erholungseffekt ist zu Beginn einer Pause am höchsten.

Pausen sind auch dazu da, deine Grundbedürfnisse zu befriedigen. Wenn du deine Pause frei und selbstständig gestalten kannst, hast du das Gefühl von Autonomie und Selbstbestimmung.

Wie erholsam eine Pause für dich auf der Arbeit oder im sonstigen Alltag ist, hängt zum Teil auch davon ab, wie du sie wahrnimmst und bewertest. Im DRAMMA-Modell der Psychologinnen Sabine Sonnentag und Charlotte Fritz sind folgende Faktoren für die Erholung wichtig:

1. ***D**etachment* – abschalten können, z. B. durch eine klare Tagesstruktur mit Arbeitszeiten und Freizeit oder eine Abwesenheitsnotiz
2. ***R**elaxation* – Stress abbauen und entspannen, etwa mit Yoga, Meditation, Musikhören, Spazierengehen
3. ***A**utonomy* – die Kontrolle haben, indem du beispielsweise deine Pausen selbstbestimmt planst
4. ***M**astery* – etwas dazulernen, Können aufbauen, etwa durch (neue) Aktivitäten, eine neue Sprache, ein Instrument
5. ***M**eaningfulness* – die Tätigkeit als bedeutsam erleben, also das Gefühl zu haben, etwas Sinnvolles in deiner freien Zeit zu machen, z. B. ein Ehrenamt oder Müll in der Natur einsammeln
6. ***A**ffiliation* – sich sozial eingebunden und zugehörig fühlen – Auszeiten musst du nicht allein abhalten, sondern du kannst auch zusammen mit Freund:innen deinen Akku aufladen.

Das heißt nicht, dass deine Pausen alle diese sechs Punkte erfüllen müssen. Es ist nur ein Modell, das dir verdeutlichen soll, wie divers Pausen sein können. Je besser du deine Auszeit gestaltest, desto mehr lädst du deinen Akku auf und betreibst Selfcare.

Jetzt fragst du dich vielleicht, wie du deine Pausen verbringen sollst. Da gibt es, wie so oft, keine pauschale Antwort. Wichtig ist, etwas anderes zu tun als zuvor und dass sie deiner Selbstfürsorge dienen. Wenn du also auf der Arbeit viel sitzt, solltest du dich in deiner Arbeitspause bewegen. Bist du in deinem Job körperlich sehr aktiv, solltest du dich eher setzen und dir Ruhe gönnen. Wenn du im Alltag viel unter Strom stehst, wäre etwas Ruhigeres anzuraten. Bist du eher antriebslos, kann etwas Aktivität dir neue Energie geben. Das ist vor allem bei monotonen Aufgaben hilfreich.

Wenn es um das Aufladen deines Akkus in deiner Freizeit geht, solltest du Tätigkeiten finden, die dir Spaß und Freude bereiten. Lass dich von deinen Antworten auf die Reflexionsfragen im Abschnitt „Selbstfürsorge ist individuell“ (siehe S. 27) inspirieren. Was du in deiner Pause *nicht* tun solltest ist, die ganze Zeit vor Handy, Laptop oder TV zu sitzen. Gegen das *bewusste* Schauen einer Folge deiner Lieblingsserie oder etwas Zeit auf Instagram spricht jedoch selbstverständlich nichts.

Wenn du dir regelmäßig Ruhephasen einplanst, dann wirst du am Ende mehr schaffen und dich gleichzeitig besser fühlen. Du wirst seltener an deine Belastungsgrenzen kommen, was für deine Psyche eine Wohltat ist.

Was eine Pause ist, das entscheidest du. Das kann ein Kaffee oder Tee sein, bewusstes Atmen, ein Spaziergang an der frischen Luft, das Kochen mit Freund:innen, das Erden der Füße auf dem Boden oder einfach das Aus-dem-Fenster-Schauen. Ich empfehle meinen Patient:innen, regelmäßig ein Date mit sich selbst zu haben, in dem sie das tun, was ihnen guttut. So kannst du deinen Akku aufladen, deinen Interessen nachgehen und dich selbst besser kennenlernen.

Eine Pause und den Akku aufladen kann auch bedeuten, einfach mal nichts zu tun, auch wenn man eigentlich nicht nichts tun kann. Wenn du in der Sonne sitzt, in die Natur schaust und deinen Gedanken freien Lauf lässt, dann sitzt du in der Sonne, schaust in die Natur und lässt deinen Gedanken freien Lauf. Es geht nicht darum, produktiv oder effektiv zu sein, sondern „einfach zu sein“.

Inspirationen für kurze Pausen

- Hol dir ein Getränk.
- Geh aufs Klo.
- Recke und strecke dich.
- Konzentriere dich auf eine Atemübung (siehe S. 125) oder mache eine kurze Meditation.
- Höre deinen Lieblingssong.

Inspirationen für lange Pausen

- Geh eine Runde spazieren.
- Geh deinem Hobby nach.
- Treibe Sport.
- Koche ausgiebig und genieße die Speisen.
- Lies etwas.
- Gehe zur Massage oder in die Sauna.
- Meditiere ausgiebig.
- Schlafe.

ÜBUNG: BEWUSST PAUSEN MACHEN

- Notiere dir an einem festen Tag in der Woche die Zeiten in deinem Kalender, in denen du in der kommenden Woche längere Pausen abhalten möchtest.
- Teste aus, nach welcher Zeit du auf der Arbeit prophylaktisch eine Pause machen solltest. Stelle dir dazu nach einer bestimmten Zeit einen Wecker.
- Während deiner Pausen solltest du dich auf dich fokussieren und nicht ans Telefon gehen.

Gesunde Ernährung

Sicherlich ist dir bekannt, dass eine gesunde, vielseitige und nährstoffreiche Ernährung deiner Gesundheit guttut. Deine Ernährung hat nicht nur Einfluss auf deine körperliche Gesundheit, sondern auch auf deine Psyche und ist somit ein wichtiger Baustein deiner Selbstfürsorge.

Es soll hier nicht um irgendwelche Ernährungsempfehlungen oder Regeln gehen, denn dafür bin ich keine Expertin, sondern darum, dass du einen fürsorglichen und liebevollen Umgang mit deinem Körper und deiner Ernährung findest. Denn vielleicht gehörst du auch zu den Menschen, die durch Diäten verlernt haben, auf ihren Körper zu hören, und weißt gar nicht genau, was er braucht. Hunger und Sättigung sind dir womöglich ein Fremdwort. Das Ziel sollte sein, dass du deinen Körper gerne mit allen wichtigen Nährstoffen versorgst.

Mir geht es darum, dass du mitfühlend mit dir und deinem Körper wirst und ihn mit allem versorgst, was er braucht. Es geht nicht darum, dir Dinge zu verbieten. Hier finde ich das Pareto-Prinzip sehr hilfreich: 80 % „gesunde" Lebensmittel und bei den restlichen 20 % kannst du zu dir nehmen, was du magst.

Ernährung, das Fundament der Selbstfürsorge

Wenn du dich ausgewogen ernährst und mit allen Nährstoffen, Vitaminen und Spurenelementen versorgst, dann ist das das grundlegende Fundament für deine Selbstfürsorge. Eine Mangel- oder zu fettige/einseitige Ernährung kann zu Übergewicht, Herz-Kreislauf-Erkrankungen, Gelenkbeschwerden oder Diabetes Typ 2 führen. Essstörungen haben ebenfalls enorme körperliche und psychische Folgen.

Deine Ernährung hat einen großen Einfluss auf deine Gesundheit und dein Wohlbefinden. Du kennst es sicherlich, dass du gereizt, ungeduldig oder gar aggressiv bist, wenn du hungrig bist. Im Englischen gibt es den passenden Begriff *hangry*, gebildet aus *hungry* und *angry*, der die schlechte Laune bezeichnet, wenn du hungrig bist.

Die Ernährung hat Einfluss auf unser körperliches und seelisches Wohlbefinden. So weiß man inzwischen, dass bestimmte Nahrungsmittel Depressionen zwar nicht heilen, aber einen positiven Einfluss auf sie ausüben können.

Gesunde Ernährung ist individuell

Meiner Ansicht nach ist es wenig hilfreich, Lebensmittel in „gesund" und „ungesund" einzuteilen. Es kommt nicht auf das Lebensmittel, sondern auf die Menge an. So sagt es auch Antje Gahl von der Deutschen Gesellschaft für Ernährung (DGE): „Eine Einteilung in gesunde und ungesunde Lebensmittel halten wir nicht für sinnvoll. Entscheidend ist, wie viel ich wovon esse." Genauso sind gewisse Ernährungsformen nicht per se gut oder schlecht. Es kommt immer auf den Zusammenhang an. Zum Beispiel ist die ketogene Diät mit viel Fett erst einmal sehr einseitig, doch kann sie bei Epilepsie die Anfallshäufigkeit reduzieren. Fett von vornherein zu verteufeln, ist nicht sinnvoll, denn vor allem für Frauen ist es essenziell für die Hormonproduktion.

Genuss ist wichtig

Ich höre immer wieder, dass Menschen keine Zeit zum Essen finden und wenn doch, dann müsse es schnell gehen. Oder sie essen nebenher am Bildschirm, da sie einfach so verplant sind. Einige kommen ausgehungert von der Arbeit nach Hause und verleiben sich dann alles ein, was sie im Kühlschrank finden. Wieder andere essen aus Langeweile vor dem Fernseher eine Tüte Chips oder wollen sich mit einer Tafel Schokolade für den stressigen Alltag belohnen. Der Genuss und die bewusste Nahrungsaufnahme bleiben da meist auf der Strecke, stattdessen folgen Selbstvorwürfe oder ein schlechtes Gewissen. Klingt das für dich fürsorglich? Wohl eher nicht.

Dich selbst zu verurteilen, wenn du bemerkst, dass du dich ungesund ernährst oder in destruktive Verhaltensweisen verfallen bist, bringt dir aber nichts. Nutze diese Situation, um zu reflektieren, was zu deinem Essverhalten geführt hat. Wenn du dein Verhalten verstehst, kannst du in zukünftigen Situationen anders agieren.

Essen ist dafür da, dass es dir gut geht, physisch wie psychisch. Es geht nicht darum, dich zu kasteien oder zu quälen. Egal, ob du etwas Fettiges oder etwas mit viel Zucker zu dir nimmst: genieße es. Denn die Nahrungsaufnahme dient nicht nur der Nährstoffversorgung, sondern auch dem Genuss.

Dir selbst eine gesunde Mahlzeit zu kochen, ist natürlich optimal. Falls das nicht geht, gibt es heutzutage immer mehr Restaurants mit gesunden Gerichten oder nahrhafte Fertiggerichte. Auch Kochboxen, in denen alle Zutaten für die Mahlzeiten mitgeliefert werden, können ein Weg sein, um deine Selbstfürsorge zu erhöhen. Selbstfürsorge fängt schon mit dem Einkaufen an. Dass man nicht hungrig in den Supermarkt marschieren sollte, wird dir nicht neu sein, denn dann greifst du eher zu „ungesunden" Lebensmitteln.

Achtsam essen

Ich möchte dich dazu animieren, dich mehr mit deiner Ernährung auseinanderzusetzen. Spüre in dich hinein, was dein Körper gerade braucht, und arbeite nicht gegen ihn. Er ist dein Freund, nicht dein Feind. Hast du wirklich Hunger oder ist es Frust, weil du dich mit jemandem gestritten hast oder Traurigkeit, weil du einsam bist? Möchtest du wirklich die Schokolade essen oder brauchst du eigentlich ein Telefonat mit Freund:innen, Bewegung oder eine kurze Meditation?

Worauf du achten solltest, ist, genug Flüssigkeit zu dir zu nehmen, denn schon eine geringe Austrocknung deines Köpers (Dehydration) kann z. B. zu Kreislaufbeschwerden oder Kopfschmerzen führen. Das ist das Gegenteil von Selbstfürsorge. Falls du immer wieder vergisst, genug zu trinken, kann dir ein schönes Glas, ein Thermobecher oder eine App helfen, die dich daran erinnert.

Wenn du den Bezug zur Nahrungsaufnahme verloren hast oder nicht sehr fürsorglich bist, versuche dich ganz auf deine Mahlzeiten zu fokussieren und während des Essens nichts anderes zu tun. Leg das Handy nicht auf dem Tisch ab und probiere dich durch nichts ablenken zu lassen.

Um einen bewussteren Zugang und Bezug zu deiner Ernährung zu bekommen, bieten viele Krankenkassen Ernährungsberatung an. Sie kann dich dabei unterstützen, körperlichen, seelischen Hunger und Appetit zu unterscheiden.

ÜBUNG: ACHTSAM ESSEN

- Vermeide Ablenkungen durch Zeitung, Smartphone oder Radio.
- Atme mehrmals tief durch, bevor du mit dem Essen beginnst.
- Nimm dir kleine Portionen, um vor dem Nachschlag in dich hineinzuspüren, ob du noch hungrig bist.
- Schau dir deine Mahlzeit genau an. Was riechst du? Nimm jeden Bissen bewusst wahr.
- Wie nimmst du deine Kaumuskeln wahr? Kau gründlich. Bemerkst du, wie sich der Speichel bildet?
- Mach hin und wieder eine Pause. Spüre in deinen Körper hinein, wie er sich anfühlt.
- Achte darauf, wann deine Sättigung einsetzt, und höre dann auf zu essen.

Wenn du dies eine Weile praktizierst, wirst du merken, dass Speisen, die du häufig zu dir nimmst, jedes Mal etwas anders schmecken. Zudem wirst du besser und schneller merken, wann du satt bist.

Gesunder Schlaf

Ein weiterer Baustein für mehr Selbstfürsorge ist der Schlaf. Wir müssen schlafen und verbringen rund ein Drittel unseres Lebens damit. Diese Erholungsphase ist für den Körper lebensnotwendig und unverzichtbar, um unseren Akku aufzuladen.

Wenn du dauerhaft müde bist und dann am Wochenende oder im Urlaub richtig ausschläfst, wirst du bemerken, wie es dir mental und körperlich deutlich besser geht und du emotional ausgeglichener bist. Außerdem kannst du besser Entscheidungen treffen, als wenn du deine Augen kaum noch offenhalten kannst.

Schlaf ist also wichtig, denn im Schlaf passieren eine Menge Dinge: Der Körper regeneriert sich, Verknüpfungen im Gehirn werden erstellt, Erinnerungen gefestigt, Wachstumshormone ausgeschüttet, Immunzellen produziert und Zellreparaturen können stattfinden.

Folgen von schlechtem Schlaf dagegen können sein: Die körperliche und kognitive Leistungsfähigkeit sinkt, du bist unruhig und reizbar oder hast Stimmungsschwankungen. Auch die Unfallgefahr steigt, etwa durch Erschöpfung oder Sekundenschlaf.

Der eigene Schlafrhythmus ist individuell. Es gibt Früh- und Spätaufsteher, Kurz- und Langschläfer – passe deine Selbstfürsorge deinem Typ an. Schauen wir uns zunächst die Schlafphasen an.

Schlafphasen

Während der Nacht durchläufst du vier Schlafphasen, die ineinander übergehen.

Einschlafphase

In den ersten Minuten wird dein Körper runtergefahren. Dein Puls sinkt, die Atmung wird tiefer und teilweise können unkontrollierte Muskelzuckungen auftreten, die ein Zeichen von Entspannung sind. In dieser Phase ist dein Schlaf noch sehr oberflächlich und du kannst leicht von Geräuschen und Ähnlichem geweckt werden. Das bewusste Wahrnehmen der Umgebung lässt nach. Manche Menschen schlafen innerhalb von fünf Minuten ein, bei anderen dauert diese Phase länger an.

Leichtschlafphase

In dieser Phase ist der Schlaf oberflächlich und dein Körper kommt weiter zur Ruhe. Die Muskeln sind entspannt, Körpertemperatur und der Blutdruck sinken, deine Herzfrequenz und die Atmung sind gleichmäßig. In diesem Stadium verbringst du zwischen 45 und 55 % deiner Schlafzeit.

Tiefschlafphase

In dieser Phase bist du schwer aufweckbar. Deine Muskulatur entspannt sich noch mehr, Puls und Atmung verlangsamen sich. Es ist die Phase der tiefsten körperlichen Entspannung und für die körperliche und geistige Erholung von besonderer Bedeutung. Wenn du erholt aufwachst, dann waren deine Tiefschlafphasen intensiv und lang. In dieser Phase schläfst du sehr fest und bist schwer wachzubekommen. Gleichzeitig kann es vorkommen, dass du hier schlafwandelst oder im Schlaf sprichst. Deine Muskel- und Hirnaktivität sind sehr gering. Diese Phase dauert zwischen 12 und 15 % deiner Schlafzeit.

REM-Schlafphase

In dieser Phase, auch Traumschlafphase genannt, rollen die Augen hinter den geschlossenen Lidern hin und her. Du träumst besonders viel und intensiv, auch wenn du dich morgens nicht an die Inhalte erinnern kannst. Deine Hirnaktivität ist ähnlich wie im Wachzustand und du kannst wieder leichter geweckt werden. Atmung, Puls und Gehirnaktivität sind erhöht. In diesem Stadium ist deine Muskulatur komplett entspannt und du regungslos. Dies dient deinem Schutz, denn durch deine aktiven Träume könntest du dich sonst verletzten, wenn du die Bewegungen wirklich machst. 20 bis 25 % deiner Zeit verbringst du in dieser Phase.

Ein Zyklus dauert in etwa 90 Minuten. Bei gesunden Menschen wiederholen sich die Schlafphasen mehrfach pro Nacht. Im letzten Drittel bereitet dein Körper sich langsam wieder auf das Wachwerden vor.

Je nach Lebensalter verändern sich deine Schlafphasen und -zyklen. So brauchen Babys noch sehr viel Schlaf, ältere Menschen haben weniger Tiefschlafphasen, sodass sie sich oft tagsüber kurz hinlegen.

Jetzt fragst du dich bestimmt, wie lange deine optimale Schlafzeit in Sinne der Selbstfürsorge ist. Darüber, wie viel der Mensch schlafen muss, streiten sich die Forscher:innen. So zeigen Studien, dass die optimale Dauer des Schlafes zwischen sieben und acht Stunden liegt, doch soll z. B. Albert Einstein zwölf Stunden täglich geschlafen haben, Apple-Chef Steve Jobs brauchte hingegen nur vier Stunden. Deine Schlafdauer sagt wenig über deine Schlafqualität aus. Du kannst zehn Stunden schlafen, dich beim Aufstehen jedoch wenig erholt fühlen. Genauso kannst du sechs Stunden schlafen und voller Energie aufwachen. Hier ist jeder Mensch anders.

Viel bedeutsamer ist es daher, dass du *deine* optimale Schlafzeit findest und sie einhältst. Es geht also nicht um die Frage: „Wie viel Schlaf ist optimal?“, sondern „Wie viel Schlaf brauche ich?“ und „Wann bin ich erholt?“

REFLEXIONSFRAGE

Nach wie viel Stunden Schlaf wachst du erholt auf?

Es ist also sinnvoll, auf eine gute Schlafqualität zu achten. Diese beginnt bei einem gesunden Lebensstil, doch eine gute Schlafhygiene ist das A und O. Sie umfasst alle Gewohnheiten und Umstände, die deine Schlafqualität fördern. Sollte eine klinische Schlafstörung vorliegen, ist der Gang zu Ärzt:innen jedoch unerlässlich.

Ein Schlaftagebuch kann unterstützend wirken. Dort notierst du alles rund um deinen Schlaf (Befindlichkeit, Leistungsfähigkeit, Einschlaf- und Aufstehzeit, Alkohol- und Koffeinkonsum, nächtliche Wachzeiten, Erholungsgrad).

Wenn du aus den folgenden Tipps diejenigen beherzigst, die für dich hilfreich sind, wird sich dein Schlaf mit der Zeit verbessern.

Tipps für eine gute Schlafhygiene

Regelmäßige Schlaf- und Aufstehzeiten

Hilfreich ist es, wenn du so oft wie möglich zur gleichen Zeit (+/– 30 Minuten) ins Bett gehst und aufstehst. So schleicht sich langsam ein geregelter Schlafrhythmus ein, der die Voraussetzung für verschiedene biologische Prozesse in deinem Körper bildet. Je besser dein Rhythmus, desto einfacher wirst du zur richtigen Zeit müde. Wichtig: Es gibt auch Menschen, die eben nicht von festen Zeiten profitieren und die mit flexiblen Schlafenszeiten besser fahren. Prüfe für dich, was für dich passend ist.

Kein Mittagsschlaf

Lege dich tagsüber nicht ins Bett oder aufs Sofa, denn ein kurzer Mittagsschlaf kann abends den Schlafdruck verringern. Dies kann Ein- und Durchschlafstörungen befördern. Ausnahme: Ein 5 bis maximal 30-minütiger Powernap, den du mit deinem Wecker kontrollierst und beendest – denn je länger dein Schlafpäuschen ist, desto eher kommst du in die Tiefschlafphase und bist anschließend eher gerädert, da das Aufwachen dann meist länger dauert und du anschließend nicht so leistungsfähig bist.

Stimuluskontrolle

Ziel der sogenannten Stimuluskontrolle ist es, dass du das Bett mit der Funktion des Schlafens verbindest. Dazu ist es notwendig, alle Aktivitäten, die nichts mit dem Schlafen zu tun haben (außer Sex und Lesen vorm Schlafengehen, denn diese fördern die Müdigkeit), wegzulassen. Also nicht fernsehen, essen oder arbeiten im Bett. Wenn du nachts länger wach liegst, solltest du das Bett verlassen und etwas Beruhigendes tun, z. B. lesen oder Musik hören, bis du so müde bist, dass du schnell einschläfst. Du kannst selbst auch kreativ werden und schauen, was dir in solchen Momenten hilft. Du darfst dein:e Expert:in werden.

Alkohol, Drogen und Zigaretten

Drei Stunden vorm Zubettgehen solltest du auf Alkohol und Drogen verzichten, denn sie mögen zwar beim Einschlafen helfen, gleichzeitig haben sie aber negative Auswirkungen auf deine Schlafqualität. Rauchen sollte in den Abendstunden ebenfalls vermieden werden (am besten sowieso ganz), denn Nikotin wirkt ähnlich wie Koffein. Langfristig behindert zudem eine eingeschränkte Lungenfunktion den Schlaf.

Koffein

Kaffee und Tee solltest du vier bis acht Stunden vorm Schlafengehen nicht mehr zu dir nehmen, denn die wach machende Wirkung kann, je nach deiner Empfindsamkeit, bis zu 14 Stunden anhalten. Koffein wird unterschiedlich verstoffwechselt, deshalb solltest du dich genau beobachten. Früchte- und Kräutertees sind natürlich erlaubt.

Mahlzeiten

Kurz vorm Schlafen noch einen Burger zu essen, ist keine gute Idee. Größere Nahrungsmengen solltest du drei Stunden vorm Ruhen nicht mehr zu dir nehmen. Gegen einen kleinen Snack oder die berühmte heiße Milch mit Honig ist jedoch nichts einzuwenden.

Sport

Bewegung ist wichtig. Viele Menschen können jedoch nur schwer zur Ruhe kommen, wenn sie abends körperlich sehr aktiv waren. Deshalb solltest dich genau beobachten und wenn möglich abends auf Sport verzichten, denn dein Körper braucht anschließend mehrere Stunden, bis das Nervensystem seine Aktivität herunterfährt.

Schlafumgebung

Dein Schlafzimmer hat ebenfalls Einfluss auf deinen Schlaf. So sollte es dort ruhig sein. Viele Menschen mögen es dunkel, denn das fördert die Produktion des Schlafhormons Melatonin. Achte auf einen passenden Härtegrad deiner Matratze und eine Raumtemperatur zwischen 16 und 20 °C.

Mediennutzung

Vor dem Einschlafen noch fernsehen oder schnell die Mails oder sozialen Medien checken – die Versuchung ist groß. Das ist keine gute Idee, denn das Licht dieser Geräte hat einen hohen Blauanteil, der dem Tageslicht ähnelt und die Produktion von Melatonin hemmt. Zwar gibt es Blaulichtfilter, doch im Sinne eines guten Schlafs solltest du auf diese späten Reize generell verzichten. Wenn dein Handy auf dem Nachttisch liegt, lässt das Gefühl der ständigen Erreichbarkeit weniger nach.

Rituale

Rituale kurz vorm Zubettgehen können deinen Körper auf das Schlafen konditionieren. Wenn du gewisse Tätigkeiten regelmäßig in der gleichen Reihenfolge durchführst, kann dies das Einschlafen erleichtern. Beispiele: die Haustür abschließen, den Tisch fürs Frühstück decken, eine heiße Milch mit Honig trinken, alle Lichter ausmachen, eine Entspannungsübung machen, Tagebuch schreiben, den Tag Revue passieren lassen.

Das waren jetzt eine Menge Tipps. Suche dir diejenigen raus, die für dich passen. Wenn du gut mit späten Mahlzeiten oder Sport am Abend zurechtkommst, dann ist das super. Lass dich nicht verunsichern, sondern sieh den Schlaf wie das Aufladen eines Elektroautos, dass über Nacht an der Wallbox steckt. Schlaf ist ein Teil des Fundaments deiner Selbstfürsorge.

Bewusste Atmung

Ein weiterer Baustein für mehr Selbstfürsorge ist die Atmung. Dein Atem ist dein eigenes Werkzeug, um dein Wohlbefinden und deine Entspannung jederzeit zu steigern. Du hast ihn immer dabei. Außerdem kannst du mit deiner Atmung bewusst deinen Herzschlag beeinflussen.

Wenn du gestresst bist und unter Strom stehst, dann bleibt dir sprichwörtlich die Luft weg. Du atmest flach und kurz. Manchmal siehst du vielleicht nur noch rot, alles läuft schief und eine Lösung ist nicht Sicht. Viele Menschen atmen dann nur kurz in den Brustraum. Die Brustatmung führt dazu, dass dein Körper mit weniger Sauerstoff versorgt wird, du dich energielos fühlst und eventuell Kopfschmerzen bekommst.

Atmung fördert Entspannung

Wenn du richtig atmest, dann hat dies Einfluss auf deinen Gemütszustand. Du kannst mit der richtigen Atemtechnik deine Entspannung fördern und den Parasympathikus aktivieren, den Teil des Nervensystems, der für deine Regeneration zuständig ist. Die Atmung ist die einzige vegetative Vitalfunktion, die du **bewusst** beeinflussen kannst, indem du bewusst schnell oder langsam, oberflächlich oder tief atmest und so deine Entspannung förderst. Ich arbeite vor allen Dingen mit meinen Patient:innen, die wegen einer Angststörung zu mir kommen, häufig an der Atmung, denn eine Panikattacke kann durch die richtige Atemtechnik abgeschwächt werden. Manchmal ist tief in den Bauch zu atmen die schnellste Methode, um Stress abzubauen. Und genau das ist auch ein Ziel von mehr Selbstfürsorge. Wenn du bewusst langsam und tief die Luft einsaugst, sinken Puls und Herzschlag und die Muskeln entspannen sich.

Wenn du deiner Atmung zukünftig mehr Aufmerksamkeit schenkst, kannst du schwierige Situationen und Herausforderungen besser meistern, denn du steigerst dich nicht so sehr in die Situation hinein, sondern fokussierst dich auf deine Atmung und das Hier und Jetzt. Du kommst in Kontakt zu dir selbst. Deshalb folgen nun drei Übungen, die du in deinen Alltag integrieren kannst.

Wenn dir bei den Übungen unwohl oder schwindlig wird, dann nimm das ernst und brich die Übung bitte ab.

ÜBUNG 1: ATEMBEOBACHTUNG

Gönne dir einen kleinen Moment der Entschleunigung und lenke deine Aufmerksamkeit bewusst auf deinen Atem.

- Wie fließt er?
- Schnell oder langsam? Wie viele Atemzüge machst du in der Minute?
- Atmest du ruhig oder gestresst?
- Atmest du gleichmäßig oder stolpert dein Atem?
- Atmest du tief oder flach? Hebt und senkt deine Bauchdecke sich? Was macht dein Brustbein?

ÜBUNG 2: DIE NATÜRLICHE BAUCHATMUNG

Diese Atmung solltest du am besten dauerhaft praktizieren, doch das hast du wahrscheinlich verlernt.

- Zieh dir bequeme Kleidung an und lege die Hände auf deinen Bauch.
- Atme tief durch die Nase ein.
- Spüre nach, wie die Luft in deinen Bauch einströmt und deine Bauchdecke sich wölbt.
- Atme langsam und ruhig durch den Bauch aus.
- Fühle, wie die Luft aus deinem Körper strömt und sich die Bauchdecke wieder senkt.

Wiederhole dies beliebig oft.

ÜBUNG 3: 4-7-8-ATMUNG

Die 4-7-8 Atmung hilft dir, in eine tiefe Entspannung zu kommen und hilft bei Einschlafproblemen oder auch Panikattacken. Übe sie täglich und wende sie regelmäßig an, damit sie ihre Wirkung entfaltet. Du kannst sie im Liegen oder Sitzen machen.

- Atme einmal tief ein und aus, um deine Lunge zu leeren.
- Atme langsam durch die Nase ein und zähle bis vier.
- Halte die Luft an und zähle bis sieben.
- Atme langsam durch den Mund aus und zähle bis acht.

Wiederhole dies mindestens zwei Minuten lang.

Es ist nicht wichtig, dass du genau die Sekunden einhältst, sondern vielmehr, dass du in den Rhythmus kommst und länger aus als einatmest. Deshalb kannst du zu Beginn auch den Rhythmus 2-3,5-4 wählen, bis deine Lunge besser trainiert ist. Je regelmäßiger du die Übung durchführst, desto mehr verstärkt sich die Wirkung und du kommst zur Ruhe.

Aufrechte Körperhaltung

Wie du dich bewegst, hat Einfluss auf deine Stimmung, deine Außenwirkung und deine Selbstfürsorge.

Die Haltung bestimmt die Stimmung

Viele Studien belegen, dass die Körperhaltung die Psyche beeinflusst und umgekehrt. Wie ein Mensch sich fühlt, kannst du oft schon an seiner Körperhaltung ablesen. Jemand, der traurig oder deprimiert ist, wird sich eher klein und den Rücken rund machen, den Kopf hängen lassen und in sich zusammensinken. Eine Person, die zufrieden ist, wird sich aufrecht bewegen. So verhilft dir eine aufrechte Körperhaltung dazu, dich selbstsicherer zu fühlen. Wenn du dich ärgerst, hast du eine andere Körperhaltung, als wenn du dich freust.

Umgekehrt besagt das sogenannte Embodiment, eine wissenschaftliche These, dass die Körperhaltung wiederum die Gefühle beeinflusst. Durch eine bestimmte Körperhaltung oder Bewegung können Denken, Fühlen und Einstellung beeinflusst werden. Wie genau sich Körper und Stimmung beeinflussen, ist jedoch noch nicht hinreichend geklärt und es gibt auch Stimmen, die das Ganze sehr kritisch sehen.

Wenn du dich selbstbewusst und aufrecht bewegst, hast du zudem eine ganz andere Außenwahrnehmung, als wenn du in dich zusammenfällst. Das hat Einfluss darauf, wie dein Umfeld dich wahrnimmt. Doch wie kannst du diese Tatsache für deine Selbstfürsorge nutzen?

Vielleicht hast du auch schon einmal davon gehört, dass du, wenn du schlechte Laune hast, einfach einen Stift in den Mund nehmen und dich damit lächelnd vor einem Spiegel stellen sollst. Das Powerposing ist eine weitere Übung: Du stellst dich in eine Siegerpose mit ausgestreckten Armen, um dein Selbstbewusstsein zu stärken. Meiner Meinung nach ist das jedoch nicht ganz so einfach. Außerdem halte ich dies für übertrieben und wenig selbstfürsorglich, denn da lernst du zu lächeln, obwohl dir nicht danach ist.

Trotzdem hat die Haltung Einfluss auf das Gefühl. Ein Beispiel etwa wäre das Tragen von hohen Schuhen – viele Frauen fühlen sich dadurch selbstbewusster. Ich kann da nur vom Hörensagen berichten, da ich nur Sneakers und flache Schuhe trage. Egal welche Schuhe du bevorzugst: Sie können dich dabei unterstützen, dich selbstsicherer zu bewegen und negative Gefühle haben weniger Chancen, dir die Stimmung zu vermiesen.

Wenn du dir darüber bewusst wirst, wie du stehst, sitzt oder dich bewegst, dann ist der erste und wichtigste Schritt getan. Du brauchst von nun an nicht durchgängig aufrecht laufen, doch du solltest dich immer wieder daran erinnern und es in deinen Alltag integrieren. So kannst du dir beispielsweise vorstellen, dass du blaue Farbe an deinen Füßen hast und du mit jedem Schritt möglichst viel Farbe auf den Boden bekommen möchtest. Deine Körperhaltung wird sich verändern und deine Füße einen besseren Kontakt mit dem Boden haben.

REFLEXIONSFRAGEN

- Wie ist deine aktuelle Körperhaltung?
- Wie bewegst du dich im Allgemeinen?
- Passt das zu deiner Grundstimmung?

ÜBUNG: HALTUNG UND STIMMUNG

- Lass dich zusammensinken und den Kopf hängen. Mach den Rücken rund, beiße die Zähne fest aufeinander und runzle die Stirn. Versuche nun, dich gut und energiegeladen zu fühlen, optimistisch und zuversichtlich zu sein.
- Schüttle dich kurz aus.
- Stell dich jetzt hüftbreit in einem festen Stand hin, richte dich auf, ziehe die Schultern nach hinten, atme bewusst in den Bauch, schau nach vorne und lächle.
- Versuche nun, dich unmotiviert, traurig und frustriert zu fühlen. Du wirst merken, dass beides kaum möglich ist.

2 SORGE DICH GUT UM DEINE GEFÜHLE

Darum ist der Umgang mit deinen Gefühlen wichtig

Der Umgang mit deinen Gefühlen ist ein wichtiger Baustein in deiner Selbstfürsorge. Viele meiner Patient:innen haben wenig Wissen über ihre Gefühle. Sie wissen nicht, wieso sie diese haben, wozu sie da sind, und können oft auch gar nicht benennen, was sie gerade fühlen. Wenn du lernst, dich mit deinen Emotionen auseinanderzusetzen, kann dir das dabei helfen, dich so anzunehmen, wie du bist.

Vielleicht kennst du es auch, dass du deine Gefühle unterdrückst, betäubst oder gar nicht weißt, was du gerade empfindest. Oder du grübelst tagelang über ein Gefühl nach und „zerdenkst" es. Wenn du mehr über deine Gefühle und Emotionen weißt, kannst du besser mit ihnen umgehen, fühlst dich weniger ohnmächtig und kannst dich selbstfürsorglich behandeln. Alle Gefühle haben nämlich eine Funktion.

Die Rolle von Gefühlen und Emotionen

Oft werden Gefühle und Emotionen gleichgesetzt, doch das stimmt nicht so ganz. Gefühle beschreiben das, was du in einem Moment fühlst, also z. B. Freude, Traurigkeit oder Angst, und sind subjektive Erlebniswelten.

Emotionen sind weitreichender und bestehen zum einen aus den Gefühlen wie Angst, Trauer, Zufriedenheit oder Wut, aber auch aus körperlichen Reaktionen wie Weinen, Lachen oder Herzrasen und

Denkprozessen wie Bewerten, Erinnern, Interpretieren oder Vergleichen. Gefühle sind also ein Teil einer Emotion.

Emotionen haben einen bedeutsamen Einfluss auf dein Leben und zeichnen dich aus. Gefühle beeinflussen, wie du die Welt wahrnimmst, wie du sie bewertest, dich entscheidest, mit deinen Mitmenschen und dir selbst umgehst. Ohne sie könntest du keine Beziehungen und Freundschaften führen oder Liebe zu jemandem entwickeln. Oft bist du dir des Einflusses deiner Gefühle gar nicht bewusst. Gefühle steuern auch, wie du dich in unterschiedlichen Situationen verhältst. Fühlst du dich gut und bist ausgeschlafen, wirst du dich auf der Arbeit anders verhalten, als wenn du traurig oder wütend bist.

Der amerikanische Psychologe Paul Ekman untersuchte in verschiedenen Kulturen die Gefühlsaudrücke und fand heraus, dass Freude, Ärger/Wut, Ekel, Trauer, Überraschung und Verachtung als Basisemotionen universell kulturübergreifend auftreten. Das bedeutet, unabhängig davon, wo Menschen geboren und wie sie erzogen werden, erkennen Menschen weltweit instinktiv diese Emotionen und können sie einordnen. Es gibt natürlich sehr viel mehr Emotionen (z. B. Eifersucht, Hass, Neid, Zuneigung, Vertrauen, Dankbarkeit, Stolz, Zufriedenheit, Verzweiflung, Enttäuschung), die sich meist jedoch einer Basisemotion unterordnen lassen.

Emotionen unterstützen dich auch, nonverbal zu kommunizieren. Dies geschieht durch deine Mimik, Gestik, Bewegungen oder Körperhaltung. Sie sind ein nichtsprachliches Kommunikationsmittel. Wenn du dich beispielsweise schämst und rot wirst, musst du nicht viel sagen, dein Umfeld wird es dennoch wahrnehmen. Wenn du eine gebeugte Haltung hast, traurig schaust und dir Tränen über die Wangen rollen, dann ist für jede:n klar, dass du deprimiert bist.

Emotionen helfen dir, Situationen schnell einzuschätzen. Sie sind quasi wie die Warnlampe in deinem Auto, wenn der Treibstoff, die Batterie oder das Motoröl leer ist. Siehst du beispielsweise, dass ein Kind seinem Ball auf eine vielbefahrene Straße hinterherrennt, dann wirst du schnell reagieren und aufgrund deiner Angst versuchen, das Kind daran zu hindern, auf die Straße zu laufen. Dies geschieht, ohne dass du bewusst viel nachgedacht oder analysiert hast.

Durch Emotionen können weitere Emotionen ausgelöst werden. Du kannst dich beispielsweise dafür schämen, dass du Angst hast. Sie geben dir zudem wichtige Informationen über deine Bedürfnisse, Wünsche, Ziele und Werte und verbinden dich mit deinem Umfeld. Wie intensiv du Emotionen wahrnimmst, ist individuell unterschiedlich. Sie werden durch Situationen, Gedanken, aber auch Erinnerungen verursacht und entstehen nicht ohne Grund.

Je nachdem, welche Emotion du gerade wahrnimmst, spürst du sie in unterschiedlichen Körperregionen. Wenn du verliebt bist, spürst du das berühmte „Kribbeln im Bauch". Bist du wütend, dann hast du eher einen Kloß im Hals oder ein Druckgefühl in der Magengegend.

Weitere Körpersignale, die du z. B. an Kopf, Hals, Kiefer, Brust, Rücken, Armen oder Beinen wahrnehmen kannst, sind etwa Unruhe, Herzrasen, Wärme/Schwitzen, Druckgefühl, Kälte, Gänsehaut, Übelkeit oder Schwindel.

Ich höre immer wieder von meinen Patient:innen, dass sie ihre Angst/Wut/Trauer/Scham „weghaben" wollen. Doch deine Gefühle wollen dir etwas mitteilen. Sie bringen dich dazu, zu handeln. Hier ein paar Beispiele:

- Angst: Sie schützt dich vor Gefahren und Verletzungen. Angst führt dazu, dass du nicht mit einem Fahrrad über die Autobahn fährst und dich auch sonst nicht in Gefahr begibst.
- Wut: Sie führt dazu, dass du die Kraft aufbringst, etwas zu verändern und Gegebenheiten nicht einfach hinzunehmen. Sie zeigt dir, dass deine Grenzen überschritten wurden. Wenn dich etwa ein:e Kolleg:in auf der Arbeit immer wieder unterbricht und du deinen Ärger darüber in einem angemessenen Rahmen zeigst, kannst du möglicherweise bewirken, dass dein Gegenüber dies zukünftig unterlässt.
- Freude: Sie ist ein Zeichen dafür, dass du mit dem, was gerade passiert, glücklich bist, und sie motiviert dich, diesen Zustand erneut herzustellen.
- Trauer: Sie lässt dich von einer Person oder einer Situation Abschied nehmen und führt dazu, dass du dein Bedürfnis nach Unterstützung, Trost oder Zuwendung kommunizierst.
- Ekel: Er hilft dir dabei, dich vor Giftstoffen zu schützen.

Häufig haben wir Schwierigkeiten, unsere Gefühle wahrzunehmen und zu benennen. Deshalb hier eine unvollständige Liste, die dir helfen kann, deine Gefühle zu benennen, einen Zugang zu ihnen zu bekommen und sie für deine Selbstfürsorge zu nutzen.

Gefühle und Emotionen

Freude	Traurigkeit	Angst	Ärger
Begeisterung	Verzweiflung	Anspannung	Missmut
Glück	Sehnsucht	Verlegenheit	Ungeduld
Überraschung	Einsamkeit	Selbst-unsicherheit	Widerwille, Trotz
Leidenschaft	Leere, Langeweile	Unterlegenheit	Abneigung, Hass
Lust	Enttäuschung	Scham	Verachtung
Zufriedenheit	Beleidigtsein	Schuldgefühl	Misstrauen
Stolz	Mitgefühl	Reue	Neid
Selbstvertrauen	Liebe	Sorge	Eifersucht
Gelassenheit	Rührung	Ekel	Wut
Überlegenheit	Vertrauen	Schreck	Zorn
Dankbarkeit	Furcht	Nervosität	Mitleid

Wenn du einen guten Zugang zu deinen Gefühlen hast, wirst du langfristig mitfühlender, sorgsamer und liebevoll mit dir umgehen. Du wirst dich weniger verurteilen, abwerten oder gegen Gefühle ankämpfen. Du kannst sie besser einordnen und das Bedürfnis hinter deinem Gefühl erkennen.

Männer und Gefühle

Ein kleiner Exkurs zu den Gefühlen bei Männern. In unserer Gesellschaft herrscht immer noch die Vorstellung, dass Männer nicht weinen oder Trauer zeigen dürfen. So sang schon Herbert Grönemeyer „Männer weinen heimlich" in seinem Lied „Männer". Der Mann gilt leider immer noch als derjenige, der nicht trauern darf und stark sein muss. Zudem wird von Männern häufig erwartet, dass sie ihre Gefühle beherrschen, keine Angst oder Unsicherheit zeigen. Emotionen wie Wut oder Aggression hingegen sind bei ihnen eher anerkannt als bei Frauen.

Wenn es einem Menschen jedoch dauerhaft nicht gelingt, Trauer zuzulassen, Gefühle zu zeigen oder auch zu weinen, kann das zu seelischen, psychosozialen und auch körperlichen Krankheitssymptomen führen, zu körperlichen Beschwerden, Depressionen, Suchtproblemen oder Spannungen in Beziehungen. Doch auch Männer sollten sich bewusst machen, dass jedes Gefühl da sein darf. Auch sie dürfen traurig und niedergeschlagen sein und weinen – das ist wichtig für die mentale Gesundheit.

Wenn Männer ihre Gefühle wahrnehmen und zulassen, dann ermöglicht ihnen dies einen besseren Zugang zu sich selbst und öffnet die Tür zu einer guten Selbstfürsorge.

Toxic Positivity

Wenn es um Selbstfürsorge und Gefühle geht, dann dürfen ein paar Worte zum Thema „Toxic Positivity“ nicht fehlen. Von toxischer Positivität spricht man, wenn negative Gefühle unterdrückt werden und krampfhaft versucht wird, immer das Gute in einer Situation zu sehen. Ungute Gefühle werden bagatellisiert oder abgelehnt. Dabei macht zwanghaftes Glücklichsein auf Dauer unglücklich, denn viele Probleme, Schicksalsschläge oder Krankheiten ändern sich nicht, wenn du positiv denkst. In ihrem Buch „Die Happiness-Lüge“ schreibt Anna Maas treffend: „Wenn man unangenehme Gefühle zulässt, wird's schneller schöner.“

Deine Gefühle sind (Warn-)Signale deines Körpers, die dich darauf hineinweisen, dass gerade etwas nicht in Ordnung ist – wie die Warnleuchte in deinem Auto. Wenn du diese negativen Gefühle nicht wahrnimmst oder unterdrückst, dann ist das so, als wenn du die Warnleuchte deines Autos zuklebst. Einfach die Augen zu schließen, ist kein fürsorglicher Umgang mit dir selbst.

Toxische Positivität suggeriert, dass Glück nur eine Frage der Einstellung sei. Das sehe ich kritisch. Manchmal ist deine Lebenssituation einfach beschissen und du siehst erst einmal nichts Positives. Vielleicht wirst du in der Rückschau in ein paar Monaten oder Jahren positive Aspekte erkennen (das muss jedoch nicht sein), doch in der Situation selbst hat jedes unangenehme Gefühl seine Berechtigung.

„Good vibes only“, „Denk einfach positiv“ oder „Anderen geht es doch viel schlechter“, „Es gibt Schlimmeres“ oder „Alles passiert aus einem bestimmten Grund“ sind Aussagen, die in die Kategorie toxische Positivität fallen und mir häufig in den sozialen Medien begegnen. Diese Aussagen helfen dir und anderen jedoch nicht weiter.

Positiv zu denken ist grundsätzlich eine gute Einstellung. Studien belegen, dass Menschen mit einer positiven Einstellung Krisen besser bewältigen und länger leben. Wenn du jedoch dadurch negative Gefühle unterdrückst, dann schießt du über das Ziel hinaus und gehst nicht fürsorglich mit dir um. Zudem können deine Beziehungen darunter leiden, weil sich dein Gegenüber nicht ernst genommen fühlt, wenn es zu hören bekommt, dass es anderen doch viel schlechter geht, wenn sie in einer Krise stecken. Genauso leidet dein Kontakt zu dir selbst, wenn du deine negativen Gefühle nicht zulässt. Außerdem kann toxische Positivität dich selbst und andere unter Druck setzen.

Zwischen Pessimismus und toxischer Positivität liegt noch der gesunde Mittelweg: Optimismus. Das bedeutet, dass du deine negativen Gefühle nicht beiseiteschiebst, sondern die Hoffnung, dass es besser wird, nicht verlierst. Indem du deine negativen Gefühle erst einmal akzeptierst, kannst du sie aus verschiedenen Blickwinkeln betrachten und annehmen.

Natürlich ist es eine Herausforderung, deine eigenen und die Gefühle des Gegenübers erst einmal auszuhalten, anstatt direkt mit einem gut gemeinten Ratschlag helfen zu wollen. Doch oft willst du sicherlich auch einfach erst einmal deine Situation schildern, anstatt direkt Ratschläge zu erhalten. Wenn also dein:e Freund:innen das nächste Mal von einer unangenehmen Situation erzählen, übe dich darin, Verständnis zu zeigen und deren Gefühle nicht kleinzureden.

Es ist also nichts gegen positives Denken einzuwenden, doch Selbstfürsorge bedeutet, dass du die positiven wie die negativen Gefühle zulässt. Es geht also nicht darum, dass du nur noch positive und angenehme Gefühle spürst, sondern alle Emotionen zulässt.

ÜBUNG: TOXISCHE POSITIVITÄT BEWUSST MACHEN

- Beobachte, wie du dich in Gesprächen verhältst und ob du toxische Sätze verwendest. Dir dessen bewusst zu sein, ist der erste Schritt.
- Lass all deine Gefühle zu und unterdrücke sie nicht. Schreibe sie auf, sprich mit Freund:innen darüber und akzeptiere sie. Du musst keinen Nutzen in der Krise finden.
- Tausche dich mit deinem Umfeld über toxische Positivität aus, sodass ihr alle ein Bewusstsein dafür erhaltet.

Gedanken und Gefühle richtig bewerten

Einen guten Zugang zu deinen Gedanken und Gefühlen zu haben, ist ein wichtiger Bestandteil von Selbstfürsorge. Du hast vielleicht das Gefühl, dass deine Emotionen ohne Grund auftreten und du ihnen hilflos ausgeliefert bist. Wie du eine Situation bewertest oder was du in ihr denkst, hat großen Einfluss auf deine Emotionen.

Ein Beispiel: Drei Freund:innen fliegen zusammen in den Urlaub und warten auf den Abflug. Felicitas freut sich, endlich eine Auszeit von ihrem Job zu haben und sich zu entspannen. Oleg tropft der Schweiß von der Stirn und er hat Angst, dass das Flugzeug abstürzt. Charlotte ärgert sich, dass sie nicht neben den anderen beiden sitzen kann und keinen Fensterplatz bekommen hat.

Du siehst: drei unterschiedliche Emotionen, ein und dieselbe Situation. Felicitas, Oleg und Charlotte bewerten sie unterschiedlich und haben andere Gedanken. Du darfst lernen, dass deine Gedanken deine Emotionen beeinflussen. Wenn du positiv denkst, werden eher positive Emotionen ausgelöst. Denkst du negativ, eher negative.

Emotionen beeinflussen Gedanken

Ebenso beeinflussen deine Emotionen deine Gedanken. Bist du gut gelaunt, weil du gerade eine Gehaltserhöhung bekommen hast, und wartest an diesem Tag im Regen an einer Bushaltestelle, denkst du vielleicht: „Die Natur braucht den Regen. Zum Glück habe ich einen Schirm dabei."

Bist du hingegen schlecht drauf, weil du gerade eine Abmahnung erhalten hast, wird dir vielleicht Folgendes durch den Kopf gehen: „Was ein Mist. Wieso muss es ausgerechnet jetzt regnen? Das Warten nervt mich auch." Du siehst: Deine Grundstimmung hat eine Wirkung auf dein Denken.

Deine Emotionen haben auch Einfluss darauf, wie du deine Umwelt wahrnimmst und bewertest. Bist du z. B. verliebt, nimmst du eventuell nur die positiven Seiten der anderen Person wahr. Wenn du ängstlich bist, siehst du Situationen eher negativ. Wenn du traurig bist, fokussierst du dich auf all das Schlechte und verlierst den Blick auf die positiven Dinge, die passieren.

Automatische Gedanken beeinflussen unsere Bewertungen

Wie du über dich, andere und die Welt denkst, hat Einfluss darauf, wie du mit dir umgehst, und schon sind wir wieder bei deiner Selbstfürsorge. Dein Denken hat Einfluss darauf, wie du eine Situation wahrnimmst, bewertest und dich fühlst. Emotionen werden häufig durch sogenannte automatische Gedanken ausgelöst, die schnell und ohne großen Denkvorgang entstehen. Sie führen zur Bewertung einer Situation und oft zu unkritischen Handlungen.

Du erkennst automatische Gedanken an Signalworten wie „muss, müsste, hätte, könnte, sollte“, „nie, niemals, immer, nie mehr, völlig“, „keine:r, niemand, alle, jede:r“. Hier jedoch zwei ganz wichtige Sätze: „Nur weil du etwas denkst, ist es nicht wahr!“ und: „Du bist nicht deine Gedanken!“

Automatische Gedanken hat jeder Mensch. Das ist ganz normal. Wenn du dich bei ihnen ertappst, kannst du sie durchschauen, hinterfragen und alternative Gedanken entwickeln. Dadurch lässt du dich von deinen Gedanken nicht mehr so schnell beeinflussen und wirst freier.

Eine Patientin kam einmal ganz aufgelöst in die Sitzung, da sie ihren Sohn telefonisch nicht erreichen konnte. Sie dachte, er hätte sicherlich einen Unfall oder Ähnliches und konnte sich keine andere Erklärung vorstellen. Doch was hätte ein alternativer Grund sein können? Zum Beispiel: Sein Handyakku war leer. Oder: Er war am Autofahren und konnte nicht rangehen. Oder: Er hatte das Handy zu Hause vergessen etc.

Zunächst einmal solltest du dir deiner automatischen Gedanken, die oft auf Denkfehlern beruhen, bewusst werden. Beispiele sind: „Meine Freund:innen mögen mich nicht“, „Ich bin wertlos“ oder

„Ich bekomme nichts hin“. Dazu kannst du in Situationen, in denen plötzlich starke Emotionen auftreten oder du Veränderungen in deiner Stimmung oder deinem Verhalten bemerkst, genau in dich hineinspüren und dir folgende Fragen stellen:

- Was ging mir gerade durch den Kopf?
- Könnte ein Denkfehler dahinterstecken?
- Falls ja: Was könnte ich alternativ denken?

Welche Denkfehler gibt es? Ein paar Beispiele:

Katastrophendenken: Du sagst einen schlimmen Ausgang voraus, ohne andere, viel wahrscheinlichere Erklärungen zu berücksichtigen: „Wenn ich einen Fehler mache, wird mir gekündigt.“

Schwarz-Weiß-Denken: Du nimmst nur den besten oder schlimmsten Ausgang an, ohne Graustufen zu berücksichtigen:
„Entweder wird es ein gutes Date oder ich werde nie eine:n Partner:in finden.“

Emotionale Beweisführung: Du schließt aufgrund eines Gefühls, deiner Intuition oder Hypothesen auf die Realität:
„Ich fühle mich wertlos, also ist es wahr“, „Ich spüre, dass mein:e Chef:in mich nicht mag und mir kündigen wird, also ist es wahr.“

Fokus auf das Negative: Du wertest deine Erfahrungen, Leistungen oder Eigenschaften ab oder schreibst sie dem Zufall zu:
„Schön, dass euch das Essen schmeckt, aber das liegt an dem Rezept meiner Mutter und nicht an mir.“

Gedankenlesen: Du vermutest etwas über dein Gegenüber oder was es denkt und überprüfst es nicht:
„Meine Kolleg:innen denken bestimmt, dass ich es nicht drauf habe.“

Personalisieren: Du übernimmst direkt die Verantwortung für negative Geschehnisse, ohne nach anderen Erklärungen zu suchen:

„Mein:e Chef:in hat eben so komisch geschaut. Was habe ich nur falsch gemacht?"

Etikettierung: Du siehst dein Verhalten, deine Eigenschaften oder Erfahrungen als unveränderbar an:
„Ich bin ein:e Versager:in/ein Pechvogel."

Willkürliches Schlussfolgern: Du ziehst deine Schlussfolgerungen aufgrund unvollständiger und einseitiger Informationen:
„Er hat mich nicht gegrüßt. Ich wusste, dass er mich doof findet."

Wenn du an deinem Denken über dich selbst, über andere und die Welt arbeiten möchtest, ist es wichtig, dass du diese automatischen Gedanken erst einmal wahrnimmst und erkennst, bevor du sie verändern kannst. Eine bekannte Psychotherapeutin sagt dazu: „ertappen und umschalten". Mach dir bewusst, dass du deinen Gedanken nicht hilflos ausgeliefert bist. Du kannst frei entscheiden, welche Bedeutung du ihnen beimisst. Nachdem du sie erkannt hast, kannst du dir folgende Fragen stellen:

- Ist der Gedanke wirklich wahr?
- Kannst du dir zu 100 % sicher sein?
- Welche Beweise sprechen dafür?
- Ist der Gedanke hilfreich? Bringt er dich deinem Ziel näher?
- Was spricht gegen den Gedanken?
- Gibt es andere Erklärungen?
- Was würde eine andere Person denken?
- Was würdest du Freund:innen in derselben Situation sagen?

Techniken, um deine Gedanken zu hinterfragen

Hier stelle ich dir ein paar kognitive Techniken vor, die dich dabei unterstützen können, deine automatischen Gedanken zu verändern und fürsorglicher mit dir umzugehen, hier am Beispiel „Mein Kollege Simon mag mich nicht".

Realitätsprüfung: Überlege, wie realistisch deine Gedanken sind. Was spricht dafür? Was dagegen? Welche anderen Erklärungen oder Möglichkeiten könnte es noch geben?
„Was spricht dafür, dass Simon mich nicht mag? Was spricht dagegen?“

Alternative Gedanken: Suche nach alternativen Erklärungen. Welche anderen Erklärungen oder Möglichkeiten könnte es noch geben?
„Könnte Simon vielleicht einen schlechten Tag gehabt haben oder Zoff mit Simone?“

Entkatastrophisieren: Mach dir bewusst, dass die Situation auch ganz normal ist und nicht die Bedeutung hat, die du ihr zuschreibst:
„Ist es nicht ganz normal, dass mich eine Person im Team nicht mag?“

Distanzierung durch Rollenwechsel: Versetze dich in eine andere Person und überlege, wie sie die Situation bewerten würde.
„Was würde meine beste Freundin jetzt darüber denken?“

Die Situation zu Ende denken: Die Bedrohung von Gedanken verliert schnell an Bedeutung, wenn du die Situation zu Ende denkst: Wenn das zutrifft, was ist dann? Und dann? Und dann? Entweder werden die Gedanken harmloser oder du merkst, wie absurd deine Befürchtungen sind:

„Was wäre, wenn Simon mich nicht mag?“ – „Dann würde ich mich schlecht fühlen.“ – „Und was wäre, wenn du dich schlecht fühlst?“ – „Das würde bedeuten, dass Simon und ich keine Freunde werden.“ – „Und das wäre schlimm?“ – „Nein, eigentlich nicht.“

ABC-Modell

In meiner Praxis begegnen mir Menschen, die unsicher sind, eine schlechte Meinung von sich haben, sich selbst erniedrigen oder klein machen. Sie sind ihre eigenen größten Kritiker:innen und lassen kein gutes Haar an sich. Hier gibt es einen großen Zusammenhang zwischen Denken, Fühlen und Handeln, denn deine Gedanken beeinflussen deine Gefühle und dein Verhalten.

Der amerikanische Psychologe Albert Ellis, von dem das Zitat „Es sind nicht die Dinge, die uns beunruhigen, sondern die Meinungen, die wir von den Dingen haben" stammt, entwickelte dafür das ABC-Modell. Er hatte die Annahme, dass eine Situation nicht direkt zu einem Gefühl oder Verhalten führt. A steht für „auslösende Situation" (*activating event*), B für „Bewertung" (*beliefs*) und C für „Konsequenzen" (*consequences*).

Vielleicht hast du es auch schon erlebt, dass eine Person eine kritische Bemerkung gemacht hat und du dich dadurch minderwertig, wertlos oder schlecht gefühlt hast. Wahrscheinlich würdest du sagen, dass die kritische Aussage (A = die auslösende Situation) dazu geführt hat, dass du dich so negativ fühltest (C = Konsequenz). Das würde aber bedeuten, dass alle Menschen sich in dieser Situation so fühlen oder verhalten würden. Dem ist jedoch nicht so. Dem Prinzip fehlt also ein Schritt: B = deine Bewertungen, Gedanken oder Überzeugungen.

Du fühlst dich also nicht aufgrund der Kritik (A) schlecht, sondern weil du denkst: „Die Kritik bedeutet, dass ich wertlos bin" oder „Die Person mag mich nicht" (B). Dann sind deine Gefühle ziemlich nachvollziehbar. Würdest du jedoch denken: „Was bemängelt wurde, stimmt. Daran werde ich zukünftig arbeiten" oder „Ich scheine der Person etwas zu bedeuten, denn sonst hätte sie sich nicht so viele Gedanken gemacht" (B), wirst du dich wahrscheinlich anders fühlen.

Deine Normen, Werte und Vorstellungen, wie eine Situation zu sein hat, sowie vergangene Erfahrungen und Erlebnisse beeinflussen deine Bewertung und Wahrnehmung und haben Auswirkungen auf dein Verhalten. Weitere Beispiele, wie man eine Situation jeweils bewerten kann, siehst du in der Tabelle.

A: auslösende Situation	B: Bewertung	C: Konsequenzen
Dein:e Partner:in trennt sich von dir.	Ich kann ohne ihn/sie nicht leben.	Du fühlst dich deprimiert, verzweifelt, traurig, ziehst dich zu zurück, grübelst.
	Es ist okay und normal, traurig zu sein. Wenn er/sie mich nicht schätzt, dann hat er/sie mich nicht verdient.	Du ärgerst dich, kannst aber zeitnah damit abschließen, triffst dich mehr mit Freund:innen und genießt deine Zeit.
Dein:e Nachbar:in grüßt dich nicht.	Die Person mag mich nicht.	Du bist enttäuscht oder traurig.
	Wahrscheinlich hat er/sie mich nicht gesehen oder war in Gedanken. Vielleicht hat er/sie mich auch nicht gehört.	Du nimmst dir vor, deine:n Nachbar:in beim nächsten Mal selbst zu grüßen oder zu winken.
Du wirst angerempelt.	Ey, was ist das für ein:e Idiot:in. Kann man nicht aufpassen?	Du bist verärgert oder wütend.
	Oh, da ist wohl jemand in Eile oder gestolpert.	Du empfindest Mitgefühl.
Du sollst auf deiner Arbeit einen Vortrag halten.	Ich darf keinen Fehler machen, sonst blamiere ich mich.	Du bist nervös und angespannt.
	Ich freue mich auf diese Herausforderung. Fehler sind menschlich, und wenn sie mir passieren, ist das kein Weltuntergang.	Du bist motiviert und hast eine positive Grundspannung, die dich zu deiner Leistung motiviert.

Das ABC-Modell für mehr Selbstfürsorge anwenden

Ziel der Auseinandersetzung mit deinen Gedanken und Gefühlen ist es, dass du einen besseren Zugang zu dir selbst findest und mitfühlender mit dir umgehst. Fast alle Menschen sind mal mehr, mal weniger von Selbstzweifel, Kritik und eigenen Abwertungen geplagt. Das ist vollkommen normal.

Indem du an deinem „B" arbeitest und es veränderst, kannst du auch deine Reaktion, also „C" verändern.

Das ABC-Modell lässt sich zum ABCDE-Modell erweitern. Indem du deine Bewertungen und automatischen Gedanken disputierst, also hinterfragst (D = *disputation*), kannst du den Inhalt deiner Aussagen überprüfen:

- Entspricht mein Gedanke oder meine Bewertung den Tatsachen? Woher weiß ich das? Was spricht dafür? Was spricht dagegen?
- Ist der Gedanke/die Bewertung hilfreich? Bringt mich das ans Ziel? Hilft er mir dabei, mich so zu fühlen, wie ich mich fühlen möchte?
- Welche alternativen Erklärungen gibt es für diese Situation?

Setzt du dich intensiv damit auseinander, so steht am Ende der Effekt (E = *effect*), den du durch kognitive Umstrukturierung erreichst. Das bedeutet, dass du dir eine andere Sichtweise zu eigen machst:

1. Du identifizierst deine automatischen Gedanken oder Bewertungen.
2. Du hinterfragst sie.
3. Du erarbeitest alternative Gedanken oder Bewertungen.
4. Du übst diese neuen Impulse ein.

Glaubenssätze

Glaubenssätze sind tief sitzende, meist unbewusste Überzeugungen, Annahmen oder Lebensregeln, die du über dich selbst, andere Menschen und die Welt hast. Sie sind eine Art Geschichte, die du dir selbst, aufgrund deiner Erfahrungen, erzählst. Durch die Wiederholungen wird sie deine Wahrheit und beeinflusst dein Denken, Fühlen und Handeln. Diese Annahmen haben großen Einfluss darauf, wie du mit dir selbst umgehst und somit auch auf deine Selbstfürsorge. Du darfst deine Geschichte neu schreiben und die Glaubenssätze hinterfragen. Deine Glaubenssätze sind erst einmal nur Annahme, von denen du glaubst, dass sie wahr sind. Nesibe Özdemir schreibt in ihrem Buch „Was wir glauben, wer wir sind“: „Wir glauben, was wir denken – obwohl unser Denken so vielen Verzerrungen unterliegen kann. [...] Sie entsprechen damit unserer persönlichen Wahrheit. Wir haben diese Wahrheit aber in der Regel nie bewusst gewählt.“

Glaubenssätze sind sehr absolut, verallgemeinernd und enthalten oft „Wenn, dann ...“ Aussagen („Wenn ich erfolgreich bin, dann bin ich wertvoll“) oder Anweisungen („Du darfst/kannst/musst ... (nicht)“).

Zum einen gibt es negative und limitierende Glaubenssätze wie: „Ich muss etwas leisten, um gesehen zu werden“, „Ich bin nicht gut genug“, „Ich werde XYZ niemals erreichen“, „Ich bin zu jung, um ernst genommen zu werden“, „Ich habe zu wenig Erfahrung“, „Ich muss mich erst selbst lieben, bevor ich eine:n Partner:in finde“, „Wenn ich Gefühle zeige, werde ich verletzt“, „Ich brauche niemanden“. Zum anderen gibt es positive Glaubenssätze wie „Ich bin wertvoll“, „Ich darf anderen Menschen vertrauen“, „Ich bin gut so, wie ich bin“, „Ich bin liebenswert“, die dein Leben einfacher und dich zufriedener machen können.

Du kommst nicht mit deinen Glaubenssätzen auf die Welt, sondern sie entwickeln sich zunächst vor allem durch Erfahrungen mit deinen Bezugspersonen in der Kindheit, später auch mit Freund:innen, Lehrer:innen und deinem sozialen Umfeld.

Wächst du bei Bezugspersonen auf, die liebevoll und fürsorglich mit dir umgehen, so entwickelst du positive Annahmen über dich und deinen Wert. Lebst du hingegen bei Fürsorgepersonen, die sich wenig kümmern und dafür mit Desinteresse bis hin zu psychischer und physischer Gewalt handeln, dann entwickelst du eher negative Glaubenssätze. Hast du in deiner Kindheit das Gefühl vermittelt bekommen, nicht gut genug zu sein, so wirst du dies verinnerlichen und im Erwachsenenalter glauben, etwas leisten zu müssen, um Anerkennung zu erhalten. Vielleicht haben dir deine Bezugspersonen auch gewisse Glaubenssätze (durch nonverbale Kommunikation) vorgelebt (z. B. „Die Welt ist ein gefährlicher Ort“, „Anderen Menschen darf man nicht vertrauen“). Möglicherweise haben sich deine Fürsorgepersonen kaum um sich selbst gekümmert, und so konnte bei dir der Glaubenssatz entstehen: „Ich bin es nicht wert, mich gut um mich zu sorgen" – denn du lernst am Modell. Als Kind hinterfragst du die Erwachsenen nicht und übernimmst diese Annahmen. Sie werden deine Wahrheit.

Mit diesen Glaubenssätzen und Annahmen, die du entwickelt hast, begegnest du deinen Mitmenschen und wirst häufig Erfahrungen machen, die zu deinen Glaubenssätzen passen. Dies bestärkt deine Überzeugungen.

Die gute Nachricht ist: Glaubenssätze sind veränderbar und du bist ihnen nicht hilflos ausgeliefert. Die schlechte: Es braucht Zeit und Geduld. Der erste Schritt ist, dass du deine Glaubenssätze erkennst. Das ist nicht immer leicht, denn sie sind dir wahrscheinlich zunächst nicht bewusst.

Frage dich:

- Welche Annahmen hast du über dich selbst?
- Was denkst du über dich?
- Wie denkst du über dein Umfeld und die Welt?

Wenn du deinen Glaubenssatz identifizierst hast, solltest du diese Annahmen hinterfragen:

- Woher stammt dieser Glaubenssatz?
- Welche Erfahrungen hast du gemacht? (Gab es ein einschneidendes Erlebnis/schlechte Erfahrung in der Schule oder im Freundeskreis? Was musstest du dir immer wieder anhören?)

In deiner Vergangenheit war dein Glaubenssatz wahr. Du musstest z. B. etwas leisten, um von deinen Bezugspersonen Anerkennung zu bekommen. Diese Annahme hat dich, dramatisch ausgedrückt, überleben lassen. Nun darfst du dich Folgendes fragen:

- Ist dieser Glaubenssatz heute noch wahr?
- Kannst du dir ganz sicher sein?
- Welche Beweise sprechen dafür?
- Was spricht dagegen?
- Gilt dieser Satz auch jederzeit für alle anderen Menschen?

- Ist dieser Gedanke hilfreich für dich?
- Welchen Nutzen hatte diese Annahme damals für dich?
- Hast du heute noch einen Nutzen davon?

Formuliere deinen Glaubenssatz um. Ich bin keine Freundin davon, sich direkt radikal das Gegenteil, also statt „Ich bin nicht liebenswert“ nun „Ich bin liebenswert“ zu sagen. Da kommt dein Geist nicht so schnell hinterher und das Gefühl sowieso nicht. Besser wäre so etwas wie „Ich habe noch nicht die richtige Person für eine Beziehung gefunden“. Dieser Schritt fällt den meisten Menschen sehr schwer. Hier kann es hilfreich sein, wenn du die Rolle einer anderen Person einnimmst. Was würden deine Freund:innen in derselben Situation denken? Du kannst auch in die Position von berühmten Personen schlüpfen: Was hätte die Queen/Barack Obama/Pippi Langstrumpf gedacht?

Das Umformulieren sollte langsam und Schritt für Schritt geschehen und wird eine ganze Weile Zeit in Anspruch nehmen. Das, was du Jahr(zehnt)e über dich geglaubt hast, wirst du nicht innerhalb weniger Tage verändern und verinnerlichen. Deine Glaubenssätze sind wie eine mindestens vierspurige Gedankenautobahn, denn du denkst und glaubst diese Überzeugungen wahrscheinlich schon sehr lange. Wenn du sie jetzt änderst, dann sind die neuen Gedanken erst einmal ein kleiner Trampelpfad. Aus diesem wird mit der Zeit ein Wanderweg, dann eine Dorfstraße, Landstraße und irgendwann eine Gedankenautobahn, die dann aber auch wachsen und mindestens vierspurig werden darf. Das braucht Zeit und viele Wiederholungen.

Wenn du neue Annahmen für dich entwickelt hast, geht es darum, diese zu verinnerlichen. Mache sie dir immer wieder bewusst, sage sie dir leise wie ein Mantra vor, sprich mit anderen darüber oder klebe dir Post-its in die Wohnung. Du darfst dich jederzeit bewusst dazu entscheiden, deine Glaubenssätze nicht mehr zu glauben und zu verändern.

Positive Glaubenssatzbeispiele sind beispielsweise:

- Ich bin gut so, wie ich bin.
- Ich bin wertvoll.
- Ich werde geliebt.
- Ich traue mir etwas zu.

Selbstmitgefühl: Begegne dir liebevoll

Ein sehr wichtiger weiterer Baustein in deiner Selbstfürsorge und im Umgang mit dir selbst ist das Selbstmitgefühl. Wie sprichst du mit dir? Wie gehst du mir dir um?

Laut der amerikanischen Psychologin Kristin Neff, die viel zu diesem Thema forscht, bedeutet Selbstmitgefühl, dass du verständnisvoll dir gegenüber bist, auch in Situationen, in denen du dich unzulänglich fühlst oder glaubst, versagt zu haben. Wenn du mitfühlend mit dir umgehst, dann begegnest du dir freundlich und wohlwollend, so wie du Freund:innen behandeln würdest. Du bist dir darüber bewusst, dass Fehler, Schwächen und negative Erfahrungen zum Menschsein dazugehören und dich so mit allen anderen Menschen verbinden. Indem du deine negativen Gedanken und Gefühle akzeptierst, gehst du liebevoll mit dir um und begegnest dir mit Nachsicht. Selbstmitgefühl hat drei Komponenten: *Self-Kindness* (Selbstfreundlichkeit), *Common Humanity* (geteilte Menschlichkeit) und *Mindfulness* (Achtsamkeit).

SELBSTMITGEFÜHL

- *Self-Kindness* (Selbstfreundlichkeit): die Fähigkeit, dir mit deinen Fehlern liebevoll, mitfühlend und mit Güte, Geduld und Verständnis zu begegnen
- *Common Humanity* (geteilte Menschlichkeit): das Bewusstsein darüber, dass belastende Erfahrungen zum Menschsein dazugehören und dich nicht von anderen Menschen unterscheiden
- *Mindfulness* (Achtsamkeit): der achtsame Umgang und die Akzeptanz, deine Emotionen und Gedanken nicht zu unterdrücken oder dich übermäßig mit ihnen zu beschäftigen

Vielleicht befürchtest du, dass es dich schwach macht, wenn du mit Niederlagen freundlich umgehst, doch Mitgefühl kann dich dabei unterstützen, mit unangenehmen Emotionen und Situationen besser umzugehen, und lässt dich Belastungen besser meistern. Das ist Selbstfürsorge.

Fehlt es dir an Selbstmitgefühl, so wertest du dich oft kritisch ab, redest negativ mit dir und hast utopische Leistungsanforderungen an dich. Diese Selbstkritik oder Selbstabwertungen laufen in der Regel automatisch ab. Wenn du dein selbstbezogenes Mitgefühl stärkst, wirst du liebevoller mit dir und deinen Emotionen umgehen. Stell dir folgende Situationen vor:

Situation 1: Du bist mit deinen Freund:innen zu einem Spieleabend verabredet und jede:r wollte ein Spiel mitbringen. Du hattest einen stressigen Tag. Als du aus dem Auto aussteigst, bemerkst du, dass du dein Lieblingsspiel auf dem Küchentisch vergessen hast.

- Was denkst du über dich?
- Was sagt deine innere Stimme zu dir?
- Welche Emotionen nimmst du wahr?

Situation 2: Du bist mit deinen Freund:innen zu einem Spieleabend verabredet und jede:r wollte ein Spiel mitbringen. Ein:e Freund:in hatte einen stressigen Tag. Als er oder sie aus dem Auto aussteigt, bemerkt er oder sie, dass das Lieblingsspiel noch auf dem Küchentisch liegt. Dein:e Freund:in macht sich große Vorwürfe und wertet sich ab.

- Was denkst du über diese:n Freund:in?
- Was würdest du ihr oder ihm sagen?

Gibt es Unterschiede in deinen Antworten? Genau das macht Selbstmitgefühl aus. Du wirst wahrscheinlich bemerkt haben, dass du sehr viel härter und kritischer mit dir ins Gericht gegangen bist („Das kann auch nur mir passieren“, „Wie dumm bin ich eigentlich?“, „Nicht einmal das bekomme ich hin“), was unangenehme Emotionen ausgelöst hat. Deiner:m Freund:in gegenüber bist du wahrscheinlich mit sehr viel mehr Nachsicht und Mitgefühl begegnet („Das kann jedem mal passieren“, „Ist nicht so schlimm, wir haben noch andere Spiele“).

REFLEXIONSFRAGEN

- Wie sieht es mit deinem Selbstmitgefühl aus?
- In welchen Situationen bist du härter zu dir selbst als zu anderen?
- Wo fällt es dir leichter, dir mitfühlend zu begegnen?
- Gibt es Situationen, in denen du dich hart verurteilst oder schlecht mit dir umgehst?
- Wie sprichst du mit dir selbst, wenn es gerade schwer/zu viel/belastend ist?
- Gibt es Situationen, in denen du dich hart kritisierst?

Vielleicht gehörst du zu den Menschen, die Selbstmitgefühl mit Selbstmitleid gleichsetzen. Letzteres bedeutet jedoch, dass du dich in deinem Leid suhlst und es dir immer wieder vor Augen führst, anstatt wertschätzend mit dir umzugehen. Du beschäftigst dich dann nur mit deinem Schicksal und der Ungerechtigkeit, die dir widerfahren ist, was deine negativen Emotionen nur verstärkt. Durch Selbstmitgefühl nimmst du diese Gefühle wahr, gibst ihnen Raum, fühlst mit dir mit und übernimmst gleichzeitig Verantwortung für dich. So befreist du dich aus deiner Opferrolle und Passivität und kannst nach vorne schauen.

Für mich ist Selbstmitgefühl der Inbegriff von Selbstfürsorge. Wenn du dich selbst nicht abwertest, stattdessen liebevoll mit dir sprichst und dir ein:e gute:r Freund:in wirst, dann wird dir vieles, was Selbstfürsorge außerdem bedeutet, leichter fallen, denn du weißt, wofür du dies alles tust. Für *dich* – den wichtigsten Menschen in deinem Leben.

Selbstmitgefühl üben

Tagebuch

Führe Tagebuch und notiere dir über eine Woche lang all deine selbstabwertenden und kritisierenden Gedanken. Schreibe immer dazu, wodurch diese Gedanken ausgelöst wurden.

Wenn du dir diese Liste erarbeitet hast, kannst du dir liebevolle, wohlwollende, mitfühlende Gedanken formulieren. Hier kann es dir helfen, wenn du dich fragst, was du nahestehenden Personen in derselben Situation sagen würdest.

Beispiele:

- Ich habe mich bei XY wirklich bemüht.
- Fehler gehören zum Menschsein dazu. Ich versuche, dies zu akzeptieren.
- Das kann jedem mal passieren.
- Es ist okay, dass ich enttäuscht/wütend/traurig bin. Dieses Gefühl darf sein.
- Ich versuche, meinen Gefühlen mit Offenheit und Neugierde zu begegnen.

Verinnerliche diese Sätze, um sie in dein Denken zu integrieren.

Die Augen deiner Freund:innen

Versuche mit dir selbst so umzugehen, wie du es mit Freund:innen tun würdest. Stell dir vor, dass ein:e Freund:in in der gleichen Situation ist, in der du dich aktuell befindest. Beschreibe die Lage nun mit liebevollen, mitfühlenden und wohlwollenden Worten.

- Welche Schwächen nimmt die Person gerade wahr?
- Unter welchen kritischen Beschimpfungen leidet sie gerade?
- Was tut sie, um mit den Gefühlen zurechtzukommen?
- Welche Emotionen nimmt sie gerade wahr?
- Welches Bedürfnis hat sie?
- Welche Stärken hat die Person?

Frage dich am Ende, was du deinem bzw. deiner Freund:in für einen Ratschlag geben und was du der Person wünschen würdest.

Achtsamkeit

Vielleicht ertappst du dich dabei, wie du mit deinen Gedanken ständig in der Vergangenheit oder Zukunft bist und dir Sorgen machst. Oder dein Gedankenkarussell ist allzeit aktiv. Dahinter steckt oft die Hoffnung, durch viele Gedanken die (perfekte) Lösung zu finden. Das tut deiner Selbstfürsorge in der Regel nicht gut. Hier kann dir die Achtsamkeit helfen. Sie beinhaltet die innere Haltung, dass du dich komplett auf eine Sache, ein Gefühl oder einen Gedanken konzentrierst, ohne zu hinterfragen, zu bewerten, an Gedanken festzuhalten oder den Wunsch, etwas zu verändern. Es ist eine besondere Form der Aufmerksamkeitslenkung, in der du dich nicht wertend auf den aktuellen Moment fokussierst.

Man unterscheidet innere und äußere Achtsamkeit. Erstere beinhaltet die Wahrnehmung deiner inneren Vorgänge wie Gedanken, Emotionen oder Körperempfindungen. Letztere meint die Fokussierung auf alles, was deine fünf Sinne wahrnehmen. Es geht darum, bewertungsfrei zu sehen, hören, fühlen, riechen und zu schmecken. Äußere Achtsamkeit wird dir wahrscheinlich leichter fallen, als dich auf deine Emotionen, Körperempfindungen und Gedanken wertfrei zu konzentrieren. Innere wie auch äußere Achtsamkeit können dir jedoch helfen, Stress zu reduzieren.

Manchmal geschehen in deinem Leben Dinge, auf die du keinen Einfluss hast. Du hast belastende Gedanken oder Gefühle oder unangenehme Körperempfindungen. Innere Achtsamkeit kann dich dabei unterstützen, z. B. Emotionen nicht direkt (negativ) zu bewerten und dich von deinem Gefühl zu distanzieren. So kannst du eine akzeptierende Haltung einnehmen, ohne dich von deinen Gedanken leiten zu lassen. Du nimmst also beispielsweise das Gefühl von Einsamkeit wahr und machst dir bewusst, dass es weder gut noch schlecht ist. Du musst nichts dagegen tun, sondern nimmst es einfach wahr und distanzierst dich von dem Gefühl. Dies bringt dich in die Lage, das Gefühl aus der Distanz zu betrachten, es zu verstehen und angemessen zu handeln.

Achtsamkeit führt dazu, dass du automatische und erlernte Denkmuster und Verhaltensweisen erkennen kannst. Wenn du das erste Mal versuchst, dich in Achtsamkeit zu üben, dann wirst du wahrscheinlich erst einmal an deine Grenzen stoßen. Es ist ganz normal, dass deine Gedanken zu Beginn immer wieder abschweifen. Hier gilt es, auch dies nicht zu bewerten, sondern wahrzunehmen. Betrachte das Abschweifen als ganz normalen Prozess der Achtsamkeit und übe einfach weiter. Zurückfokussierung auf deine Sinne und weiter geht es im Üben deiner Achtsamkeit.

ÜBUNG 1: ÄUSSERE ACHTSAMKEIT

- Setze dich bequem hin. Wähle einen deiner fünf Sinne (Hören, Sehen, Fühlen, Riechen, Schmecken) aus, auf den du dich konzentrieren möchtest.
- Nehme nun alles wahr, was du bemerkst. Bewerte nicht. Hinterfrage nicht. Verändere nichts. Bleibe in diesem Moment.
- Wenn du mit deinen Gedanken abschweifst, bewerte das nicht, sondern kehre liebevoll zu deiner Ausgangssituation zurück.

Es ist vollkommen normal, wenn du dich zunächst überhaupt nicht entspannt fühlst und vielleicht sogar Anspannung wahrnimmst. Sei mitfühlend mit dir: Dies ist eine neue und ungewohnte Situation.

ÜBUNG 2: INNERE ACHTSAMKEIT

- Atme ein paarmal tief ein und aus. Stell dir vor, du gehst ein paar Schritte zurück und beobachtest von außen, was in dir gerade geschieht.
- Nimm all deine Gedanken, Emotionen und Körperempfindungen wahr. Sie sind weder gut noch schlecht. Akzeptiere alles, was kommt, ohne es zu bewerten oder zu hinterfragen.
- Bleibe im Hier und Jetzt.

ÜBUNG 3: ACHTSAME GEDANKENERFORSCHUNG

- Nimm jeden deiner Gedanken bewusst wahr. Heiße sie willkommen.
- Stelle durch Achtsamkeit Distanz zu ihnen her.
- Mach dir bewusst: „Ich habe den Gedanken. Ich bin nicht der Gedanke."
- Sage dir: „Ich habe gerade den Gedanken, dass ..."

Mit Achtsamkeitsübungen lässt sich ein ganzes Buch füllen. Du kannst dir auch jederzeit und überall eigene Übungen ausdenken, wenn du die Prinzipien der achtsamen Wahrnehmung von Gunar Eismann und Claas-Hinrich Lammers beachtest.

- Objekt deiner Achtsamkeit: Wähle eine Tätigkeit mit den körperlichen Empfindungen, Dinge in deiner Umgebung oder in dir selbst aus, auf die du deine Aufmerksamkeit legen möchtest.
- Wahrnehmen: Gehe in die Beobachter:innenperspektive und sei bereit, dich für alle Wahrnehmungen und Empfindungen zu öffnen. Sei offen für alle Eindrücke.
- Akzeptieren: Du akzeptierst und führst keine aktiven Veränderungen herbei. Akzeptiere, ohne zu handeln oder etwas zu verändern. Akzeptanz bedeutet übrigens nicht das, was du wahrnimmst, gutzuheißen, sondern erst einmal nur, es wahrzunehmen, ohne es zu verändern.
- Beschreiben: Du beschreibst, ohne zu bewerten, was du wahrnimmst („Da ist ..." „Ich sehe/höre/rieche/fühle/schmecke ..."). Beschreibe, ohne zu bewerten.
- Teilnehmen: Du bleibst im Hier und Jetzt und schweifst mit deinen Gedanken nicht in die Vergangenheit oder Zukunft ab.

Wenn du dich mehr mit dem Thema Achtsamkeit beschäftigen möchtest, empfehle ich dir, dich über die Achtsamkeitsbasierte Stressreduktion (*Mindfulness-Based Stress Reduction, MBSR*) von Jon Kabat-Zinn zu informieren.

Entscheidungen selbst treffen

Ein weiterer Baustein deiner Selbstfürsorge ist es, dass du Entscheidungen triffst, statt dass sie für dich getroffen werden. Wie oft bekomme ich von meinen Patient:innen Fragen wie: „Was soll ich machen?“ oder „Was würden Sie machen/mir raten?“. Es geht nicht darum, dass ich die Lösung präsentiere, sondern darum, dass die Patient:innen selbst lernen, Entscheidungen zu treffen. Natürlich schauen wir meist gemeinsam, welche Möglichkeiten es gibt, doch entscheiden muss die Person selbst.

Oft steckt hinter diesen Fragen die Sorge, eine falsche Entscheidung zu treffen. Vielleicht erkennst du dich darin auch wieder. Du hast eine Vielzahl von Möglichkeiten, wirst von Optionen und Variationen überrannt und weißt gar nicht, was du möchtest, ein bisschen so wie vor dem Kühlregal im Supermarkt, wenn du aus zwei Dutzend Joghurtsorten wählen sollst. Das ist der „Too much choice“-Effekt: Studien konnten zeigen, dass Menschen umso unglücklicher werden, je mehr Entscheidungsmöglichkeiten sie haben. Zu viele Wahlmöglichkeiten überfordern und lösen Stress aus. Genauso zeigen Studien aber auch, dass wir uns besser fühlen, wenn wir uns letztendlich entschieden haben. Vielleicht kennst du das auch: Es fällt dir eine Last von den Schultern. Doch warum ist das so?

Je mehr Möglichkeiten du hast, desto größer ist auch die (scheinbare) Wahrscheinlichkeit, eine „falsche“ Entscheidung zu treffen. Falls du perfektionistisch veranlagt bist, machst du dir da wahrscheinlich besonders viele Gedanken. Du möchtest nichts verpassen, keinen Fehler machen und durchdenkst deshalb Entscheidungen immer und immer wieder. Was dann häufig geschieht: Es werden *keine* Entscheidungen getroffen. Doch wenn du keine Entscheidung triffst, dann ist das eben auch eine Entscheidung.

Es gibt meiner Meinung nach keine falschen Entscheidungen, sondern nur Erfahrungen, aus denen du lernen kannst. Am Ende des Lebens bereuen die meisten Menschen nicht ihre „falschen“ Entscheidungen, sondern die Entscheidungen, die sie nicht getroffen haben. Das beschreibt Bronnie Ware auch ausführlich in ihrem Buch „Fünf

Dinge, die Sterbende am meisten bereuen". Wenn du beispielsweise unglücklich in deinem Job bist, dich jedoch täglich zur Arbeit quälst, weil du Sorge hast, die falsche Entscheidung zu treffen, wenn du kündigst, dann wirst du es auf deinem Sterbebett wahrscheinlich bereuen, dass du dich nicht für eine neue Arbeitsstelle entschieden hast. Oder du bist unglücklich in deiner Beziehung, hast jedoch Angst vor einer Trennung und dem Alleinsein. Am Lebensende wirst du dich vielleicht fragen, ob nicht doch ein:e andere:r Partner:in auf dich gewartet hätte. Viele Menschen bedauern es am Lebensende, dass sie nicht den Mut hatten, ihr eigenes Leben zu leben, ihre Gefühle auszudrücken oder sich nicht erlaubt haben, glücklich zu sein. Du triffst täglich die Entscheidungen, die dein weiteres Leben beeinflussen.

Vielleicht fällt es dir schwer, dich für eine Sache zu entscheiden, denn ein Ja zu einer Sache ist gleichzeitig ein Nein zu einer anderen. Das hat natürlich Konsequenzen, mit denen du leben musst. Außerdem: Wenn du nicht entscheidest, was dir in deinem Leben wichtig ist, dann werden andere für dich entscheiden. So sagte schon der US-Politiker Benjamin Franklin: „Die schlimmste Entscheidung ist die Unentschlossenheit."

Was für deine Freund:innen richtig ist, muss nicht für dich stimmig sein. Deine persönlichen, beruflichen, kurz- und langfristigen Ziele müssen zu dir passen und zu niemand anderem. Übernimmst du die Anforderungen deines Umfelds, kann es passieren, dass du das Leben der anderen und nicht dein eigenes führst.

Du wirst dich, wenn du mehr Selbstfürsorge in dein Leben einziehen lassen möchtest, vermehrt entscheiden müssen. Vielleicht gehörst du zu den Menschen, die eine Entscheidungen treffen und dann immer wieder hinterfragen. Mach dir bewusst, dass du deinen Entschluss bewusst getroffen hast, nachdem du beispielsweise Informationen gesammelt, eine Pro- und Contraliste gemacht und ausgiebig nachgedacht hast. Da kann es dir helfen, wenn du einen für dich stimmigen Satz wie z. B. „Ich habe meine Entscheidung bewusst getroffen, ich vertraue mir und hinterfrage nicht weiter" sagst.

Lass außerdem die anderen Optionen los, denn du hast dich nun einmal entschieden, beispielsweise nicht zu einer Geburtstagsparty zu gehen. In deiner Fantasie malst du dir nun vielleicht aus, wie viel Spaß deine Freund:innen haben und was du alles verpassen wirst. Du hast dich aber aus dem Grund, dass du eine Pause brauchst, dagegen entschieden und weißt tief im Inneren, dass du es jetzt brauchst, mit deinem Lieblingseis deine neuste Serie auf der Couch zu schauen.

Um eine gute Entscheidung zu treffen, kannst du das 10-10-10-Modell von Suzy Welch anwenden und dich fragen, wie es dir mit diesem Entschluss in zehn Tagen, zehn Monaten oder zehn Jahren fühlen wirst. Es ist ein Gedankenexperiment, bei dem du bemerken wirst, dass du den Einfluss deiner Wahl oft zu hoch bewertest und dich in zehn Jahren gar nicht mehr daran erinnern wirst, dass du auf der besagten Feier nicht anwesend warst.

Wenn du dich rein gar nicht entscheiden kannst, ob du z. B. deinen Job kündigen sollst, weil du dort unglücklich bist, obwohl du mit deinem Umfeld gesprochen, eine Pro- und Contraliste gemacht und eine Zeit darüber geschlafen hast, kannst du auch eine Münze werfen. Kopf wäre in diesem Beispiel dann „Job behalten“, Zahl wäre „kündigen“. Schließe die Augen, wirf die Münze und spüre genau nach, welchen Ausgang du dir wünscht und was dein Gefühl dir sagt. Unterbewusst tendierst du nämlich meist schon zu einer Option und traust dich nur nicht, die Entscheidung zu treffen. Was dann letztendlich die Münze sagt, ist ganz egal, denn du wirst wahrscheinlich eine Tendenz verspürt haben. Wenn nicht, kannst du die Wahl der Münze befolgen.

Dich für dich, deine Bedürfnisse und Selbstfürsorge zu entscheiden, ist nicht immer leicht. Es wird dich mit der Zeit aber mehr zu dir selbst führen und dich zufriedener machen.

REFLEXIONSFRAGEN

- Fällt es dir schwer, dich zu entscheiden?
- Was könnte schlimmstenfalls passieren?
- Warum möchtest du dich entscheiden, ab jetzt besser auf dich zu achten und Selbstfürsorge zu betreiben?
- In welchen Bereichen ist es dir besonders wichtig?
- Was hält dich bisher davon ab, dich besser um dich zu sorgen?

Wertekonform leben

Selbstfürsorge bedeutet auch, dass du dich mit deinen Werten auseinandersetzt und im besten Fall nach ihnen lebst. Was meine ich damit? Werte sind Überzeugungen und Eigenschaften, die du als wichtig erachtest und ethisch und moralisch als gut empfindest. Sie beziehen sich auf das, was deinem Leben Sinn und Bedeutung verleiht. Werte sind eine Art Wegweiser für dein Leben, helfen dir dabei, Entscheidungen zu treffen und ein erfülltes Leben zu führen.

Deine Werte spiegeln sich zum Teil in deinen Glaubenssätzen, Verhaltensweisen, Eigenschaften, Vorlieben und Abneigungen wider. Werte können dich leiten, wenn du vor einer schweren Entscheidung stehst, und geben dir Orientierung, um durchs Leben zu gehen. Sie sind immer da, so wie die Sterne, auch wenn du sie gerade nicht siehst.

Bist du dir deiner Werte bewusst, so bist du weniger beeinflussbar, weil du klar weißt, welche Vorgaben dir im Leben wichtig sind. Du wirst dich seltener schuldig fühlen oder Scham empfinden. Das Gefühl, die eigenen Werte zu missachten, kann belastend sein und sich auf dein Wohlbefinden und deine Selbstfürsorge auswirken.

Wenn du wertekonform lebst

Wertekonform zu leben, führt dich zu mehr Authentizität und du wirst dich weniger von den Meinungen anderer beeinflussen lassen. Du gehst dem nach, was dir wichtig ist und was dich bewegt. Deine Werte können dir zudem bei schwierigen Entscheidungen helfen, denn sie geben dir Orientierung und Sicherheit. Doch sie fallen nicht vom Himmel und es bedarf Zeit und Gedanken, wenn du dir deiner individuellen Werte bewusst werden möchtest.

So könntest du dich z. B. selbstständig machen, weil dir Freiheit ein wichtiger Wert ist, oder du wirst dich aus einer Beziehung lösen, wenn du betrogen wurdest, da Treue für dich wichtig ist. Wenn deine Freund:innen im nächsten Sommer gerne nach Spanien fliegen wollen und deine Werte Nachhaltigkeit und Klimaschutz sind, wirst du vielleicht ein anderes Reiseziel, die Anreise mit dem Zug vorschlagen oder möglicherweise absagen. Wenn du die Möglichkeit auf eine

Geschäftsreise mit tollen Karrierechancen hast, dein:e Partner:in jedoch gerade in einer Krise steckt, wird es einen Unterschied machen, ob dir der Wert Karriere oder Beziehung wichtiger ist. Sind Gerechtigkeit und Toleranz für dich bedeutsam, so wirst du zukünftig vielleicht nicht im Büro beim Lästern mitmachen. Wenn Selbstfürsorge ein wichtiger Wert für dich ist, dann wirst du Verabredungen eher absagen, um dir Zeit für dich zu nehmen, wenn du eine Auszeit benötigst.

Wenn du dich mit deinen Werten auseinandersetzt, ist es wichtig, dass du zwischen deinen und denen der Gesellschaft unterscheidest. Zum einen bist du in einer Gesellschaft aufgewachsen, die gewisse Werte lebt. Zum anderen haben deine Bezugspersonen dich nach gewissen Werten erzogen. Jetzt bist du erwachsen und dein Umfeld hat durch die eigene Prägung noch einmal andere Werte. Horche also tief in dich hinein, ob es deine Wertvorstellungen sind oder du sie etwa von deinem Onkel übernommen hast.

Es wird vorkommen, dass sich deine Wertvorstellungen in deinen unterschiedlichen Rollen widersprechen oder gleichzeitig aktiv sind. Denn du bist Arbeitnehmer:in, Freund:in, Sohn oder Tochter, Vorgesetzte:r etc. Wenn dir Erfolg im Job ein wichtiger Wert ist, gleichzeitig Zuverlässigkeit in Freundschaften von Bedeutung ist, wirst du in einen Konflikt kommen, wenn dein:e Chef:in von dir bis morgen eine Präsentation fordert, dein:e Freund:in jedoch Liebeskummer hat und um Gesellschaft bittet. Nun heißt es abwägen und Prioritäten setzen.

Um deine Werte unter einen Hut zu bekommen, kannst du Kompromisse schließen. So kannst du dich beispielsweise zu deinen Arbeitszeiten auf deinen Job fokussieren, dafür aber keine Überstunden machen und für dein Umfeld da sein.

Was dir wichtig ist, kann sich im Laufe deines Lebens verändern, denn auch deine Lebenssituation wandelt sich. Deshalb kannst du dich regelmäßig immer wieder einmal hinsetzen und deine Werte hinterfragen. Sind sie noch aktuell? Hat sich etwas verändert?

Wenn du wertekonform lebst, wirst du mit Widrigkeiten und schwierigen Umständen besser zurechtkommen. Liebst du die Freiheit, wirst du mit Schwierigkeiten auf deiner Weltreise besser zurechtkommen als jemand, dem Sicherheit wichtig ist und der ungern reist. Ist die Familie ein wichtiger Wert, kannst du mit dem Familienstress besser umgehen als jemand, der eigentlich keine Kinder wollte. Für all das ist es wichtig, dass du deine Werte kennst.

ÜBUNG: FINDE DEINE WERTE

Nimm dir Zettel und Stift und ausreichend Zeit. Stelle dir folgende Fragen:

- Was ist dir im Leben, im Umgang mit dir und anderen Menschen wichtig?
- Für welche Eigenschaften möchtest du Wertschätzung, Respekt oder Anerkennung erhalten?
- Wofür möchtest du dich einsetzen?
- Welche Einstellungen, Eigenschaften und Überzeugungen sind für dich bedeutsam?
- Nach welchen Grundsätzen lebst du/möchtest du leben?
- Was möchtest du anderen Menschen vorleben?

Beantworte die Fragen unabhängig davon, was du glaubst, dass sozial erwünscht ist, sondern finde die Antworten, die sich für dich stimmig anfühlen. Stelle dir vor, dass das Leben eine Reise ist und deine Werte dein Rüstzeug. Du kannst nicht alle mitnehmen. Also frage dich, auf welche du auf deiner Reise am ehesten verzichten kannst.

Lies dir nun die unten stehende Liste laut vor und spüre, was die Begriffe mit dir machen. Schreibe dir anschließend maximal 15 Werte untereinander heraus. Wäge nun den ersten mit dem zweiten Begriff ab: Welcher ist dir wichtiger? Derjenige bekommt nun einen Strich. Dann vergleichst du den ersten Wert mit dem dritten, vierten etc. bis zum letzten Wert und machst jeweils bei dem, der für dich wichtiger erscheint, einen Schritt. Das wiederholst du anschließend für alle anderen Werte.

Die fünf Werte, die die meisten Striche haben, sind deine Basiswerte. Du kannst selbstverständlich noch einmal in dich hineinfühlen, ob das für dich stimmig ist. Falls du dich damit noch unwohl fühlst, kannst du die Werte auch austauschen.

Wenn du deine Top-5-Werte herausgearbeitet hast, frage dich:

- Lebst du aktuell deine Werte?
- Welche werden verletzt?
- Wie könntest du dies verändern?
- Welche Werte hast du anerzogen bekommen und möchtest du sie loslassen?

Nun solltest du sie in deinen Alltag integrieren, dir immer wieder bewusst machen und dich bei (wichtigen) Entscheidungen fragen, ob diese mit deinen Werten übereinstimmen. Überlege dir, wie du deine Werte mehr einbringen kannst. Schreibe sie auf Post-its und klebe sie an deinen PC oder entwerfe einen Handyhintergrund mit den Begriffen.

Werte

Abenteuer, Abwechslung, Achtsamkeit, Akzeptanz, Anerkennung, Anpassungsfähigkeit, Aussehen, Authentizität, Ästhetik

Balance, Begeisterung, Beharrlichkeit, Beliebtheit, Berühmtheit, Bescheidenheit, Bescheidenheit, Bewegung, Bewusstheit, Beziehung, Bildung,

Dankbarkeit, Diskretion, Disziplin

Echtheit, Effizienz, Ehrlichkeit, Einfallsreichtum, Einzigartigkeit, Empathie, Engagement, Entspannung, Erfolg, Erleuchtung, Ernährung, Erotik

Familie, Fantasie, Feinfühligkeit, Flexibilität, Freiheit, Freunde, Freundlichkeit, Friedfertigkeit, Fröhlichkeit, Fülle, Furchtlosigkeit

Geduld, Gelassenheit, Genauigkeit, Genialität, Genuss, Gerechtigkeit, Gesundheit, Gewaltfreiheit, Glaube, Glaubwürdigkeit, Grandiosität, Großzügigkeit

Harmonie, Heimat, Heilung, Herzlichkeit, Hilfsbereitschaft, Humor

Individualität, Integrität, Intelligenz, Intuition

Klarheit, Klimaschutz, Kompetenz, Kompromissbereitschaft, Kooperation, Kreativität, Kritikfähigkeit, kritisches Denken

Lebendigkeit, Leichtigkeit, Leidenschaft, Leistungsfähigkeit, Lernbereitschaft, Liebe, Logik, Loyalität, Lust, Luxus

Menschlichkeit, Minimalismus, Mitgefühl, Mut

Nachhaltigkeit, Nächstenliebe, Nähe, Naturverbundenheit, Neidlosigkeit, Neugierde,

Objektivität, Offenheit, Optimismus, Ordnung

Pflichtbewusstsein, Professionalität

Rationalität, Realismus, Redegewandtheit, Reichtum, Reife, Reiselust, Religiosität, Respekt, Risikobercitschaft

Sanftmut, Selbstachtung, Selbstbestimmung, Selbsterkenntnis, Selbstliebe, Selbstmitgefühl, Selbstbestimmung, Sensibilität, Selbstfürsorge, Selbstständigkeit, Selbstwert, Sex, Schönheit, Sicherheit, Sinn, Solidarität, Spaß, Spiritualität, Status

Tierliebe, Toleranz, Tradition, Transparenz, Treue

Umsicht, Unabhängigkeit, Überblick

Verantwortung, Verbundenheit, Verlässlichkeit, Vernunft, Vertrauen, Vision, Vitalität

Weisheit, Wertschätzung, Wissen, Wohlstand, Wohlwollen, Würde

Zivilcourage, Zufriedenheit, Zugehörigkeit, Zuverlässigkeit, Zuversicht

Geistig wachsen

Selbstfürsorge bedeutet für mich auch, dass wir im Leben nicht stehenbleiben. Damit meine ich nicht das utopische Streben nach immer mehr, sondern dass du dich in deiner Haltung zu dir selbst weiterentwickelst. Dazu gehört auch, dass du deinen Geist fütterst, etwas Neues lernst oder ausprobierst. Deshalb sind für mich, die ich viel beschäftigt bin, Hörbücher eine großartige Erfindung. Ich habe oft Kopfhörer in den Ohren und höre Podcasts oder Hörbücher. So kann ich gleichzeitig spazieren gehen, aufräumen, putzen oder kochen und mich auf den neusten Stand bringen oder mich weiterbilden. Selbstverständlich nehme ich mir auch mal bewusst Zeit, um ein Buch auf der Couch zu lesen, doch bei all den Büchern, die ich gerne lesen würde, könnte ich dann nicht mehr in der Praxis arbeiten.

Indem du deinen Geist fütterst und neue Informationen oder Erkenntnisse bekommst, passt du deine Denk- und Verhaltensweisen an und erweiterst dein Wissen und deine Fähigkeiten. Das hat Einfluss auf deine Persönlichkeit, die sich individuell entfalten kann. Beispielsweise fütterst du deinen Geist und lernst neue Dinge, die du hoffentlich umsetzen wirst, indem du dieses Buch liest.

Wenn du deine Komfortzone verlässt und bewusst etwas zum ersten Mal oder anders machst, wirst du ebenfalls wachsen. In deiner Komfortzone fühlst du dich sicher und deine Handlungen fallen dir leicht. Doch so ist Weiterentwicklung kaum möglich. Stelle dich einer Herausforderung, die vielleicht sogar eine Überwindung ist, denn so lernst und wächst du und machst neue Erfahrungen.

So kannst du dir z. B. durch Lesen neue Sichtweisen näherbringen. Das geht nicht nur mit Sachbüchern, dazu eignen sich auch Romane oder Krimis, in denen du in eine andere Welt abtauchen kannst. Du erlebst die Welt der Protagonist:innen und lernst neue Perspektiven kennen. Durch Bücher kannst du diverse Themen vielfältiger betrachten, unterschiedliche Informationen bekommen und zur Ruhe kommen. Wichtig ist, dass du deine Sichtweise immer wieder kritisch hinterfragst und auch andere Meinungen akzeptierst. So erweiterst du dein Wissen und deine Toleranz. Auch das ist Selbstfürsorge.

Nun fragst du dich vielleicht, wo du anfangen sollst. Mach dir eine Liste mit den Bereichen, die dich interessieren und von denen du gerne mehr wissen möchtest. Leg dir Ziele fest oder notiere Bücher, die du unbedingt lesen möchtest. Schau, ob du sie gebraucht erwerben kannst oder ob sie in der nächsten Bücherei vorrätig sind.

Ideen für dein persönliches Wachstum

- Lies oder höre Bücher, Zeitungen, Zeitschriften und Podcasts, die dich interessieren.
- Lerne eine neue Sprache (hier gibt es mittlerweile tolle Apps).
- Übe dich in gewaltfreier Kommunikation (dazu später mehr).
- Bilde dich in einem Entspannungsverfahren fort.
- Lerne, besser mit Vorgesetzten zu verhandeln.
- Übe dich in Atemtechniken und lies darüber.
- Mach eine Fortbildung in einem für dich wichtigen Thema (beruflich oder privat).
- Informiere dich zum Thema Finanzen und Altersvorsorge.
- Besuche einen Workshop, der dich interessiert.

3 SORGE DICH GUT UM DEINE SEELE

Darum ist es wichtig, dass du auf dich achtest

Eine Studie der Techniker Krankenkasse aus dem Jahr 2021 zeigt, dass die Menschen immer gestresster sind. Während der Coronapandemie gab jede:r Zweite:r an, seit der Pandemie mehr Stress zu empfinden. Wenn du also auch schwer entspannen kannst, von Termin zu Termin hetzt und nicht weißt, wie du all deine Aufgaben erledigen sollst, dann bist du in guter Gesellschaft.

Stress ist die körperliche und psychische Reaktion auf eine Belastung durch gewisse Stressoren. Dies sind Reize, z. B. ein Konflikt oder zu viele Aufgaben und Termine.

Stress kann positiv und negativ sein

Der Begriff „Stress“ ist in unserer Gesellschaft erst einmal negativ konnotiert. Dabei unterscheidet man zwischen dem positiven Eustress, der zur Steigerung von Konzentration und Leistungsfähigkeit führt, und dem negativen Disstress, der zu Konzentrationsstörungen, Anspannung, Unruhe, Aggressivität, Nervosität, Leistungseinbrüchen und körperlichen Beschwerden führen kann.

Über kurze Zeit sind stressige Phasen nicht gefährlich, bist du jedoch längere Zeit hohem Stress ausgesetzt, kann dies schädliche Folgen haben.

EUSTRESS UND DISSTRESS

Die Silbe *eu-* in dem Begriff **Eustress** stammt aus dem Griechischen und bedeutet so viel wie „gut", Eustress ist also „guter" Stress. Dieser Stress kann deine Konzentration steigern, tritt bei Herausforderungen auf, wenn du ein Vorstellungsgespräch oder eine wichtige Prüfung hast, einen Vortrag hältst oder an einem sportlichen Wettkampf teilnimmst, und wird von dir als lösbar empfunden.

Welche Situationen für dich positiven Stress auslösen, ist individuell, denn was du als schaffbar erachtest, hängt von dir ab. Du erkennst den Eustress daran, dass du neben deinem Stresslevel auch Aufregung, Euphorie und Begeisterung verspürst. Er motiviert dich, alles zu geben und kann durch das Erreichen deines Zieles dein Selbstvertrauen stärken.

Die Silbe *dis-* in dem Begriff **Disstress** stammt aus dem Griechischen und bedeutet so viel wie „schlecht", Disstress ist also „schlechter" Stress. Er zeigt sich individuell, wenn du eine Situation als bedrohlich empfindest und kann zu Überforderung, Angst, Anspannung Konzentrationsschwierigkeiten und Überlastung führen. In der Regel befindet sich der Körper meist über längere Zeit in diesem Zustand.

Wenn du also dauerhaft Disstress erlebst, kann dies zu körperlichen und psychischen Symptomen wie Herzrasen, Verspannungen, Kopfschmerzen, Magenschmerzen, Anspannung, Nervosität, Energieverlust, Konzentrationsproblemen, Aggressivität, Ängsten, Depressionen, Burn-out etc. führen.

Du weißt wahrscheinlich selbst am besten, was dich stresst. Das können sein: finanzielle Sorgen, Beziehungsprobleme, Zeitdruck, gesundheitliche Probleme, Konflikte, ständige Erreichbarkeit, hohe Ansprüche an dich selbst, Mobbing, Einsamkeit, Leistungsdruck und

Überlastung, eine Geburt, ein Todesfall, Trennung oder Scheidung, Diskriminierung, Schichtdienst oder auch fehlende Unterstützung.

Was als stressig angesehen wird, ist individuell. Dies hängt mit der Bewertung, die du einer Situation gibst, zusammen. Fasst du eine Situation als relevant auf und beurteilst sie als bedeutsam, bist du gestresster als eine Person, die die Situation als unbedeutend ansieht. Ist dir z. B. Pünktlichkeit sehr wichtig, wirst du dich sehr stressen, wenn du zu spät kommst. Jemand anderes legt nicht so viel Wert auf das pünktliche Erscheinen und wird somit entspannter sein.

Du hast, genauso wie dein Smartphone, einen Akku. Wie die Apps deines Handys, die den Akku entleeren, entziehen dir Konflikte die Energie. Leider besitzt dein Körper keine Akkuanzeige, doch du kannst an deiner Stimmung, deiner Schlafqualität oder deinem generellen Stresslevel ablesen, wie voll dein Energiespeicher ist.

Es geht nicht darum, dass du alle Stressoren aus deinem Leben verbannst. Das wäre utopisch. Es geht vielmehr darum, dass du einen gesunden Umgang mit ihnen erlernst, deinen Akkustand bewusst wahrnimmst und selbstfürsorglich mit dir umgehst. Die Kunst ist es, dass du erkennst, wenn du zu viel Disstress hast, und gegensteuerst. Dazu ist es bedeutsam, dass du in deinen Körper hineinspürst und Selbstfürsorge betreibst. Bewegung, Sport, Entspannung, genug Schlaf und vieles mehr, wovon du schon gelesen hast, können dir helfen, dein Stresslevel zu senken.

Konstruktiv mit Stress umgehen

Disstress wirst du nie ganz vermeiden können, du kannst jedoch lernen, konstruktiv mit ihm umzugehen. Im ersten Schritt solltest du reflektieren, woran du merkst, dass du gestresst bist. Vielleicht bist du gereizt, bekommst Magen-Darm-Beschwerden oder Kopfschmerzen, dir ist ständig schwindlig oder du schläfst schlecht. Wenn du deine eigenen Frühwarnzeichen kennst, ist das das Fundament, um handeln zu können.

- Eliminiere die Stressoren. Fang klein an: Wenn du dich morgens stresst, weil du nicht weißt, was du anziehen sollst und ewig vorm

Kleiderschrank stehst, könntest du zukünftig dein Outfit schon am Abend rauslegen und morgens entspannt(er) in den Tag starten.

- Wenn das Eliminieren des Stressors nicht möglich ist, weil er schwer beeinflussbar ist, etwa ein:e launische:r Chef:in, solltest du an deiner Einstellung arbeiten. Wie du schon weißt, kann deine Bewertung einer Situation dazu führen, dass du sie als weniger bedrohlich, wichtig, belastend oder stressig wahrnimmst.
- Entspannungsphasen können dir helfen, chronischem Stress vorzubeugen. Wenn du dir immer wieder achtsame Momente ermöglichst, in denen du meditierst, Entspannungsübungen, autogenes Training oder progressive Muskelrelaxation machst, kann das die Ausschüttung deiner Stresshormone verringern.
- Indem du dir eine individuelle Selbstfürsorgeroutine erarbeitest und sie in deinen Alltag integrierst, kannst du Stress vorbeugen. Denn durch die bewusste Zeit für dich, das Auseinandersetzen mit dir, deinen Gefühlen und Bedürfnissen wirst du deine Stressoren immer schneller erkennen und kannst eingreifen.
- Wenn du deine Ressourcen ausbaust, also all das, was dir Kraft und Energie gibt (Aktivitäten, Hobbys, Freund:innen, Familie, Stärken, Fähigkeiten etc.), wirst du stressige Phasen überstehen und besser mit ihnen umgehen können. Nutze dazu auch die Reflexionsfragen im Abschnitt „Selbstfürsorge ist individuell“ auf S. 27. Du kannst auch dein Umfeld einbeziehen und dich darüber austauschen, was die Ressourcen anderer sind, um dich inspirieren zu lassen. Es ist wichtig, dass du deine Ressourcen kennst, denn diese kannst du dir bewusst in dein Leben holen. Die Stressoren schmuggeln sich automatisch in deinen Alltag und sind leider nicht zu vermeiden.

Ressourcen sind, das weißt du längst, wie so vieles andere individuell. Überprüfe regelmäßig, was deinen Akku auflädt, denn dies kann sich mit der Zeit verändern. Was dir guttut, muss deinen Freund:innen überhaupt keine Energie geben. Deshalb heißt es: ausprobieren, ausprobieren, ausprobieren und verändern, wenn etwas nicht mehr stimmig ist.

ÜBUNG 1: LERNE DEINE STRESSOREN KENNEN

Nimm dir Zettel und Stift und überlege dir, in welchen Situationen du gestresst bist. Welche zwischenmenschlichen und beruflichen Situationen führen zu Anspannung, Gehetztsein, Unwohlsein und Unter-Strom-Stehen? Welche Bewertungen und Handlungen verstärken den Stress?

Indem du deine Stressoren erkennst, schaffst du die Basis, um dich selbst zu ertappen und an den Ursachen zu arbeiten.

ÜBUNG 2: FINDE DEINE RESSOURCEN

Ressourcen sind in Bezug auf Stress all die Dinge, die dir helfen, dein Stresslevel zu senken und die Stressoren zu reduzieren. Das können Hobbies, Tätigkeiten, Menschen, Erfahrungen, Erinnerungen, Lösungswege, ... sein, die deinen Akku wieder aufladen und dich entspannter werden lassen.

Nimm dir wieder Zettel und Papier und notiere dir Dinge, die dir Kraft und Energie geben. Versuche täglich eine Sache einzubauen, seien es zehn Minuten Yoga, ein Telefonat mit Freund:innen, der Tee in der Sonne, der Spaziergang in der Mittagspause, das achtsame Blumengießen, das Hörbuch auf dem Weg zur Arbeit oder das Kochen am Abend. Lass dich von der folgenden Liste inspirieren.

Was könnten deine Ressourcen sein?

Musik hören	ein Buch lesen	puzzeln
zeichnen	basteln	Entspannungsübungen machen
spazieren gehen	telefonieren	tanzen
Tagebuch schreiben	stricken, nähen, häkeln	Blumen gießen oder umtopfen
Musik hören	einen Ausflug machen	Freund:innen treffen
ein Bad nehmen	früh ins Bett gehen	die Nacht durchfeiern
Pilze sammeln	eine Serie oder einen Film schauen	schaukeln
Tee oder Kaffee trinken	ins Kino oder Konzert gehen	ein Hörbuch oder einen Podcast hören
singen	eine Fremdsprache lernen	Gartenarbeit machen
fotografieren	in die Natur gehen	sich sozial engagieren
Museum oder Ausstellung besuchen	Sport machen	sich fortbilden
in die Stille lauschen	zu Friseur:innen oder Kosmetiker:innen gehen	ein Instrument spielen
aufräumen	meditieren	Zukunftspläne machen
ausschlafen	kochen oder backen	Tiere streicheln
Yoga praktizieren	den Sonnenaufgang oder -untergang beobachten	ein Ehrenamt

Einen Sinn sehen

Etwas in deinem Leben zu tun, das du als sinnstiftend erlebst, kann deine Selbstfürsorge auf ein neues Level heben. Wenn ich vom Sinn spreche, dann meine ich nicht unbedingt den Sinn des Lebens, denn darauf hat schon seit Jahrtausenden niemand *die* Antwort gefunden. Es gibt also nicht *den* Sinn, sondern *deinen* Sinn. Es geht mir um *dein* Warum, weshalb du morgens aufstehst, zur Arbeit gehst und in deiner Freizeit tust, was du tust.

Der österreichische Psychiater Viktor E. Frankl, der vier Konzentrationslager überlebte, schreibt in seinem Buch „... trotzdem Ja zum Leben sagen" über die Notwendigkeit, im Leben einen Sinn zu haben, um in Extremsituationen nicht zu zerbrechen. So ist für ihn Sinnerfüllung ein wichtiges Bedürfnis des Menschen und ein Mangel kann krank machen. In der heutigen Zeit kann der Mensch sich fast jedes Bedürfnis erfüllen. Doch das Bedürfnis nach Sinnhaftigkeit kommt bei vielen zu kurz. Auch laut Frankl gibt es nicht *den* Sinn, sondern jeder Mensch beantwortet die Frage nach dem Sinn, der sich von Lebensphase zu Lebensphase verändert und wandelt, auf seine Weise.

Studien zeigen, dass Menschen, die einen Sinn in ihrem Leben sehen, körperlich und mental gesünder sind. Ihr Blick ist auf die Zukunft gerichtet, sie sind resilienter, also widerstandsfähiger, können also besser mit Krisen umgehen. Noch ist jedoch nicht ganz klar, ob Sinn zu einer besseren Gesundheit führt oder ob gesunde Menschen eher einen Sinn im Leben finden. Hier haben wir das Henne-Ei-Problem. Experimentelle Ergebnisse lassen jedoch vermuten, dass sinnerfüllte Menschen einen anderen Umgang mit Stress und Schicksalsschlägen haben.

Was sinnerfüllend ist, ist auf den ersten Blick oft nicht deutlich. Du kannst einer Sache oder Tätigkeit aber aktiv einen Sinn geben. Eine Putzkraft könnte denken: „Was für eine sinnlose Arbeit, den Dreck der anderen wegzumachen." Eine andere, sinnerfülltere Option wäre: „Ich helfe dabei, dass die Menschen gut in einem sauberen und ordentlichen Umfeld leben und arbeiten können. So trage ich zu einer guten Atmosphäre bei."

So kann es auch Sinn stiften, wenn du weißt, dass du mit deinem Handeln die Welt ein wenig besser machst, etwas in den folgenden Generationen weiterwirkt oder du etwas Positives in der Welt hinterlässt. Was dem Leben Sinn gibt, ist, wie immer, individuell und hängt von der eigenen Lebenssituation und den Möglichkeiten ab. Für einige Menschen bedeutet Sinn, Kinder zu bekommen und sie zu erziehen. Für andere, Wissen weiterzugeben, zu forschen, in die Politik zu gehen, künstlerisch aktiv zu sein, Klimaschutz zu betreiben, Menschen zu pflegen oder ein Buch zu schreiben.

Was du dir bewusst machen darfst: Nicht die Situation oder Tätigkeit an sich ist sinnstiftend, sondern dass du ihr Sinn zuschreibst.

REFLEXIONSFRAGEN

Um deinem Sinn etwas näherzukommen, frage dich:

- Was sind meine Werte?
- Was ist mir wichtig?
- Warum tue ich, was ich tue?
- Was würde ich gerne tun?
- Was hindert mich daran?
- Wie soll mein Leben gewesen sein?

Wichtig ist es dann, in die Umsetzung zu kommen. Nur angewandtes Wissen ist Macht. Dazu solltest du dir kleine und realistische Teilziele setzen.

Nicht alles muss einen großen Sinn erfüllen. Es reicht, wenn dir etwas Spaß macht oder es deiner Erholung dient. Ohne Ziel, ohne Hintergedanken. Denn dann hat es den Sinn, deiner mentalen Gesundheit zu nutzen und deine Selbstfürsorge zu stärken. Diesen Sinn finde ich wieder sehr bedeutsam. Hinter manchen Dingen oder Erlebnissen erkennt man auch erst im Nachhinein den Sinn.

Es kann dir übrigens auch Angst machen und bedrohlich wirken, wenn du dich mit der Sinnfrage auseinandersetzt. Ich plädiere dafür, mit Leichtigkeit an das Thema ranzugehen und nicht zu verzweifeln, wenn du in deiner aktuellen Situation keinen Sinn erkennen kannst. Manche Umstände, vor allem, wenn sie von außen beeinflusst sind, haben einfach keinen Sinn. Es gibt aber viele Dinge, die du beeinflussen kannst und denen du Sinn geben kannst.

Für einige Menschen kann es sich wie eine Krise anfühlen, wenn sie sich die Sinnfrage stellen. Wenn du momentan keinen Sinn findest, der dir bedeutsam erscheint, so kann dein aktueller Sinn auch erst einmal sein, weiterzumachen und nicht aufzugeben. Wenn du alleine aus der Krise nicht herauskommst, suche dir bitte psychotherapeutische Unterstützung. Gerade in Krisen verlieren Menschen den Glauben an sich und hinterfragen den Sinn des Lebens. Auch ich kenne das von mir aus meinen Krisenzeiten.

Ich habe mir dann immer vor Augen geführt, dass Aufgeben keine Option ist, und darauf vertraut, dass das Leben besser wird, wenn ich nicht aufgebe und an mir arbeite. Ich machte mir klar, dass all meine Anstrengungen und die Kämpfe, die ich bereits ausgetragen hatte, umsonst gewesen wären, wenn ich jetzt aufgeben würde. Außerdem hatte ich ein Ziel: irgendwann einmal meine eigene Praxis zu haben und als Psychotherapeutin zu arbeiten, um es anders zu machen als meine Behandler:innen in der Klinik.

Wir können von anderen Menschen viel lernen. Es gibt Menschen, die trotz der schlimmsten Schicksalsschläge ihre Positivität nicht verlieren. Du kannst dich also fragen, was sie anders machen. Viktor Frankl beobachtete, dass diese Menschen sich durch ihre Entscheidungen unterschieden. Sie waren entschlossen, ihr Leben trotz der Widrigkeiten zu meistern. Zudem hatten sie eine andere Einstellung zu ihrem Leben. Du hast immer mindestens zwei Möglichkeiten:

1. Du fühlst dich den Umständen ausgeliefert und nimmst an, dass du nichts ändern kannst. Dann bist du gefangen und hilflos.
2. Du akzeptierst, dass du nichts an der Situation, sehr wohl jedoch etwas an deiner Einstellung ändern kannst.

Ich schätze die Werke von Viktor Frankl sehr, denn er macht deutlich, dass es auch unter den schlimmsten Bedingungen möglich ist, einen Sinn im Leben zu sehen. Und das gibt Hoffnung.

Was könnte dir Sinn geben?

Beruf	Hobbys
Ehrenamt	Kindererziehung
Umweltschutz	Tierschutz
Pflege	einen Beitrag für andere Menschen leisten
Arbeit mit Geflüchteten	ein Buch schreiben
etwas Positives in der Welt hinterlassen	Religion
Beziehungen	Politik
Forschung	Wissen erwerben und weitergeben

Mit Vergleichen aufhören

Du kennst das wahrscheinlich: Du gehst durch die Stadt und siehst eine Person, die besonders gut aussieht, und fragst dich direkt, ob dein Outfit sitzt. Oder du bist in den sozialen Medien unterwegs und verfolgst, wie Influencer:innen das anscheinend perfekte Leben führen. Du vergleichst deinen Körper, dein Aussehen, deine Beziehung, deinen Job, deine Fitness etc. und misst dich und deine Leistung an anderen Personen.

Wenn du dich mit Menschen vergleichst, die in bestimmten Bereichen besser sind als du, dann wirst du dich meist minderwertig fühlen, unzufrieden sein, deine persönlichen Erfolge nicht genießen können und glauben, nicht gut genug zu sein. Dies kann zu Neid, Minderwertigkeitsgefühlen, Selbstzweifeln, Selbstwertproblemen und einem geringen Selbstvertrauen führen.

Vergleiche an sich sind nicht per se schlecht. Sie werden hinderlich, wenn sie großen Einfluss auf dein Wohlbefinden bekommen. Die Art, wie du dich vergleichst, kann zum Problem werden.

Doch warum vergleichst du dich überhaupt? Vergleichen hat mehrere Funktionen. Zum einen liefert es dir Informationen über deine Situation im Vergleich zu anderen, denn der Mensch strebt danach, sich in seinen Fähigkeiten zu steigern. Doch wie erfährst du, ob du gut in dem bist, was du tust? Indem du dich vergleichst. So erhältst du Hinweise, wer du im Unterschied zu deinen Mitmenschen bist, welche Talente du hast und was du weniger gut kannst, wo du mehr besitzt als andere und wo weniger. Zum anderen kannst du dich aufwerten, wenn du dich mit Personen vergleichst, die dir in einem Merkmal unterlegen sind. Außerdem kann Vergleichen dich motivieren, besser in etwas zu werden. Vergleiche helfen dir auch in Situationen, in denen du noch keine Erfahrung hast. Wenn du dich hier mit anderen Menschen vergleichst, die ähnliche Erfahrungen wie du haben, dann kannst du dein Ergebnis einschätzen. Also ist das Vergleichen gar nicht so schlecht?

Es kommt darauf an, *wie* du dich vergleichst. Vergleiche können dir dazu dienen, von anderen zu lernen, deinen Ehrgeiz zu wecken und dich besser zu fühlen. Dann sind Vergleiche gut. Das passiert jedoch leider eher selten. Wenn sie dazu dienen, dass du dich schlechter fühlst, vielleicht sogar neidisch wirst oder dich unter Druck setzt, dann sind sie eher schlecht.

Du kannst dich auf zwei Ebenen vergleichen:

1. **Mit Menschen, die du als besser wahrnimmst** (Bottom-up-Vergleiche). Dies kann, richtig ausgeführt, dazu beitragen, dass du dich motivierst und weiterentwickelst. Du kannst dich z. B. mit einer Person vergleichen, die das Konzept der Selbstfürsorge schon sehr gut verinnerlicht hat. Sie setzt Grenzen und sorgt für sich. Indem du dich mit ihr vergleichst, kann es dich anspornen, mehr für dich zu tun und dich in diesem Bereich weiterzuentwickeln. Dabei solltest du diese Person nicht 1:1 imitieren, denn niemand hat dieselben Voraussetzungen wie du, doch du kannst dir gewisse Routinen und Verhaltensweisen abschauen.

2. **Mit Menschen, die du als schlechter wahrnimmst** (Top-down-Vergleiche). Hier ist es das Ziel, dass du dich besser fühlst, indem du wahrnimmst, wo du weiterentwickelter oder besser bist als die Person, mit der du dich vergleichst. Du kannst dich etwa mit einer Person vergleichen, die sich noch weniger um sich selbst kümmert als du. So können Gedanken entstehen wie: „XY macht noch weniger für sich. So schlecht behandle ich mich also gar nicht." Kurzfristig wirst du dich so möglicherweise besser fühlen. Langfristig stagnierst du und kümmerst dich unzureichend um dich selbst.

Statt dich mit Menschen zu vergleichen, die schon eine feste Selfcare-Routine haben, könntest du dich mit Personen messen, die auch gerade erst starten und ähnliche Startschwierigkeiten haben. Hier würdest du dich also mit Personen vergleichen, die in etwas die dieselben Voraussetzungen haben.

Du bist du und unter anderen Bedingungen als jeder andere Mensch auf die Welt gekommen. Niemand teilt genau deine Lebensgeschichte, hat dieselben Talente. Begabungen, Möglichkeiten und Ressourcen. Nicht einmal eineiige Zwillinge, die im selben Haushalt aufwachsen, haben 1:1 dieselben Vorsetzungen. Sie haben die gleiche Kindheit, wenn sie gemeinsam aufwachsen, aber nicht dieselben Erfahrungen und Prägungen. Wenn du dich mit anderen Personen misst, wirst du also immer Äpfel mit Birnen vergleichen.

Indem du dich vergleichst, kannst du dich jedoch auch motivieren, besser zu werden und dich weiterzuentwickeln. Doch genau hier kommen wir zu einem gefährlichen Punkt: Du musst nicht immer besser werden. Warum? Wofür solltest du nach immer mehr streben? Für mich wirkt dies, als ob man nicht mit dem Status quo zufrieden sein dürfe. Und das darfst du. Du bist gut so, wie du bist. Selbstverständlich spricht nichts gegen Weiterentwicklung und geistiges Wachstum. Absolut nicht. Nur können Vergleiche mit Menschen, die mehr haben oder können, auch zu Frustration und Resignation führen. Es geht also nicht unbedingt darum, besser zu werden, sondern dass du dich anders verhältst.

Die Gefahr beim Vergleichen ist, dass du dich in der Regel überwiegend nach oben und dann häufig mit Menschen oder Lebenssituationen, vergleichst, die unerreichbar sind. Das hat jedoch wenig mit deiner Lebensrealität zu tun und führt nicht zu Motivation und Wachstum, sondern zu Abwertungen und Unzufriedenheit, denn es wird immer Menschen geben, die erfolgreicher, selbstbewusster, kreativer, sportlicher, attraktiver, kommunikativer, witziger, beliebter, wohlhabender etc. sind als du.

Fahrplan gegen das Vergleichen

Um den Kreislauf zu durchbrechen, solltest du dich zunächst beim Vergleichen ertappen, ohne dies zu bewerten (Stichwort Achtsamkeit). Dies ist der erste Schritt, um deinen Fokus auf dich zu legen. Frage dich anschließend:

- Mit wem vergleiche ich mich?
- Ist die Person oder Situation mit meiner vergleichbar?
- Was macht dieser Vergleich mit mir? Motiviert er mich oder frustriert er mich?
- Will ich das wirklich haben? Will ich wirklich so leben? Will ich wirklich so sein?
- Was muss ich tun, um dies zu erreichen? Bin ich wirklich bereit dazu? Möchte ich den Preis zahlen?

Wenn du dir deiner Vergleiche bewusst wirst, kannst du anschließend folgende Tipps befolgen:

- Suche dir andere Vergleichspersonen. Unrealistische Vergleiche motivieren nicht. Wer ist in einer ähnlichen Ausgangslage? Mit wem hast du ähnliche Übereinstimmungen?
- Vergleiche dich mit dir selbst zu einem anderen Zeitpunkt. Gab es Zeiten, in denen du dich besser um dich gekümmert hast? Was hast du damals anders gemacht? Wie kannst du wieder dort hinkommen? Vielleicht gab es auch Phasen, in denen deine Selbstfürsorge noch schlechter war. Dann darfst du dir auf die Schulter klopfen

und stolz auf den Prozess sein. Du kannst dich also nur verlässlich mit dir selbst zu einem früheren Zeitpunkt vergleichen, wenn du nicht verlieren willst.

- Sieh das große Ganze, denn du vergleichst wahrscheinlich nur einen Aspekt im Leben der anderen Person mit dir. Diese scheint vielleicht in Selfcare gut zu sein, hat aber vielleicht Schwierigkeiten im Job oder in der Beziehung. Dort läuft es bei dir besser. Vor allem die sozialen Medien führen dazu, dass man nur die Sonnenseiten des Lebens sieht. Du berichtest Bekannten sicherlich auch lieber, was gut läuft, und hältst mit deinen Problemen zunächst hinterm Berg. Du präsentierst dich in einem möglichst guten Licht, so wie viele andere auch. Das ist menschlich, dadurch ist es jedoch kaum möglich, sich realistisch zu vergleichen.
- Mach dir bewusst, dass du oft nur das Ergebnis wahrnimmst, jedoch nicht, was die Person dafür getan hat. Wenn du siehst, wie sich eine andere Person anscheinend sehr viel Zeit für Selbstfürsorge nimmt, dann frage dich, wie die Person dahin gekommen ist. Welchen Weg ist sie gegangen? Bist du auch bereit, ihn zu gehen?

Kenne deine Bedürfnisse

Jeder Mensch hat Grundbedürfnisse. Sie gut zu befriedigen, gehört zu einem fürsorglichen Umgang mit dir selbst dazu, denn sie sind die Basis für ein gesundes und erfülltes Leben. Deine körperlichen Grundbedürfnisse sind Luft zum Atmen, Nahrung, Schutz und Wärme. Nur so kannst du überleben. Du bemerkst, dass sie nicht erfüllt sind, wenn du hungrig oder durstig bist oder dir kalt ist. Daneben gibt es aber auch soziale Grundbedürfnisse wie z. B. Bindung, Anerkennung, Zuneigung oder Unterstützung. Können diese sozialen Bedürfnisse nicht befriedigt werden, wirst du mit der Zeit unzufrieden und unglücklich, es entstehen Angespanntheit, Reizbarkeit, Stress. Wie stark die einzelnen Bedürfnisse ausgeprägt sind und was der einzelnen Person hilft, um sie zu erfüllen, ist höchst individuell.

Deine Gefühle sind eine Art Richtungsweiser, der dich auf deine Bedürfnisse hinweist. Vielleicht gehörst du auch zu den Menschen, die auf die Frage, was sie gerade brauchen, im ersten Moment gar nichts antworten können. Vielleicht hast du verlernt, deine Bedürfnisse wahrzunehmen oder du hast in deiner Kindheit lernen müssen, dass deine Bedürfnisse nicht wichtig sind und nicht zählen. Möglicherweise hast du in einer Partnerschaft gelebt, in der du und deine Wünsche unterdrückt wurden. Spürst du jedoch bewusst in dich hinein, wird es dir leichter fallen, dein Bedürfnis zu benennen.

Wenn du deine Bedürfnisse befriedigst, dann gehst du selbstfürsorglich mit dir um, steigerst deinen Selbstwert und du kannst positive Gefühle wie Glück, Stolz, Freude oder Zufriedenheit empfinden.

Selbstverständlich kannst du deine Bedürfnisse nicht jederzeit erfüllen. Manchmal verhindern dies deine Lebensumstände oder sie kollidieren mit anderen Zielen von dir, sodass ein Widerspruch entsteht. So möchtest du einerseits eine Beziehung führen, andererseits deine Autonomie aber nicht aufgeben. Hier ist es wichtig, dass du deine Bedürfnisse reflektierst, um Lösungswege zu finden. Hier können dir wieder deine Werte helfen, denn stehen sich zwei entgegen, so kannst du versuchen, einen Kompromiss zu schließen.

Es gibt in der Psychologie unterschiedliche Modelle zu den Grundbedürfnissen, die sich meist in der Anzahl unterscheiden. Eines hast du im Abschnitt „Werde dir über deine Ziele klar“ schon kennengelernt (siehe S. 65). Der Psychologe und Psychotherapeut Klaus Grawe unterscheidet vier psychologische Grundbedürfnisse:

- Das **Bedürfnis nach Bindung** meint, verlässliche Bezugspersonen zu haben, die in der Nähe sind und Schutz bieten. Es ist vor allem in der Kindheit besonders bedeutsam. In deiner Kindheit waren deine Bezugspersonen dafür verantwortlich, dass du Liebe, Zuneigung und Versorgung erfährst und deine Bedürfnisse befriedigt werden. Gelang ihnen dies, so konntest du Vertrauen entwickeln und dich sicher fühlen. Wurden deine Bedürfnisse jedoch nicht erfüllt, kann dies zu weitreichenden Schwierigkeiten, Bindungsproblemen und psychischen Erkrankungen führen. Auch als Erwachsene:r brauchst du ein gutes soziales Umfeld.

- Mit dem **Bedürfnis nach Orientierung und Kontrolle** ist gemeint, dass der Mensch Dinge kontrollieren und selbst erledigen möchte. Dies sieht man schon bei kleinen Kindern. Durch die Unabhängigkeit von anderen kann sich Selbstwirksamkeit entwickeln. Dafür ist es wichtig, dass die Bezugspersonen einen sicheren Rahmen schaffen, Grenzen setzen und Orientierung geben. Wenn das Kind sich selbst nicht ausprobieren kann oder Situationen als nicht vorhersehbar erlebt werden, wird dieses Bedürfnis verletzt. Das kann zu Abhängigkeiten und Hilflosigkeit führen. Als Erwachsene:r gibt dir die Erfüllung dieses Bedürfnisses Sicherheit und das Gefühl, Situationen nicht ausgeliefert zu sein.
- Das **Bedürfnis nach Selbstwertschutz und Selbstwerterhöhung** meint, dass du wertgeschätzt werden möchtest und ein positives Bild von dir verinnerlicht hast. Zu Selbstzweifeln und Perfektionismus kann es kommen, wenn du in einem Haushalt aufwächst, in dem deine Leistung nie gut genug ist. Als Erwachsene:r möchtest du als Person, aber auch für dein Handeln, Anerkennung und Wertschätzung erhalten.
- Mit dem **Bedürfnis nach Lustgewinn und Unlustvermeidung** ist gemeint, dass du danach strebst, schöne Gefühle zu erleben und lieber Dinge erledigst, die dir Freude bereiten. Aufgaben, die unangenehm sind, schiebst du eher auf. Lernt ein Kind nicht, auch unangenehme Gefühle auszuhalten, um ein langfristiges Ziel zu erreichen, kann das schnell zu Frustration und wenig Durchhaltevermögen führen.

Ein anderes Modell ist die fünfstufige Bedürfnispyramide des amerikanischen Psychologen Abraham Maslow. Das Fundament bilden die physiologischen Grundbedürfnisse wie Essen, Trinken, Schlafen, körperliches Wohlbefinden. Diese Bedürfnisse sichern dein Überleben. Darüber befindet sich das Sicherheitsbedürfnis, das materielle Sicherheit, ein Dach über dem Kopf zu haben, Schutz und versorgt zu sein beinhaltet. Eine Ebene höher findet man die sozialen Bedürfnisse wie Freundschaften, Liebe und das Zugehörigkeitsgefühl zu einer Gruppe. Ebene vier umfasst die individuellen Bedürfnisse wie

Anerkennung und Status. Das höchste Bedürfnis ist die Suche nach Sinn und Selbstverwirklichung, die deine Wünsche und Lebensziele umfasst.

Die ersten vier Bedürfnisse nennt Maslow auch Defizitbedürfnisse, da eine dauerhafte mangelhafte Befriedigung zu körperlichen und psychischen Problemen führt. Laut Maslow bauen die Ebenen aufeinander auf. Zunächst muss eine Stufe erfüllt sein, bevor die nächste Ebene erreicht werden kann. Wenn dein Bedürfnis nach Sicherheit nicht erfüllt ist, weil deine Wohnung wegen Eigenbedarf gekündigt wurde, du deinen Job verloren hast oder dir die hohen Gaspreise zu schaffen machen, wirst du dich wahrscheinlich weniger mit deiner Selbstverwirklichung auseinandersetzen.

Es ist wichtig, dass die unteren Bedürfnisse erst einmal halbwegs erfüllt sind, denn wenn du dir ständig Gedanken über deinen Kontostand, deine Wohnung, deinen Arbeitsplatz machen musst, unter Liebeskummer leidest, dich einsam fühlst oder keine Wertschätzung erfährst, dann kostet dich das Energie und Kraft.

Häufig verwechseln Menschen auch ihre eigenen Bedürfnisse mit denen ihres Umfeldes. Eine Patientin, die wegen einer Erschöpfungsdepression zu mir kam, arbeitete seit vielen Jahren als Floristin und war todunglücklich mit ihrem Job. Sie hatte sich immer gewünscht, Erzieherin zu werden. In der Therapie stellte sich heraus, dass ihre Mutter selbst gern als Floristin gearbeitet hätte, die Eltern hatten es jedoch nicht erlaubt und sie musste auf dem elterlichen Bauernhof mithelfen. Die Patientin hatte den Wunsch ihrer Mutter übernommen und ihr eigenes Bedürfnis übergangen.

Du solltest dich also fragen, ob du etwas tust, weil du es willst, oder eben, weil es alle machen oder alte Glaubenssätze dahinterstecken. Der folgende Fünf-Schritte-Plan hilft dir dabei:

1. Nimm dein Bedürfnis wahr.
2. Nimm es ernst.
3. Befriedige es, wenn möglich.
4. Nimm wahr, dass es sich langfristig gut anfühlt, auf Körper und Seele zu hören.
5. Schenke dir Anerkennung und sei stolz auf dich.

REFLEXIONSFRAGEN

Um herauszufinden, welche Bedürfnisse du hast, frage dich:
- Was brauche ich gerade?
- Was ist mir wichtig?
- Wo will ich langfristig hin?
- Welche Zeichen sendet mir mein Körper?
- Was könnte ich gerade für mich tun?
- Welche Motivation steckt hinter meinem Handeln?
- Was brauche ich, um mich sicher zu fühlen?
- Wann fühle ich mich sozial angenommen?
- Wie bekomme ich Anerkennung?
- Was bedeutet für mich Selbstverwirklichung?

Sich Bedürfnisse erlauben

Nachdem du deine Bedürfnisse wahrgenommen hast, geht es darum, sie dir auch zu erlauben. Wenn du gerade den Wunsch nach etwas Ruhe hast, eigentlich aber mit Freund:innen verabredet bist, dann darfst du dir zugestehen, abzusagen. Bemerkst du, dass dir nach zwischenmenschlichen Kontakten ist, dann darfst du dir gestatten, dein Umfeld zu kontaktieren.

Wenn du übst, auf deine Bedürfnisse zu achten und sie wenn möglich befriedigst, wird es dir mit der Zeit immer leichter fallen. Natürlich kannst du auch bemerken, dass die Entscheidung sich doch falsch anfühlt, wenn du deinen Freund:innen z. B. abgesagt hast und nun alleine zu Hause auf dem Sofa sitzt. Hier heißt es, dir selbst mit Mitgefühl zu begegnen, dich nicht zu verurteilen, sondern liebevoll zu sein und für das nächste Mal dazuzulernen.

Es kann schmerzhaft sein, dich mit deinen Bedürfnissen auseinanderzusetzen, wenn du bemerkst, dass du sie lange Zeit übergangen hast. Doch auch hier ist der erste und wichtigste Schritt, dies wahrzunehmen, nicht zu richten und dir dankbar zu sein, dass du dies nun erkannt hast. Gib dir für die Veränderung Zeit.

Um deine Bedürfnisse zu erfüllen, kann es nötig sein, dass du diese an deine Mitmenschen kommunizierst und gegebenenfalls auch Grenzen setzt. Dein Bedürfnis vermittelst du, indem du beispielsweise sagst: „Ich nehme wahr, dass ich ziemlich erschöpft bin. Ich verstehe, dass du dich gefreut hast, dass wir heute Abend feiern gehen. Ich würde mir wünschen, dass wir heute Abend etwas Ruhigeres machen, damit ich meinen Akku aufladen kann. Oder du fragst Elisabeth, ob ihr etwas unternehmen könnt.“ So teilst du dein Bedürfnis mit, gehst auf dein Gegenüber ein und äußerst einen Wunsch.

Wenn du lernst, deine Bedürfnisse zu kommunizieren, kann das dazu führen, dass du dein Umfeld ansteckst. Durch das Ernstnehmen deiner eigenen Bedürfnisse kannst du deinen Mitmenschen ein Vorbild sein und ihnen vorleben, dass es in Ordnung ist, seine Bedürfnisse ernst zu nehmen und sie zu auszusprechen.

Bedürfnisse und Selbstwert hängen zusammen

Wichtig ist, dass du lernst, deine eigenen Bedürfnisse wahrzunehmen, sie ernst zu nehmen und dich um deren Erfüllung zu bemühen. Das bedeutet Selbstfürsorge und wirkt sich auch positiv auf deinen Selbstwert aus. Dabei geht es nicht darum, dass du nun egoistisch handelst, sondern darum, eine Balance zwischen deinen Bedürfnissen und denen deiner Mitmenschen zu schaffen.

Menschen mit Selbstwertproblemen haben oft in der Kindheit nicht gelernt, dass ihre Bedürfnisse wichtig sind und sie diese befriedigen können. Diese Erlebnisse können zwar nicht mehr rückgängig gemacht werden, du kannst dir jedoch deine Bedürfnisse heute erfüllen. Heute bist du erwachsen und kannst dir selbst eine gute Mutter oder ein guter Vater werden.

Selbstfürsorge und Selbstwert beeinflussen sich wechselseitig. Wenn du dich selbst wertschätzt und ernst nimmst, wirst du dich besser um dich kümmern, da du dich als wertvoll erachtest. Wenn du dich gut um dich sorgst, wirst du dich wertvoller fühlen, ernster nehmen, wertschätzender behandeln. Für deinen Selbstwert sind nach der Selbstbestimmungstheorie von Richard M. Ryan und Edward L. Deci die drei Bedürfnisse Bindung, Kompetenz und Selbstbestimmung bedeutsam, also Liebe, Erfolg und Freiheit:

- Bindung, als das wichtigste der drei Bedürfnisse, meint Liebe, soziale Kontakte, Freundschaften und das Zugehörigkeitsgefühl zu anderen Menschen.
- Kompetenz beinhaltet Erfolge, Anerkennung, Lob, Wertschätzung der Handlungen und dass du dich leistungsfähig fühlst.
- Selbstbestimmung umfasst alles rund um das Gefühl der Autonomie, Freiheit, Unabhängigkeit und Freiwilligkeit.

Natürlich kannst du deine Bedürfnisse nicht immer und direkt erfüllen. Das brauchst du jedoch auch gar nicht. Selbstfürsorge bedeutet, dass du deine eigenen Bedürfnisse zeitweise für deine Mitmenschen oder langfristige Ziele zurückstellen kannst. So kann es wichtig sein, ein wichtiges Projekt abzuschließen und in dieser Zeit auf dein wöchentliches Hobby, auf Verabredungen oder Ähnliches zeitweise zu verzichten.

Ein Patient von mir studierte beispielsweise berufsbegleitend und schrieb seine Masterarbeit. Er war ein Mensch, der viel Zeit mit seiner Partnerin und seinen Freund:innen verbrachte (Bedürfnis nach Bindung). Sein Bedürfnis nach Kompetenz war jedoch auch sehr groß und sein mittelfristiges Ziel war eine Selbstständigkeit, für die er einen Masterabschluss benötigte. Deshalb stellte er das Bindungsbedürfnis für einige Zeit zurück und traf sich weniger mit seinen nahestehenden Personen, um die Masterarbeit fertigzustellen. Ich besprach mit ihm, dass er dies für eine gewisse Zeit so handhaben könne, er langfristig seine Bedürfnisse und Wünsche jedoch nicht zu kurz kommen lassen sollte. Also reduzierte er seine Arbeitsstunden für eine bestimmte Zeit, fokussierte sich auf seine Masterarbeit und unternahm zwei Abende die Woche etwas mit seiner Partnerin oder seinen Freund:innen. So konnte er sich zwar nicht wie sonst fast jeden Abend treffen, gleichzeitig kam keines der Bedürfnisse zu kurz.

Es gibt eine einfache Faustregel: Bemerkst du in einem bestimmten Bedürfnis einen Mangel, solltest du dir davon mehr geben oder mehr von dem tun, an dem es mangelt und weniger von dem, wovon du schon genug hast.

Selbstfürsorge in Bezug auf deine Bedürfnisse bedeutet, dass du sie langfristig und gleichmäßig erfüllst, sodass kein Ungleichgewicht entsteht. Wenn du ganz viel auf das Bindungskonto einzahlst, dafür aber überhaupt nicht zur Ruhe kommst, weil du immer unterwegs bist, ist das auf Dauer wenig fürsorglich. So kann Selbstfürsorge für die eine Person bedeuten, einen Gang runterzuschalten, sich auszuruhen und zu erholen, und für eine andere, aktiv zu werden, etwas Aufgeschobenes zu erledigen und sich zu bemühen.

Inspirationen für deine Bedürfnisse

So bekommst du mehr Bindung

Der Mensch ist ein soziales Wesen und braucht andere Menschen. Bindung wird befriedigt, wenn du dich geliebt, zugehörig und angenommen fühlst. Wie sieht es aktuell mit deinen Beziehungen aus? Hast du Personen in deinem Umfeld, die dir guttun und dich lieben? Falls nicht, kannst du versuchen, alte Freundschaften oder Bekanntschaften wieder aufleben zu lassen oder neue Kontakt zu knüpfen. Das geht auch sehr gut über Apps und der Aufwand lohnt sich.

- Unternimm etwas mit anderen Menschen.
- Lerne neue Leute kennen.
- Bringe jemanden zum Lachen.
- Telefoniere mit Freund:innen.
- Verabrede dich.
- Zeige deine Zuneigung.

So bekommst du mehr Kompetenz

Kompetenz erlebst du, wenn du Erfolge erzielst, Anerkennung bekommst oder dich selbstwirksam fühlst. Mach Dinge, die du gut kannst und die dir Spaß machen. Das fördert dein Bedürfnis nach Kompetenz und tut dir gut. So kannst du (alte) Hobbys wiederaufleben lassen oder andere Dinge tun, die dir ein qualifiziertes Gefühl geben.

- Mach etwas, das du gut kannst.
- Erledige eine Sache, die du schon lange aufgeschoben hast.
- Beende eine schwere Aufgabe.
- Reflektiere deine bisherigen Erfolge.

So bekommst du mehr Selbstbestimmung

Durch Autonomie, Kontrolle und Freiheit fühlst du dich selbstbestimmt. Kaum etwas ist so schlimm, wie sich fremdbestimmt zu fühlen oder dauerhaft unterordnen zu müssen. Um dieses Bedürfnis zu befriedigen, solltest du öfter deine Meinung sagen oder einen Lösungsweg vorschlagen. Bringe dich ein, sodass du das Gefühl bekommst, auch Einfluss zu haben. Selbstbestimmung beinhaltet auch, dass du einfach mal etwas alleine unternimmst, sodass es so laufen kann, wie du es gerne hättest, ohne Kompromisse zu schließen.

- Entscheide bewusst.
- Sage etwas ab.
- Lehne etwas ab.
- Setze dich durch.
- Sage deine Meinung.
- Reflektiere, wann du dich frei und selbstbestimmt gefühlt hast.

So bekommst du mehr der Sinnhaftigkeit

Größere mittel- und langfristige Ziele und das Leben nach deinen Werten geben dir Sinnhaftigkeit. Wenn du weißt, wofür dein aktuelles Handeln notwendig ist, du z. B. gerade an deiner Masterarbeit schreibst und deine Hobbys zurückschraubst, damit du einen guten Abschluss und guten Job bekommst, dann erfüllt dein Handeln einen Sinn. Die Forschung zeigt, dass besonders Handlungen, von denen auch andere Menschen profitieren, als sinnhaft erlebt werden.

- Verfolge langfristige Ziele.
- Tu etwas, wovon andere profitieren.
- Sei politisch aktiv.
- Engagiere dich sozial.
- Lebe nach deinen Werten.

So bekommst du mehr Lebensfreude

Spaß, Genuss, Kraft und Hoffnung führen zu Lebensfreude. Lebensfreude ist ein Bedürfnis, das die Menschen teilen und beinhaltet, dass du die schönen Seiten des Lebens erlebst. Wenn diese zu kurz kommen, leidet deine Zufriedenheit. Genuss von schönen Erlebnissen, Reisen, einem guten Essen oder tollen Aktivitäten können diese Freude erhöhen. Dazu darfst du dir jedoch die Erlaubnis geben. Spüre in dich hinein, was dir Freude bereitet und füge es in deinen Alltag ein.

- Trainiere dich in Selbstfürsorge.
- Schlafe aus.
- Esse oder trinke bewusst.
- Geh bewusst in die Natur.
- Bewege dich bewusst.
- Gönne dir etwas.
- Mach Sport.

Liste mit Bedürfnissen (unvollständig)

Körperliche Bedürfnisse

- Luft
- Wasser
- Nahrung
- Bewegung
- Schutz
- Sicherheit
- Entspannung
- Sexualität

Bindung

- Kontakt, Nähe
- Ehrlichkeit
- Sex, Intimität
- Transparenz
- Verständnis
- Gemeinschaft
- Verbindlichkeit
- Einfühlung
- Aufrichtigkeit
- Kommunikation
- Mitgefühl
- Empathie
- Treue
- Anerkennung
- Dankbarkeit
- Respekt
- Ehrlichkeit
- Aufmerksamkeit
- Akzeptanz
- Verständnis
- Kommunikation
- Respekt

Selbstbestimmtheit

- Authentizität
- Unabhängigkeit
- Freiheit
- Individualität
- Selbstwirksamkeit
- Kreativität
- Erfolg
- Eigenständigkeit
- Autonomie

Lebensfreude

- Spaß
- Ruhe
- Erholung
- Stille
- Spiel
- Lebendigkeit
- Gelassenheit
- Aktion
- Gemütlichkeit
- Harmonie

Sicherheit

- Achtsamkeit
- Klarheit
- Ordnung
- Vertrauen
- Ehrlichkeit
- Geborgenheit
- Privatsphäre
- Orientierung
- Aufrichtigkeit
- Hilfe
- Fürsorge
- Zusammenhalt

ÜBUNG: DER BEDÜRFNIS-FINDER

Um ein Gefühl für deine Bedürfnisse zu bekommen und sie wenn möglich zeitnah zu befriedigen, ist Übung gefragt. Stelle dir dreimal täglich einen Timer und frage dich:

- Was brauche ich gerade?
- Wie geht es mir?
- Habe ich Hunger oder Durst? Ist mir kalt?
- Brauche ich eine Pause?
- Bin ich traurig oder wütend?

Dankbarkeit empfinden

Viel zu oft bleiben dir am Ende des Tages vor allem die negativen Dinge im Kopf, die dir an diesem Tag passiert sind. Auf Dauer drückt das auf deine Stimmung, da die positiven Dinge dabei leicht untergehen. Deshalb kann Dankbarkeit ein weiterer Baustein für mehr Zufriedenheit und Selbstfürsorge in deinem Leben sein.

Wann warst du das letzte Mal so richtig dankbar für das, was du hast? Wahrscheinlich ist das schon eine Weile her, denn der Mensch gewöhnt sich sehr schnell. Die ersten Tage bist du noch ganz happy mit deinem neuen Handy oder dem neuen Kleidungsstück, doch nach einer Weile wird es für dich selbstverständlich.

In der Psychologie wurde das Thema Dankbarkeit lange Zeit nicht beachtet. Dankbarkeit beschreibt ein positives Gefühl von Zufriedenheit und Wertschätzung dir selbst, anderen Menschen, deinem Leben oder einer Situation gegenüber. Wenn du dankbar bist, dann hast du eine anerkennende Haltung, in der du materielle und immaterielle Dinge wertschätzt.

Wenn du Dankbarkeit in dein Leben integrierst, kannst du langfristig zufriedener und optimistischer sein, die Umstände mehr zu schätzen wissen und deine Beziehungen werden sich festigen. Dankbarkeit hat zudem, so zeigen Studien, Einfluss auf Ängste, Depressionen, Stress und Schlafstörungen. Ob es allein an der Dankbarkeit oder der grundsätzlich positiven Einstellung liegt, ist schwer zu sagen.

Eine große Metaanalyse von 2017 hat 38 Studien aus den Jahren 2003 bis 2018 mit insgesamt 5000 Teilnehmer:innen untersucht und fand heraus, dass Dankbarkeitsübungen kleine bis mittlere Effekte in der Lebenszufriedenheit, Stimmung und der Wahrnehmung von Glück haben, die teils noch Monate nach den Untersuchungen anhielten.

Ich höre aber auch immer wieder Stimmen, die kritisch gegenüber Dankbarkeit eingestellt sind. So wirst vielleicht auch du denken: „Mein Leben ist gerade so mies. Ich kann für nichts dankbar sein.“ Deshalb untersuchte man, ob Dankbarkeit auch Menschen hilft, die von starkem Leid geplagt sind, indem sie ein Experiment mit Betroffenen von chronischen neuromuskulären Erkrankungen initiierten. Die Teilnehmer:innen sollten für drei Wochen ein Dankbarkeitstagebuch führen. Dabei stellte sich heraus, dass die Personen mehr positive und weniger negative Gefühle wahrnahmen, zuversichtlicher für die Herausforderungen der kommenden Woche waren und sich stärker mit ihren Mitmenschen verbunden fühlten. Das Umfeld bestätigte die positiven Veränderungen.

Ich finde Dankbarkeit ein tolles Tool, da sie kostenlos ist, leicht umzusetzen und du sie jederzeit und überall praktizieren kannst. Dankbarkeit fühlt sich gut an, denn du kannst dabei nicht gleichzeitig eine negative Emotion empfinden.

Realistische Dankbarkeit

Dabei geht es um realistische Dankbarkeit, denn Dankbarkeit zu praktizieren bedeutet nicht, dass du all das Negative, das dir widerfährt, ausblendest – das wäre toxische Positivität. Wenn du in einer Krise steckst, dann dürfen Gefühle wie Wut, Trauer oder Verzweiflung da sein. Doch mindestens einmal am Tag solltest du deine Aufmerksamkeit auf das Positive lenken, denn so kann Dankbarkeit, vorsichtig eingesetzt, stärkend wirken. Das ist allerdings nicht immer leicht. Deshalb darfst du auch dankbar sein, einen miesen Tag überstanden zu haben oder dass du das Bewusstsein hast, dass Dankbarkeit dir noch schwerfällt.

Wenn du dich also darin übst, schöne Momente bewusst wahrzunehmen und du sie aufschreibst, vielleicht sogar mit einem Foto festhältst, dir immer wieder durchliest oder anschaust und du das Gefühl der Dankbarkeit zulässt, kann sich das auf dein Wohlbefinden auswirken. Dankbarkeit kann einen positiven Einfluss auf deine negativen Denkmuster haben, weil du den Scheinwerfer weniger auf das richtest, was gerade schlecht läuft, sondern dahin lenkst, was gerade gut und schön ist. Dadurch ändert sich dein Fokus.

Ich weiß noch genau, wie ich vor ein paar Jahren mit meinem Dankbarkeitstagebuch begonnen habe. Zunächst bemerkte ich nichts. Nach einiger Zeit war es mir in Fleisch und Blut übergegangen, abends drei bis fünf Dinge zu notieren, die am Tag schön gewesen waren. Da bekam ich eine doofe Nachricht. Noch vor nicht allzu langer Zeit wäre ich niedergeschlagen und frustriert gewesen und hätte mich geärgert. Damals machte es klick, denn ich dachte: „Das ist ärgerlich, aber es sind heute schon so viele schöne Dinge geschehen." Mein Fokus hatte sich mit der Zeit verschoben und verändert. Seitdem achte ich im Alltag gezielt auf die schönen Dinge und mache sie mir bewusst.

Dankbarkeit lässt sich lernen, indem du dich regelmäßig auf die schönen Momente, Situationen und Dinge besinnst. Sie ist jedoch kein Allheilmittel, denn wenn du in einer Krise steckst, vielleicht sogar depressiv bist, kann es dich noch weiter runterziehen und zu Selbstvorwürfen führen, wenn es dir nicht gelingt, Dankbarkeit zu praktizieren. Daher gilt wie immer: Pick dir das heraus, was sich für dich gut anfühlt.

Auch solltest du deinen Mitmenschen deine Dankbarkeit ausdrücken, wenn du dieses Gefühl empfindest. So kannst du Kassierer:innen im Supermarkt, Taxifahrer:innen, Busfahrer:innen, dem Personal im Restaurant oder Pflegekräften einfach ein paar nette Worte der Wertschätzung zukommen lassen. Darüber freut sich jede:r. Einfach „danke" zu sagen, tut übrigens nicht nur deinem Gegenüber gut, sondern auch du wirst dich besser und zudem verbundener fühlen.

ÜBUNG: DANKBARKEITSTAGEBUCH

Nimm dir jeden Abend vor dem Einschlafen fünf Minuten Zeit, Zettel und Stift zur Hand und notiere dir drei bis fünf Dinge, für die du am Tag dankbar warst. Das muss nichts Weltbewegendes sein. So kann die grüne Ampel, der freie Parkplatz, ein nettes Telefonat, das Lob einer:s Vorgesetzten oder dass die Sonne scheint ein Anlass für Dankbarkeit sein.

Wenn du einen doofen Tag hattest und dir auf den ersten Blick nichts einfällt, für das du dankbar sein kannst, so können es auch Aspekte wie fließendes Wasser, ein Dach über dem Kopf oder dass du in einem sicheren Land lebst sein.

ÜBUNG: DANKBARKEITSBRIEF

Frage dich, wer dir in der Vergangenheit etwas Gutes getan hat, immer für dich da war oder dich positiv beeinflusst hat.

Schreibe dieser Person einen Brief. Du kannst ihn über einige Wochen schreiben und brauchst ihn nicht einmal abzuschicken. Das Schreiben führt dazu, dass du dich noch einmal in diese Zeit und das angenehme Gefühl hineinversetzt.

Wenn du magst, kannst du den Brief doch abschicken oder die Person einfach anrufen.

Social Media und Nachrichten einschränken

Wir leben in Zeiten ständiger Erreichbarkeit. Durch die sozialen Medien sind wir immer und überall mit allen verbunden und erhalten die neuesten News. Das kann wenig selbstfürsorglich sein.

Social Media fördern negative Gefühle

Vielleicht bemerkst du, dass du zu viel Zeit im Internet oder am Handy verbringst und dich selbst und andere Tätigkeiten dadurch vernachlässigst. Es ist ja auch verlockend, noch mal dies oder jenes kurz nachzulesen oder sich berieseln zu lassen. Vor allem die sozialen Netzwerke fördern, dass du dich mit anderen vergleichst, was zu Selbstzweifeln und Niedergeschlagenheit führen kann.

Immer wieder heißt es, dass soziale Medien Depressionen befördern würden. Ich wäre bei dieser Aussage vorsichtig, denn: Was war zuerst da? Machen soziale Medien depressiv oder nutzen depressive Menschen besonders viel die sozialen Medien? Auch liest man z. B., dass Instagram Essstörungen auslösen könne. Das stimmt so nicht: Es kann der berühmte Tropfen sein, der das Fass zum Überlaufen bringt, wenn zuvor schon ein instabiles Selbstbild oder weitere Belastungen zusammenkommen, es kann also der Auslöser, jedoch selten die Ursache sein.

Dass die sozialen Medien negative Einflüsse auf die Psyche haben können, ist jedoch unbestreitbar. Durch die oft makellosen Körper und perfekten Leben, die dort optimal in Szene gesetzt werden, kommt kaum jemand daran vorbei, sich nicht zu vergleichen. Dies kann zu Selbstzweifeln und einer verzerrten Selbstwahrnehmung führen. Des Weiteren kann es zu Cybermobbing, Reizüberflutung oder Einsamkeit kommen und du kannst die Zeit, die du im Netz verbringst, nicht anderweitig nutzen – kurzum: Das reale Leben kommt zu kurz.

Natürlich bieten die sozialen Medien, Nachrichtendienste, WhatsApp und Co. auch eine Menge Vorteile: Du kannst dich mit anderen vernetzen und austauschen, erfährst Neues, kannst dich inspirieren lassen und, und, und – es kommt eben darauf an, wie du dich als Nutzer:in verhältst.

Einen gesunden Umgang finden

Um einen gesunden Umgang mit den sozialen Medien zu finden, ist es wichtig, dass du eine innere Einstellung entwickelst, wie du diesem Thema begegnen möchtest. So kannst du fürsorglicher mit dir umgehen und von den Apps profitieren. Mir ist es beispielsweise wichtig, die Vorzüge der Vernetzung und Informationsquellen zu nutzen, gleichzeitig jedoch meine persönlichen Grenzen zu wahren.

- Wähle deine sozialen Medien und Apps bewusst aus. Welche App, welche Dienste tun dir gut? Lösche die, die bei dir ungute Gefühle auslösen, oder reduziere dort Bildschirmzeit.
- Nutze das Handy bewusst, indem du dir ein festes Zeitlimit setzt. Wie viel Internetkonsum dir guttut, ist individuell. Frage dich, wie viel Zeit du am Smartphone verbringen willst, sodass deine anderen Aufgaben und Bedürfnisse nicht zu kurz kommen. Dies kannst du in deinen Einstellungen festlegen.
- Gestalte dir deinen Feed und überprüfe genau, welche Abos du hast. Frage dich: Bietet mir der Account einen Mehrwert und schenkt mir ein gutes Gefühl? Oder folge ich nur aus Gewohnheit? Fühle ich mich wohl, wenn ich die Inhalte konsumiere?
- Wenn du dir diese Fragen ehrlich beantwortet hast, sortiere deine Abos aus und behalte nur die Accounts, die dir ein gutes Gefühl geben. Entfolge allen anderen oder, wenn du mit der Person verbunden bist, kannst du die Beiträge und Storys in einigen Apps auch (für einige Zeit) stummschalten, um sie nicht mehr anzuzeigen.

- Mach dir bewusst: Es ist nicht alles Gold, was glänzt. Ich durfte in den letzten Jahren einige Influencer:innen kennenlernen und weiß, dass hinter der Kamera nicht alles so rosig ist, wie es scheint. Photoshop und Filter tun ihr Übriges. Lass dich davon nicht täuschen und blenden.
- Mache dir klar, dass die Menschen dort nur Momentaufnahmen posten. Du siehst vielleicht ein paar Minuten des Tages der Person, weißt jedoch nicht, was sonst in deren Leben geschieht. Sei vorsichtig mit Vermutungen: Du glaubst die Influencer:innen zu kennen, doch das ist ein Trugschluss.

Fokussiere dich auf das wahre Leben. Du bist ein soziales Wesen, das auf echte Kontakte, auf Berührungen, gemeinsame Erlebnisse und Miteinander-Lachen angewiesen ist. Reflektiere dich selbst und dein Nutzungsverhalten:

- Wie fühlst du dich vor, während und nach deiner Zeit in den Netzwerken?
- Wie viel Zeit verbringst du dort?
- Kommen andere Dinge zu kurz?

ÜBUNG: DAS HANDY DRAUSSENLASSEN

Nimm dein Handy nicht mit ins Schlafzimmer. Wenn du es bisher als Wecker genutzt hast, besorge dir einen eigenen Wecker. So tust du gleichzeitig etwas für deine Schlafhygiene, denn sobald dein Smartphone nicht in der Nähe ist, wirst du besser abschalten können und ruhiger in den Tag starten, denn dein erster Griff geht nicht zum Handy.

Doomscrolling beenden

Vielleicht gehörst du auch zu den Menschen, die gern das sogenannte Doomscrolling betreiben. Dieses Verhalten steht im Widerspruch zur Selbstfürsorge.

DOOMSCROLLING

Darunter versteht man das Verhalten, exzessiv negative Nachrichten im Internet zu konsumieren, obwohl man bemerkt, dass dieses zwanghafte Nachrichtenlesen belastend wirkt. Dieses Phänomen tritt vor allen Dingen in Zeiten von Krisen auf, beispielsweise während der Coronakrise, dem schweren Erdbeben in Syrien und der Türkei oder während des Ukrainekrieges.

Soziale Medien können Doomscrolling befördern. Nachrichtensender wissen, dass sie mit negativen Schlagzeilen mehr Interesse wecken, was dazu führt, dass noch mehr Horrornachrichten präsentiert werden. Doch nicht nur in den sozialen Medien, auch in der Zeitung und im Fernsehen, springt der Mensch auf negative News an. Dies kann zum „Negativity Bias" führen, der Fokussierung auf das Negative. Negative Nachrichten werden von deinem Gehirn schneller verarbeitet und bleiben dir länger in Erinnerung, was evolutionäre Gründe hat: In der Steinzeit war es wichtig, sich noch lange an Gefahren zu erinnern.

Auch wenn die Gräueltaten oder (Natur-)Katastrophen viele tausend Kilometer entfernt stattfinden und du die Bilder auf deinem Handy oder im TV siehst, wittert dein Gehirn erst einmal Gefahr. Doomscrolling kann zu Schlafstörungen, Erschöpfung, Reizbarkeit und Abstumpfung führen. Es ist definitiv kein Zeichen von Selbstfürsorge, wenn du dich bewusst mit schockierenden Nachrichten oder Bildern quälst.

Tipps gegen Doomscrolling

- ✓ Deaktiviere die Push-Benachrichtigungen deines Handys. So kannst du selbst bestimmen, wann und welche Informationen du konsumieren möchtest. Sortiere deine Abos aus.
- ✓ Ordne die Nachrichten richtig ein und mach dir bewusst, dass es den „Negativity Bias“ gibt: Gute Neuigkeiten werden seltener veröffentlicht.
- ✓ Mache die Probleme der Welt nicht zu deinen eigenen und distanziere dich. Es ist niemandem damit geholfen, wenn du unter deinem Konsum leidest, dafür aber sehr gut informiert bist. Wenn du die News nicht verfolgst, bist du weder egoistisch noch rücksichtslos.
- ✓ Setze Grenzen, indem du deine Screen-Zeit einschränkst (z. B. nur zweimal täglich für 15 Minuten zu festgelegten Zeiten) oder nur an bestimmten Orten (z. B. auf einem bestimmten Stuhl sitzend) die Nachrichten konsumierst.
- ✓ Verzichte auf bewegte Bilder, denn diese vermitteln mehr Emotionen. Greife stattdessen auf seriöse Quellen mit nüchternen Texten zurück.
- ✓ Verzichte kurz vorm Schlafengehen auf die Nachrichtenkanäle, damit du gut einschlafen kannst.
- ✓ Suche gezielt nach „Good News“, um ein Gegengewicht zu schaffen.
- ✓ Reflektiere, wie es dir mit diesen Maßnahmen geht, und passe sie gegebenenfalls an.

Deine Erreichbarkeit einschränken

Ist dein Smartphone dein ständiger Begleiter oder stresst es dich, wenn du nur noch 5 % Akku hast, weil du dann nicht mehr erreichbar bist? Viele Menschen nehmen nach Feierabend noch Anrufe von Vorgesetzten an oder beantworten auch am Wochenende berufliche Mails. Sie können sich nicht bequem auf die Couch legen oder sich auf das Treffen mit Freund:innen fokussieren, da im Hinterkopf immer der Gedanke mitschwirrt, dass noch etwas Wichtiges reinkommen könnte oder sie in den sozialen Medien etwas verpassen.

Wenn du bemerkst, dass es dich belastet, immer erreichbar zu sein, kannst du etwas dagegen tun:

- Lege feste Zeiten fest, in denen du kontaktiert werden möchtest.
- Frage dich, ob es wirklich notwendig ist, abends noch geschäftliche Mails zu beantworten. Kann das wirklich nicht bis morgen warten?
- Lerne Grenzen zu setzen.
- Richte Abwesenheitsnachrichten ein, sodass dein Gegenüber per Mail oder im Messenger darüber informiert wird, dass du gerade nicht erreichbar bist.
- Stelle den Fokusmodus ein, damit eingehende Nachrichten und Anrufe dich nicht bei deiner Tätigkeit stören.

4 SORGE DICH UM EIN GUTES UMFELD

Darum sind Beziehungen so wichtig

Vielleicht kennst du das: Du bist unglaublich erschöpft und hast deshalb keine Energie mehr, dich bei deinen Freund:innen zu melden. Ab und zu ist das vollkommen in Ordnung und selbstfürsorglich, um deinen Akku aufzuladen, indem du Grenzen setzt. Ziehst du dich jedoch dauerhaft zurück, so hat das wenig mit Selbstfürsorge zu tun, da soziale Beziehungen ein wichtiger Bestandteil von ihr sind. Wie du bereits weißt, sind Bindungen ein Grundbedürfnis des Menschen.

Beziehungen können dein Bedürfnis nach Bindung befriedigen, es aber auch enttäuschen. Ersteres geschieht, wenn du dich angenommen fühlst und ihr euch auf Augenhöhe begegnet. Letzteres kommt vor, wenn du dich nicht gesehen fühlst, abgelehnt oder verlassen wirst.

Soziale Beziehungen haben großen Einfluss auf deine Zufriedenheit und darauf, wie es dir geht. Das hast du wahrscheinlich spätestens in der Coronapandemie bemerkt, als durch die Lockdowns deine sozialen Kontakte eingeschränkt waren.

Auch Studien zeigen, dass soziale Kontakte einer der wichtigsten Wirkfaktoren für deine Gesundheit und ein langes Leben sind. Einsamkeit und der Mangel an Bindungen können langfristig krank machen. Babys sterben, wenn sie keine Bezugspersonen haben und ihnen somit keine Liebe und Bindung gegeben wird. Nur mit Nahrung, Wärme und Windelwechseln überleben sie nicht.

Der Mensch profitiert von sozialen Beziehungen, denn in der Gruppe ist er stärker als allein. Wenn du krank bist, hast du Menschen in deinem Umfeld, die dir helfen können. Wenn du vor einer Aufgabe stehst, die du allein nicht bewältigen kannst, kannst du Unterstützung erhalten. Mit anderen zusammen kannst du Ziele erreichen oder auch die Kindererziehung oder Versorgung der alten Fürsorgepersonen mit mehreren Personen besser aufteilen. Außerdem kannst du dich mit deinem Umfeld austauschen, neue Sichtweisen erkennen, ein anderes Verständnis erlangen, Trost, Vertrauen und Zuwendung erhalten. So wird dein Bedürfnis nach Bindung und Beziehung erfüllt.

Da Beziehungen so unerlässlich sind, gehören sie auch zu deiner Selbstfürsorge. Die Forschung zeigt, dass sich glückliche Menschen durch ihre Beziehungen von unglücklichen Menschen unterscheiden, denn sie haben erfüllte zwischenmenschliche Kontakte. Dabei kommt es nicht auf die Quantität, also die Menge der Kontakte an, sondern auf die Qualität deiner Verbindungen. Ein:e gute:r Freund:in ist mehr wert als 20 entfernte Bekannte. Gute Bindungen können dich bei Schicksalsschlägen vor Traumatisierungen schützen. Wenn du nach einem schrecklichen Erlebnis von deinem Umfeld aufgefangen wirst, reduziert dies die Wahrscheinlichkeit, eine posttraumatische Belastungsstörung zu bekommen.

Kenne deinen Bindungsstil

In deiner Kindheit entwickelst du durch die Interaktion mit deinen Bezugspersonen einen Bindungsstil, der Einfluss auf all deine weiteren Beziehungen hat: wie du dich auf Beziehungen einlassen kannst, wie du vertraust und ob du dich sicher fühlst. In der Psychologie unterscheidet man vier Bindungstypen. Durch gute Bindungen im Erwachsenenalter kann sich dein Bindungsstil auch verändern, darüber hinaus gibt es auch Mischtypen. Es ist also nicht alles in Stein gemeißelt.

Wenn du deinen Bindungsstil kennst, hat das Einfluss auf deine Selbstfürsorge, da du dich so weniger verurteilst und dir mit Mitgefühl begegnen kannst.

Sichere Bindung

Menschen mit einem sicheren Bindungsstil haben ein positives Bild von sich selbst und anderen. Sie gehen mit einem Urvertrauen durchs Leben, empfinden die Welt als positiv und führen oft stabile und langjährige Partnerschaften. Sie können offen über ihre Gefühle sprechen und sich unterschiedlichen Situationen anpassen. Ihre Bezugspersonen waren in der Lage, die körperlichen und emotionalen Signale des Kindes zu lesen und angemessen darauf zu reagieren.

Unsicher-vermeidende Bindung

Menschen, die unsicher-vermeidend gebunden sind, wirken anderen gegenüber meist desinteressiert oder gleichgültig und leiden oft unter Bindungsangst. Sie präsentieren sich häufig selbstsicher und tarnen somit ihre Unsicherheit. Diesen Personen fehlt es oft an Vertrauen in ihre Mitmenschen und sie glauben, kein Recht auf Zuneigung und Vertrauen zu haben. Deshalb brauchen sie Zeit, um sich zu binden. Oft wird das Gegenüber idealisiert und nur ungern über Empfindungen gesprochen. Die Bezugspersonen haben meist die Bindungsversuche des Kindes abgewiesen und die Bedürfnisse nicht adäquat erfüllt.

Unsicher-ambivalente Bindung

Personen, die unsicher-ambivalent gebunden sind, empfinden oft Angst und Abhängigkeit in Beziehungen. Ist das Gegenüber nicht präsent, sind sie sehr belastet. Die Bezugspersonen dieser Menschen waren oft nicht vorhersehbar, wenig zuverlässig und widersprüchlich. Somit fällt es den Erwachsenen heute schwer, einzuschätzen wie das Gegenüber reagieren wird, was zu Ängsten führen kann. Sie sind hauptsächlich damit beschäftigt, sich anzupassen, und sehr aufmerksam, um zu erahnen, was das Gegenüber möchte. Die Bedürfnisse der anderen zählen meist mehr als die eigenen.

Desorganisierte Bindung

Menschen mit diesem Bindungsstil konnten in ihrer Kindheit keine einheitliche Strategie aufbauen, da die Bezugspersonen das Kind nicht adäquat versorgen konnten, was zu traumatischen Erlebnissen führen kann. Studien zeigen, dass die Fürsorgepersonen meist selbst schwere, nicht aufgearbeitete Traumata erlebt haben. Erwachsene dieses Stils haben oft Schwierigkeiten, ihre Bedürfnisse zu äußern und anderen zu vertrauen. Es gibt häufig Kontaktabbrüche und die eigenen Emotionen können schwer reguliert werden. Da stabile und vertrauensvolle Bindungen diesen Menschen schwerfallen, stoßen sie ihr Gegenüber durch widersprüchliches Verhalten ab.

Wenn du dich und deinen Bindungsstil beim Lesen reflektierst, können alte und tiefe Themen hochkommen und daraus resultierend Probleme entstehen. Hier kann es für dich hilfreich sein, dir psychotherapeutische Unterstützung zu suchen, um das Ganze fachlich zu begleiten. Spüre also genau in dich hinein und sorge (mit professioneller Unterstützung) für dich.

Pflege dein soziales Netz

Du wirst in ein soziales Netz hereingeboren. Neben deiner Herkunftsfamilie, die dich besonders geprägt hat, gab es auch Großeltern, Tanten, Onkel, Erzieher:innen, Lehrer:innen, Trainer:innen, Freund:innen, Nachbar:innen, in deinem Erwachsenenleben heute zusätzlich Kolleg:innen, Bekannte, Vorgesetzte etc. Das Besondere am Erwachsensein ist, dass du dir viele Bindungen selbst aussuchen kannst.

Freundschaften sind die Familie, die du dir selbst zusammenstellst. Freund:innen sind für dich da, wenn es dir nicht gut geht, und auch du unterstützt sie, wenn es die Umstände erfordern. Freundschaften fühlen sich gut an, wenn du Hilfe bekommst, aber auch, wenn du für andere da sein kannst. Erinnere dich einmal zurück an eine Situation, in der du für jemanden Nahestehenden da warst und die Person unterstützen konntest. Wie war das für dich? Was hast du gedacht? Welche Gefühle hast du wahrgenommen? Wo hast du sie körperlich gespürt? War es eine Last für dich oder tat es gut, deinem Gegenüber eine Stütze zu sein?

Manche Freundschaften beginnen im Sandkasten und überdauern ein ganzes Leben. Einige Patient:innen berichten mir, dass sie keine langjährigen Freund:innen haben und darunter leiden. Ich kenne das. Mir fehlte in meiner Vergangenheit ein:e gute:r Freund:in, denn meine beste Verbündete war meine Essstörung. Sie war immer für mich da, wenn es mir schlecht ging, und meine komplette Freizeit galt ihr. Seitdem ich mein Leben umgekrempelt und die Verantwortung für mich übernommen habe, sind einige tolle Freundschaften entstanden. Eine Freundschaft aufzubauen, braucht Zeit und sie darf langsam wachsen. Ich möchte dir also Mut machen, dass es auch jetzt möglich ist, gute Freund:innen zu finden.

Die engste Beziehung, die du haben kannst, neben der zu dir selbst, ist die zu deiner:m Partner:in. Diese Verbindung prägt dich und hat Einfluss auf dein Wohlbefinden. Doch auch wenn du Single bist, bedeutet dies nicht, dass du automatisch einsam und unglücklich bist. Viele Singles pflegen enge Freundschaften, die ebenso wie eine Paarbeziehung positiv auf die Gesundheit wirken.

Introvertiert oder extravertiert?

Wenn du gerade bemerkst, dass du nicht so der Typ für viele Freund:innen und enge Bindungen bist, dann ist nichts falsch mit dir. Es gibt Menschen, die sich gerne in Gesellschaft befinden und austauschen. Sie blühen in sozialen Kontexten auf und tanken Kraft. Man nennt sie extravertiert. Introvertierte Personen hingegen verbringen ihre Zeit oft gerne allein. Es strengt sie an, mit anderen Menschen zu kommunizieren. Sie haben ihren Fokus eher nach innen gerichtet. Das, was für dich stimmig ist, ist dein Weg. Ohne die Menschen beispielsweise, die gerne zuhören (introvertiert), hätten die Personen, die gerne viel reden (extravertiert), keine Zuhörer:innen. Es braucht beide Gruppen und es kann auch sein, dass du in einigen Kontexten eher zu dem einen Pol und in anderen zu dem entgegengesetzten Pol neigst. Jeder Pol hat seine Schwächen und Stärken und seine Daseinsberechtigung. Außerdem gibt es auch hier sogenannte Mischtypen, die in einigen Kontexten eher extravertiert und in anderen eher introvertiert sind.

Damit soziale Kontakte dir guttun, solltest du also für dich schauen, wie oft du andere Menschen treffen möchtest. Introvertierten Menschen entzieht es oft Energie, wenn sie ständig unter Leuten sind, und sie laden ihren Akku eher auf, wenn sie allein oder mit einzelnen Personen einen ruhigen Abend verbringen. Extravertierte Personen hingegen brauchen andere Menschen und laden ihren Akku eher auf, wenn sie nach Feierabend noch Zeit in einer Bar verbringen. Selbstfürsorge bedeutet, dass du für dich herausfindest, wie du deine Kontakte gestaltest und wie oft diese stattfinden.

Prüfe für dich, ob du gerade in Gesellschaft anderer Menschen gestresst bist und dein Körper eigentlich Ruhe und Alleinsein fordert. Wenn dem so ist, solltest du dir eine Auszeit nehmen und beispielsweise nach Feierabend nicht noch bei Freund:innen vorbeischauen. Oder du sagst den Besuch bei der Familie am Wochenende ab. So sorgst du für dich und kannst beim nächsten Mal den Kontakt wieder voll genießen.

Wenn du bemerkst, dass du dich einsam und nicht verbunden mit deinem Umfeld fühlst, solltest du gegensteuern. Zum einen kannst du Personen aus deinem Umfeld anrufen oder schreiben und um ein Treffen bitten. Wenn dies momentan nicht möglich ist, kannst du auch in Verbindung zu fremden Menschen gehen, indem du an der Bushaltestelle mit jemandem ins Gespräch kommst oder im Supermarkt mit der:m Verkäufer:in einen Plausch hältst.

Wenn du für dich gerade realisierst, dass du wenige soziale Bindungen hast, auf die du zurückgreifen kannst, kann dich das erst einmal traurig stimmen. Doch du kannst das Alleinsein für dich auch positiv gestalten. So kannst du Erholung, Ruhe, Inspiration und Erkenntnisse finden und gleichzeitig überlegen, wie du mehr Kontakte knüpfst, beispielsweise in Dating-Apps oder Portalen nach Freund:innen oder Freundschaften suchen. Oder du meldest dich in einem Verein an, in dem du neue Menschen kennenlernst.

Im Internet findest du viele Seiten, auf denen du testen kannst, ob du eher introvertiert bist und etwas alleine und in Ruhe tust, um

Energie zu tanken oder ob du zu den extravertierten Personen gehörst, die ihren Akku in Gruppenaktivitäten laden.

Wenn du deinen Stil kennst, kannst du Entscheidungen treffen, die zu deinem Typ passen, und brauchst nicht versuchen, einem Ideal hinterherzuhecheln. Häufig begegnen mir Patient:innen, die versuchen, sich anders zu verhalten, als es ihrem Naturell entspricht, was unglaublich viel Kraft kosten kann. Das hat nichts mit Selbstfürsorge zu tun. Deshalb: Wenn du weißt, was dir an sozialen Kontakten guttut, wirst du selbstfürsorglicher mit dir umgehen.

Plädoyer für Zeit allein

Das Zusammensein mit nahestehenden Personen ist wichtig, um mental fit zu bleiben oder zu werden. Doch ein weiterer möglicher Baustein für deine Selbstfürsorge kann Zeit ganz allein nur für dich sein. Vielen Menschen fällt dies tatsächlich sehr schwer, weil sie es vielleicht nie gelernt haben.

Wenn ich meinen Patient:innen vorschlage, mal etwas alleine zu tun wie ins Kino oder essen zu gehen, werden mir ganz viel Abwehr und zig Gründe, weshalb das nicht geht, entgegengebracht. Dabei kann eine Aktivität, die du alleine tust, dein Selbstbewusstsein stärken. Du bekommst ein Gefühl der Unabhängigkeit und wirst selbstständiger, da du dann essen gehen kannst, wann du willst, wo du willst und was du willst. Oder du gehst ins Kino, wenn du Lust hast, und schaust den Film, den du schon immer sehen wolltest. Du bist nicht mehr auf andere und deren Vorlieben angewiesen und kannst dir langfristig mehr zutrauen. Das Ganze kann auch ein Ritual werden, wenn du dir regelmäßig einmal im Monat allein etwas Gutes tust.

Doch warum fühlt es sich erst einmal komisch an? Viele Menschen denken, wenn sie etwas alleine unternehmen, würden andere meinen, dass sie keine Freunde hätten, einsam, komisch oder verzweifelt seien. So will niemand wirken. Doch nicht jeder Mensch, der alleine ist, ist einsam. Zwar kann das Alleinsein mit negativen Erinnerungen verbunden sein, was es erschwert, etwas alleine zu unternehmen. Das ist erst einmal absolut nachvollziehbar und du solltest dir mit Mitgefühl begegnen. Doch deine Wunden dürfen heilen und gleichzeitig darfst du dich neuen Herausforderungen stellen, die dir dabei helfen können, dir selbst ein:e gute:r Freund:in zu werden. Wenn du ein Date mit dir selbst hast, wirst du, wenn du dies achtsam tust, immer besser in dich hineinhorchen und deine eigenen Bedürfnisse verstehen. So kannst du dich selbst als Freund:in wahrnehmen und dich liebevoll behandeln.

Neues fühlt sich erst einmal ungewohnt an und macht eventuell auch Angst. Doch je öfter du dich deinen Ängsten stellst, desto leichter wird es dir fallen. Wenn du etwas alleine tust, kannst du abschalten, dich selbst besser kennenlernen, Selbstfürsorge betreiben und dich nur auf dich fokussieren. Es wird sicherlich erst einmal seltsam sein, allein in den Park oder ins Schwimmbad zu gehen, ein Konzert zu besuchen oder einen Sprachkurs zu belegen. Es kann erst einmal schwerfallen, doch dich mit der Zeit selbstsicherer und unabhängiger machen.

Viele glauben, andere Leute dächten: „Oh, die Person ist ja ganz allein, die hat wohl keine Freund:innen.“ Aber ist das wirklich so? Was denkst du, wenn du eine Person alleine im Café siehst? Wahrscheinlich eher so was wie: „Die Person ist gerade auf Dienstreise“ oder „Wow, die Person ist aber mutig, dass sie hier alleine herkommt, das würde ich auch gerne.“

Ich war in der Vergangenheit dazu gezwungen, Dinge alleine zu tun, da ich mich durch meine lange Essstörung komplett isoliert hatte. Ich nahm mir keine Zeit, um soziale Kontakte zu pflegen, denn die Essstörung war meine beste Freundin. Dadurch bin ich es gewohnt. Heute fällt es mir nicht schwer, allein auf Veranstaltungen zu gehen, doch ich habe bisher noch nie negative Erfahrungen gemacht. Stattdessen lerne ich immer neue Leute kennen, wachse über mich hinaus und bekomme im Kino oft spontan eine gute Karte oder Sitzplatz, wenn ich alleine bin statt mit mehreren Personen.

Selbstverständlich ist es schön, Erlebnisse mit Freund:innen zu teilen und das In-Gesellschaft-Sein zu genießen. Gleichzeitig solltest du dir selbst der/die beste Freund:in sein und lernen, mit dir Zeit zu verbringen, um das Alleinsein nicht mehr als Bedrohung zu sehen.

ÜBUNG: DATE MIT DIR SELBST

Mache es zur Routine und vereinbare in regelmäßigen Abständen, z. B. einmal im Monat, ein Date mit dir selbst. Trage es dir in deinen Kalender ein und überlege, was du gerne machen möchtest. Die Tätigkeit darf gerne etwas herausfordernd sein, denn in deiner Komfortzone ist Wachstum nur bedingt möglich.

So kannst du dich z. B. schick anziehen, dein Lieblingsparfüm auftragen oder dich frisch rasieren und dein Lieblingsrestaurant besuchen. Oder du gehst ins Kino und anschließend in eine Bar.

Wenn du bemerkst, dass du unsicher bist und dich fragst, wie du auf andere wirkst, spüre in dich hinein und stelle dir folgende Fragen:

- Wie fühle ich mich?
- Sehe ich andere Personen, die alleine unterwegs sind?
- Mache ich mir negative Gedanken über sie?
- Kann ich mir sicher sein, dass meine Gedanken wahr sind? Was spricht dafür? Was spricht dagegen?

Beziehungen und Selbstfürsorge

Freund:innen, Partner:in, Kolleg:innen, Fürsorgepersonen, Geschwister, Verwandtschaft ... all diese Beziehungen haben eines gemeinsam: Wenn du sie langfristig beibehalten möchtest, wollen sie gepflegt werden. Doch was kannst du tun, damit du gesunde Beziehungen führst, deine Verbindungen stärkst oder neue hinzugewinnst?

Den einen Weg gibt es, mal wieder, nicht. Jede Beziehung ist anders und individuell. Menschen haben unterschiedliche Erwartungen und Wünsche an eine Freundschaft oder Beziehung. Für manche Personen reicht es aus, wenn man wochenlang nichts voneinander hört, sich dann trifft und alles ist wie immer. Andere wünschen sich regelmäßigen Austausch. Für die einen ist eine Fernbeziehung der Inbegriff von Verbundenheit und Vertrauen, für andere ist es ein No-Go. Gute Beziehungen benötigen Pflege, so wie eine Pflanze, die gegossen und auch mal umgetopft werden muss. Nur weil du wahrnimmst, dass deine Kontakte gerade gut laufen, ist das noch keine Garantie, dass dies so bleibt. Deshalb solltest du in deinen zwischenmenschlichen Kontakten auf die folgenden Aspekte achten.

Deine Beziehungen pflegen

Um deine Kontakte aufrechtzuerhalten, solltest du dir klar werden, was du und dein Gegenüber erwarten. Aufmerksamkeit, Gleichberechtigung, Respekt, Vertrauen und Ehrlichkeit sind Bausteine, die zu einer gesunden Beziehung oder Freundschaft dazugehören. Manche Beziehungen sind gerade deshalb so gut, weil man sich nicht so häufig sieht und dadurch die Kontakte von besonderer Bedeutung sind. Deshalb ist das Bewusstwerden so bedeutsam.

Mache dir Folgendes bewusst:

- Es kommt nicht auf die Quantität deiner Beziehungen an, sondern auf die Qualität. Ein, zwei Freund:innen, denen du vertraust und bei denen du du selbst sein kannst, sind mehr wert als mehrere oberflächliche Kontakte.
- Erlebnisse verbinden euch und schaffen gemeinsame Erinnerungen. Deshalb solltest du mit deinen nahestehenden Personen immer mal wieder etwas unternehmen, z. B. ins Konzert gehen oder einen Spaziergang machen.
- Indem du dich an Absprachen hältst, dir bewusst Zeit für dein Gegenüber nimmst und in dem Moment nicht abgelenkt durch dein Smartphone bist, zeigst du, dass die Person dir wichtig ist.
- Authentizität ist ein wichtiger Bestandteil einer gesunden Beziehung. Sei wie du bist, verstelle dich nicht und teile deine Meinung freundlich und wertschätzend mit.
- Kritik, aber auch positive Worte sind wichtig. Oft melden sich Menschen erst zu Wort, wenn das Fass überzulaufen droht. Kommuniziere ehrlich, was dich verletzt oder stört. Lob und Aner-

kennung fallen vielen Personen jedoch auch schwer. Teile deinen Freund:innen mit, was du an ihnen schätzt, was du an ihnen magst und was du von ihnen lernst.

- Sei für deine Beziehungen da, wenn sie dich brauchen, und biete Unterstützung an. Es ist leicht, in guten Zeiten füreinander da zu sein. In der Krise trennt sich leider oft die Spreu vom Weizen. Genauso bedeutsam ist es, dass du dich öffnest und von deinen Problemen erzählst, wenn es dir mal nicht gut geht. Denk daran: Du machst deinem Gegenüber ein Geschenk, indem du dich öffnest. So kannst du um Rat fragen, wenn du mal planlos bist, um Hilfe bitten, wenn du etwas alleine nicht schaffst, oder in einem Gespräch von deinen Sorgen erzählen.
- Konflikte und Meinungsverschiedenheiten gehören dazu und sollten besprochen werden. Wie das geht, erfährst du später noch.

Neue Freundschaften schließen

Viele Menschen schließen in der Kindheit und Jugend lang anhaltende Freundschaften. Doch im Laufe des Lebens verändern du und deine Beziehungen sich und die Wege können sich trennen. Vielleicht haben sich eure Lebensvorstellungen und Ansichten geändert, Freund:innen gehen in die Familienplanung, während du dir vielleicht noch unsicher bist, ob du einmal Kinder haben möchtest. Vielleicht hast du, so wie ich in der Vergangenheit, bisher jedoch auch keine Freundschaften aufbauen können und möchtest dies nun ändern.

Wenn du gerne neue Kontakte knüpfen möchtest, helfen dir vielleicht diese Impulse:

- Wenn du aktuell kaum Freundschaften hast, frage dich: Möchtest du dich schützen und bist vielleicht noch gar nicht bereit? Wurdest du vielleicht in der Vergangenheit belogen oder betrogen? Bist du vielleicht sehr unsicher oder hast soziale Ängste? Hier kann es helfen, sich professionelle Hilfe zu suchen.

- Überlege, welche Kontakte du aktuell hast und ob du diese ausbauen kannst und möchtest. Möglicherweise fallen dir auch alte Freundschaften ein, bei denen du dich melden könntest. Vielleicht stehen unausgesprochene Dinge zwischen dir und den Personen, doch mit der Zeit ist Gras über die Sache gewachsen. Es kann helfen, wenn du über deinen Schatten springst und zum Telefonhörer greifst. Wenn du Befürchtungen hast, überlege, was das Schlimmste wäre, das passieren kann – Desinteresse oder eine Abfuhr, aber letztendlich würde sich nicht viel ändern, außer dass du Klarheit hast. Vielleicht ist die Person aber auch erfreut und bereit, die alte Verbindung wieder aufleben zu lassen. So hat sich vor einiger Zeit auch eine Person aus der Vergangenheit bei mir gemeldet, mit der ich nun wieder intensiver in Kontakt stehe – mal schauen, was sich daraus entwickelt.
- Komme mit Menschen ins Gespräch. Egal ob auf der Arbeit, beim Sport oder beim Ehrenamt: Kommuniziere, interessiere dich für die andere Person und schau, ob ihr euch gut versteht. Wenn ihr Gemeinsamkeiten habt, beispielsweise ein Hobby, dann gibt es schon einmal etwas, das euch verbindet. So habe ich einige Bekanntschaften im Fitnessstudio gemacht, sodass die Zeit im Gym für mich schon allein wegen der Leute ein Genuss ist.
- Du kannst auch bewusst ein neues Hobby beginnen oder einer Gruppe beitreten, um neue Menschen kennenzulernen. So teilst du schon einmal ein gemeinsames Interesse und kommst mit anderen besser ins Gespräch. Das geht auch über soziale Medien. Ich habe über Instagram einige Personen kennengelernt, die ich heute zu meinen Freund:innen zähle.
- Unternimm etwas alleine. So besteht die Chance, mit anderen Menschen ins Gespräch zu kommen und die Nummern auszutauschen. Ich habe schon häufig neue Menschen kennengelernt, wenn ich allein unterwegs war.
- Mache dir bewusst, was du von einer Freundschaft oder Partnerschaft erwartest und notiere dir dies. So hast du für dich klar, was du dir wünschst, kannst dies zum richtigen Zeitpunkt kommuni-

zieren oder für dich abgleichen, ob die Beziehung deine Erwartungen erfüllt.

- Verstelle dich nicht. Vielleicht sind einige Freundschaften in der Vergangenheit daran zerbrochen, dass du nicht du warst, dich angepasst und vorgegeben hast, anders zu sein. Irgendwann fliegt sowas immer auf. Wenn du vorgibst, eine andere Version von dir zu sein, strengt das unglaublich an und ist nicht selbstfürsorglich. Gib dich zukünftig so, wie du bist. Damit wird vielleicht nicht jede:r zurechtkommen, doch die Freundschaften, die sich dann bilden, haben die Chance, tiefe Verbindungen zu werden.

Toxische Beziehungen beenden

Beziehungen und Freundschaften sind Energiequellen und tun gut. Doch auch Freundschaften oder Beziehungen kennen Höhen und Tiefen. Manchmal gerät man auch an eine:n Partner:in oder Freund:in, die einem nicht guttut. Wenn du dauerhaft unter einem Kontakt leidest und eine Dynamik entsteht, sodass du von der anderen Person nicht loskommst, du vielleicht sogar bedroht oder erpresst wirst und Gewalt und Schuldzuweisungen an der Tagesordnung sind, kann die Beziehung toxisch sein.

„Toxisch" bedeutet „giftig", „extrem schädlich". Das englische *toxic* ist darüber hinaus ein Akronym von *tiring* (ermüdend), *obstructive* (hinderlich), *exhausting* (erschöpfend), *intimidating* (einschüchternd) und *conditional* (abhängig). Toxische Beziehungen schaden deiner Selbstfürsorge. Damit meine ich nicht nur Liebesbeziehungen und Freundschaften, sondern auch Familie, Verwandtschaft oder berufliche Kontakte. Wenn du so eine Beziehung führst, belastet sie dich, entzieht dir Kraft und Energie und es herrschen Neid oder Missbilligung.

Die Folgen toxischer Beziehungen sind enorm und Selbstzweifel, Schuldgefühle, aber auch psychische Erkrankungen wie Depressionen, Angststörungen, Schlafstörungen, Essstörungen bis hin zu posttraumatischen Belastungsstörungen können entstehen. Ich möchte jedoch betonen, dass eine Beziehung nur, weil sie dir gerade nicht guttut, noch nicht toxisch sein muss. Nur weil du aktuell mehr gibst als dein Gegenüber oder es oft zu Streitigkeiten kommst, ist das noch kein Indiz für Toxizität.

Toxische Beziehungen sind schwer zu erkennen, denn vor allem zu Beginn erscheint alles wahnsinnig perfekt und die Warnsignale, die sich einschleichen, werden übersehen. Gute Phasen wechseln sich mit schlechten ab und machen dir Hoffnung, dass es wieder so gut wie am Anfang wird.

Ein Warnzeichen für eine toxische Beziehung bei Paaren kann sein, dass vieles sehr schnell ging. In der Anfangsphase wirst du mit Liebe überschüttet („Lovebombing“) und die Beziehung ist von extremen Höhen und Tiefen geprägt. Irgendwann ist alles, was du tust, verkehrt. Auch werden deine Grenzen überschritten und du bist fast immer schuld. Außerdem kann Gaslighting eine Rolle spielen.

GASLIGHTING

Das Phänomen ist nach dem Theaterstück „Gas Light" von Patrick Hamilton benannt, in dem ein Mann versucht, seine Frau in den Wahnsinn zu treiben, indem er z. B. die Gaslampen im Haus manipuliert und abstreitet, der Verursacher zu sein. Gaslighting beschreibt eine Form der psychischen Gewalt, mit der das Opfer gezielt verunsichert und manipuliert wird.

Beispiele für verbales Gaslighting:

- „Das hast du so nie gesagt!"/„Das habe ich nie gesagt!"
- „Das bildest du dir ein!"/„Du hörst dich verrückt an, das weißt du schon?"
- „Beruhig dich mal."

Das können Warnsignale für eine toxische Beziehung sein:

- Du gibst mehr, als du zurückbekommst; die Beziehung kostet dich mehr Energie, als sie dir schenkt.

- Du hast andere Rechte und Pflichten als dein Gegenüber, es dreht sich hauptsächlich um die andere Person.
- Du zweifelst ständig an dir und kannst nicht du selbst sein.
- Dir wird immer die Schuld zugewiesen, du kannst es deinem Gegenüber nicht rechtmachen, dein Gegenüber ist unberechenbar.
- Die Realität wird verdreht, sodass du deine Wahrnehmung hinterfragst. Dein Gegenüber versucht dich zu isolieren und kontrolliert deine anderen Kontakte.
- Gewalt kommt zum Einsatz (verbale, körperliche oder psychische Gewalt).
- Es wird versucht, dich von deinem Umfeld zu isolieren.
- Dein Umfeld spricht dich auf deine Beziehung an und äußert Sorgen.

Ich hatte mal einen Patienten, der einen besten Freund hatte, der toxisches Verhalten zeigte. Er kommentierte alles, was mein Patient machte. Er kritisierte und zog ihn runter. Mein Patient machte das einige Jahre mit, und durch seine Unsicherheit ordnete er sich immer unter. Er hatte das Gefühl, vom Freund abhängig zu sein, denn schließlich arbeiteten sie zusammen. Erst in der Therapie realisierte er, dass diese Freundschaft ihm nicht guttat. Er hatte Angst, seinen Freund darauf anzusprechen, fürchtete, dann seinen Job zu verlieren und erwartete negative Bewertungen aus seinem Umfeld, denn das schätzte diesen Freund. Sein wahres Gewicht zeigte er nur bei meinem Patienten, denn da war er sich der Freundschaft sicher.

Jede:r kann in eine toxische Beziehung geraten. Auch ich hatte schon in einer besseren Lebensphase eine toxische Freundschaft, in der mir immer eingeredet wurde, dass ich alles falsch machen würde. Erst nachdem ich diesen Kontakt beendet hatte, sah ich klar, was ich mit mir hatte machen lassen, und blühte nach der Verarbeitung auf.

Wenn du einen guten Selbstwert hast, gut für dich sorgst, weißt, wo deine Grenzen sind, diese auch kommunizierst und Verantwortung für dich übernimmst, ist das eine gute Ausgangslage, um Beziehungen auf Augenhöhe zu führen. Solltest du eher unselbstständig sein, starke Selbstzweifel haben und dich alleine fühlen, können das Voraussetzungen sein, dich auf ungesunde Beziehungen einzulassen. Je besser du dich kennst und für dich sorgst, desto eher kannst du Grenzen setzen und solche Kontakte meiden.

Wenn du bemerkt hast, dass du eine toxische Beziehung führst, muss das nicht unbedingt das Aus der Partnerschaft oder Freundschaft bedeuten. Wenn du und dein Gegenüber zur Selbstreflexion und Verantwortungsübernahme für das eigene Handeln bereit sind, so könnt ihr euch gemeinsam weiterentwickeln. Wichtig ist, dass du die andere Person mit deiner Wahrnehmung konfrontierst. Stößt dies auf Widerstand und Abwehr, so kann das Ende der Beziehung die Lösung sein. Gelingt dir dies nicht alleine, hole Familie, Freund:innen oder im Extremfall die Polizei mit ins Boot.

Was du tun kannst, wenn du das Gefühl hast, dass du in einer toxischen Beziehung oder Freundschaft lebst:

- Suche das Gespräch. Möglicherweise weiß dein Gegenüber nicht, was er oder sie mit dem Verhalten bei dir auslöst. Versuche, ruhig und sachlich zu sprechen (siehe auch den nächsten Abschnitt „Kommunikation“).
- Achte gut auf dich und deine Selbstfürsorge. Grenze dich ab, wenn es dir zu viel wird, und kommuniziere dies.
- Hole dir Hilfe, z. B. bei Beratungsstellen oder Psychotherapeut:innen, tausche dich mit Freund:innen aus und bleib nicht allein mit deiner Last.
- Beende den Kontakt, wenn du merkst, dass das Gespräch nicht auf fruchtbaren Boden gestoßen ist.

Es muss sich jedoch gar nicht um eine toxische Beziehung handeln, um einen Kontakt zu beenden. Wenn du dich in einer Freundschaft oder Beziehung nicht wohlfühlst und merkst, dass du nach den Treffen oder Gesprächen sehr erschöpft bist, ein:e Freund:in dich immer wieder nur kontaktiert, wenn er oder sie etwas von dir will, oder ein:e Kolleg:in dich ständig als seelischen Mülleimer benutzt, dann darfst du fürsorglich mit dir selbst umgehen und eine Grenze ziehen.

Gute Kommunikation ist essenziell

Defizite in der Kommunikation sind einer der Gründe, weshalb meine Patient:innen belastet in die Therapiesitzung kommen. Wenn du dich mit deiner:m Partner:in, Freund:in oder anderen nahestehenden Personen gestritten hast, dann macht dies etwas mit dir. Menschen, die Angst vor Enttäuschung oder Ablehnung haben, ziehen sich schnell zurück oder passen sich an, was dazu führt, dass die eigenen Wünsche und Bedürfnisse nicht geäußert werden. Grenzen setzen fällt dann oft sehr schwer und die Selbstfürsorge leidet. Aus diesem Grund wird es nun darum gehen, wie du deine Beziehungen positiv führen kannst.

Um Beziehungen zu führen, die dir guttun und deiner Selbstfürsorge dienen, musst du kommunizieren. Dies geschieht verbal durch den Austausch von Informationen und nonverbal durch Mimik und Gestik. Verbal meint das, was du durch deine Stimme mitteilst. Also Worte, aber auch Tonlage und Betonung. Nonverbal meint all das, was du durch Mimik, also deine Gesichtsausdrücke, und Gestik, also deine Körperbewegungen, bewusst und unbewusst mitteilst.

„Man kann nicht *nicht* kommunizieren“ sagte der österreichische Philosoph, Psychotherapeut und Kommunikationswissenschaftler Paul Watzlawick. Gemeint ist damit, dass du auch etwas sagst, wenn du schweigst. Wenn du z. B. eine schlechte Nachricht bekommen hast, nach Hause kommst und auf die Frage deiner:s Partner:in, wie es auf der Arbeit war, nicht antwortest, sondern zu Boden blickst, kommunizierst du dennoch: Trotz deines Schweigens erhält dein:e Partner:in Informationen durch deine Mimik und Gestik.

Wie du etwas sagst, hat großen Einfluss auf dein Gegenüber. So hatte ich mal einen Patienten, der in der ersten Sitzung sehr leise sprach. Ich musste mich besonders anstrengen, um alles zu verstehen. Als ich dies direkt ansprach und nachfragte, ob er dies auch im Alltag so mache, bejahte der Patient. Es stellte sich heraus, dass er von seinem Vater in der Kindheit immer kleingemacht und oft körperlich misshandelt wurde. Er hatte verinnerlicht: „Ich darf nicht auffallen und keine Meinung haben, sonst werde ich bestraft“, was dazu führte, dass er ganz leise wurde.

Das Vier-Ohren-Modell

In der Kommunikation zwischen zwei Menschen gibt es viele Missverständnisse, denn es gibt nicht nur die Sender:innen, die eine Botschaft übermitteln, sondern auch die Empfänger:innen, die diese erhalten. Das eindrückliche Vier-Ohren-Modell des Kommunikationspsychologen Friedemann Schulz von Thun beschreibt, dass eine Aussage aus vier Ebenen („Ohren") besteht.

Sachebene: Was die Nachricht konkret aussagt und was du mitteilen möchtest. Du vermittelst deinem Gegenüber Informationen in Form von Daten und Fakten. Um Missverständnisse zu vermeiden, solltest du dich so verständlich und klar wie möglich ausdrücken. Empfänger:innen hören diese Botschaft mit dem „Sachohr" und entscheiden, ob es für sie (nicht) zutreffend, (ir-)relevant und (nicht) ausreichend informierend ist, und reagieren.

Selbstoffenbarungsebene: Wie du die Botschaft darstellst und was du von dir preisgibst. Mit jeder Nachricht übermittelst du auch etwas von deinen Gefühlen, Werten und Ansichten. Einerseits geschieht dies durch Ich-Botschaften („Ich fühle mich ..., „Ich finde, dass ..."), andererseits zwischen den Zeilen. Dein Gegenüber macht sich durch das Selbstoffenbarungsohr einen Eindruck von dir.

Beziehungsebene: Wie du als Sender:in zur:m Empfänger:in stehst oder was du von der Person hältst. Durch Tonlage, Mimik und Gestik zeigst du deinem Gegenüber, wie du zu ihm oder ihr stehst. Dein Gegenüber hört so über das „Beziehungsohr", wie du zu ihm oder ihr stehst.

Appellebene: Was du als Sender:in bei dem/der Empfänger:in auslösen oder erreichen möchtest. Durch deine Wunschäußerung, Aufforderungen oder Anweisungen möchtest du bei deinem Gegenüber etwas erreichen. Dies geht direkt: „Könntest du mich abholen" oder indirekt „Mein Auto ist in der Werkstatt". Empfänger:innen hören dies mit dem „Appellohr" und überlegen, was sie nun (nicht) denken, fühlen oder machen wollen.

In seinem Buch „Miteinander reden" beschreibt Schulz von Thun ein inzwischen berühmtes Beispiel: Ein Mann und eine Frau sitzen im

Auto und warten an einer roten Ampel. Sie fährt. Als die Ampel auf Grün springt, sagt der Mann: „Die Ampel ist grün."

Mögliche Ebenen des Mannes (Sender):
- Sachebene: „Die Ampel ist auf grün gesprungen."
- Selbstoffenbarungsebene: „Ich habe Zeitdruck."
- Beziehungsebene: „Du brauchst meine Hilfestellung."
- Appellebene: „Fahr endlich los."

Mögliche Ebenen der Frau (Empfängerin):
- Sachebene: „Die Ampel ist auf grün gesprungen."
- Selbstoffenbarungsebene: „Du bist zu langsam."
- Beziehungsebene: „Du bist eine schlechte Autofahrerin."
- Appellebene: „Ab jetzt fahre ich wieder."

Jede Botschaft vermittelt auf diesen vier Ebenen eine Nachricht. Hören Empfänger:innen das, was Sender:innen sagen wollten, gibt es selten Probleme. Das, was Sender:innen sagen, muss jedoch nicht das sein, was Empfänger:innen verstehen. So entstehen Missverständnisse und Konflikte. Diese können Gründe haben:
- Es wird nicht das gehört, was gesagt wurde.
- Es wird gefordert, statt etwas vorzuschlagen. Hier kann derselbe Satz, nur als Frage formuliert, schon helfen. Menschen wollen die Wahl haben und nicht, dass man ihnen etwas auferlegt. Um eine Abwehrhaltung zu vermeiden, ist es besser, statt zu sagen: „Wir treffen uns um 15 Uhr" zu fragen: „Wollen wir uns um 15 Uhr treffen?"

Selbstfürsorge bedeutet, alle vier Ohren im Blick zu behalten und zu reflektieren.

Gewaltfreie Kommunikation

Konflikte entstehen, das ist ganz normal. Doch wie oft werden Streitigkeiten ausgesessen oder vermieden? Wie oft hast du dich schon untergeordnet oder deine Meinung angepasst, um einem Konflikt aus dem Weg zu gehen? Das hat nichts mit Selbstfürsorge zu tun. Etwas, anzusprechen, das dich stört, kann dich und deine Beziehungen weiterbringen und dir innere Ruhe schenken. Hier kann die gewaltfreie Kommunikation (GfK), entwickelt von Marshall B. Rosenberg, helfen.

Laut Rosenberg entstehen Konflikte, wenn zwischenmenschliche Bedürfnisse nicht erfüllt werden. Wenn diese von beiden Konfliktpartner:innen jedoch empathisch angesprochen werden, können die Streitigkeiten beigelegt werden.

Die GfK ist eine Methode, mithilfe derer Menschen wertschätzend, klar und empathisch kommunizieren, was zu einem kooperativen Zusammenleben und einer besseren Beziehungsqualität führen kann. Laut Rosenberg gibt es die gewaltvolle Sprache, die Wolfssprache, die von Interpretationen, Bewertungen, Kritik, Analysen und Besserwisserei geprägt ist. Das hat zur Folge, dass sich das Gegenüber schnell angegriffen, verletzt, beschuldigt oder nicht respektiert fühlt, und führt zu Rechtfertigungen, Gegenangriffen und Konflikten. Am Ende wird oft etwas gefordert und „Wolfssprachler“ belehren, drohen, beschimpfen, warnen, unterstellen, befehlen oder urteilen.

Dem gegenüber steht die gewaltfreie, die sogenannte Giraffensprache, die sich durch Weitsicht und Empathie auszeichnet. Hier achtest du bewusst auf deine eigenen Gefühle und Bedürfnisse und die des Gegenübers. Beobachtungen werden kommuniziert und es wird gewünscht und nicht gefordert. In der gewaltfreien Sprache werden Kritik oder Vorwürfe nicht persönlich genommen, sondern das dahinterliegende Gefühl oder Bedürfnis erkannt. Es wird auf Beleidigungen, Angriffe und Kritik verzichtet. Durch diese Art der Kommunikation können beide Gesprächspartner:innen ein Verständnis füreinander entwickeln.

Rosenberg formulierte vier Schritte, die ich dir am Beispiel einer Verabredung, die sich verspätet hat, verdeutliche:

1. Formuliere deine Beobachtung: Sprich aus, was du wahrgenommen hast, ohne es zu bewerten oder zu interpretieren: „Schön, dass du da bist. Wir waren aber schon vor 30 Minuten verabredet. Letzte Woche warst du auch 20 Minuten zu spät.“

2. Formuliere deine Gefühle: Umschreibe, welche Gefühle es bei dir auslöst, ohne Vorwürfe zu machen. „Wenn du dich ohne mich zu informieren verspätest, werde ich ärgerlich und habe das Gefühl, dass du unsere Treffen nicht wertschätzt."
3. Äußere dein Bedürfnis: Teile mit, welchen Wunsch du hast und welches Bedürfnis hinter diesem Gefühl steht. „Ich würde mir wünschen, dass du pünktlich kommst und ich nicht so lange warten muss."
4. Formuliere deine Bitte: Sprich deine Bitte deutlich, positiv und aussagekräftig aus und schlage eine Handlungsweise vor. „Ich möchte dich bitten, dass du pünktlich kommst oder mich kurz informierst, um wie viel du dich verspätest."

Außerdem solltest du versuchen, deine Wahrnehmungen als Gefühle und nicht als Tatsachen zu formulieren. Wenn du deinem Gegenüber sagst: „Du schließt mich aus", dann hat das eine andere Wirkung, als wenn du sagst „Ich fühle mich ausgeschlossen". Ersteres beinhaltet einen Vorwurf. Andere Beispiele sind: „Du hast mich belogen" → „Ich habe das Gefühl, du belügst mich" oder „Ich bin dir nicht wichtig" → „Ich habe das Gefühl, dir nicht wichtig zu sein".

Auch wenn es dir komisch vorkommt und sich gekünstelt anfühlt, dass du in einer Streitsituation mit ruhiger Stimme deine Bedürfnisse und was du wahrnimmst, äußern sollst, ist an dem Konzept viel Wahres dran. Wenn du allein daraus ziehst, dass du weniger mit Vorwürfen streiten und stattdessen bei dir und deinen Bedürfnissen bleibst, ist schon viel gewonnen.

Das Ganze bedarf auch Zeit und Übung, um verinnerlicht zu werden. In einer akuten Streitsituation wirst du höchstwahrscheinlich erst einmal gar nicht wertfrei die Situation wahrnehmen, möglicherweise kaum Zugang zu deinen Gefühlen haben und deshalb auch deine Bedürfnisse nur schwer kommunizieren können. Hier empfehle ich, einen kurzen Break zu machen, indem du mitteilst, dass du 15 bis 30 Minuten Zeit brauchst, um dich, deine Gefühle und Gedanken zu ordnen und dann weiter zu reden. So haben beide Parteien die Möglichkeit, die Emotionen wieder runterkochen zu lassen.

Die GfK kann dich und die andere Person in Verbindung bringen, statt euch gegenseitig anzuklagen. Sie kann dazu führen, dass deine Beziehungen ehrlicher und tiefer werden.

ÜBUNG: GEWALTFREIE KOMMUNIKATION

Um die GfK zu verstehen und zu verinnerlichen, will sie geübt sein. Dazu kann es hilfreich sein, wenn du dir einige Situationen aus der Vergangenheit ins Gedächtnis rufst und dir diese aufschreibst.

- Beschreibe die Ausgangssituation wertfrei. Orientiere dich dabei an dem, was du wahrnimmst, ohne es direkt zu bewerten. Um ein wenig Übung zu bekommen, kannst du auch einmal täglich deine Umgebung ohne Wertung beschreiben. Orientiere dich an Daten, Zahlen und Fakten. Formulierungshilfe: „Wenn ich xx wahrnehme, ..."
- Was hast du in der Situation gefühlt? Hier kann es helfen, wenn du dich noch einmal mit der Gefühlsliste auf S. 132 beschäftigst, denn es gibt noch mehr Zustände als „gut" und „schlecht". Formulierungshilfe: „... fühle ich mich xx ..."
- Überlege, welches Bedürfnis in der vergangenen Situation verletzt wurde. Schaue dir dazu noch einmal die Bedürfnisliste auf S. 217 an. Formulierungshilfe: „... weil mein Bedürfnis nach xx verletzt wurde."
- Was hättest du dir in der Situation von deinem Gegenüber gewünscht? Wie könntest du dies als Bitte formulieren? Formulierungshilfe: „Deshalb würde ich dich zukünftig bitten ..."

„Und gleichzeitig" statt „aber"

Einen weiteren Gamechanger in der Kommunikation habe ich ebenfalls in der GfK gefunden und verwende ihn selbst täglich. Die Rede ist von dem Austausch des unscheinbaren Wortes „aber" mit „und gleichzeitig".

Was meine ich damit? Vielleicht kennst du das, dass du deiner:m Partner:in sagst: „Ich verstehe, dass du gestresst bist, *aber* ich bin sehr genervt, denn du wolltest den Einkauf machen." Oder dein:e Freund:in verspätet sich und begründet dies. Dann sagst du vielleicht so etwas wie: „Ich verstehe, weshalb du aufgehalten wurdest, aber für mich war es echt doof zu warten." Oder du denkst so etwas wie: „Ich möchte mich besser um mich und meine Selbstfürsorge kümmern, aber ich schaffe es einfach nicht, weil ich so viel zu tun habe."

Durch das „aber" relativierst du all das, was du vorher gesagt oder gedacht hast. Wenn du es durch „und gleichzeitig" ersetzt, können beide Bedürfnisse nebeneinander bestehen. „Ich verstehe, dass du gestresst bist, und gleichzeitig ich bin sehr genervt, denn du wolltest den Einkauf machen", „Ich verstehe, weshalb du aufgehalten wurdet und gleichzeitig war es für mich echt doof zu warten" oder „Ich möchte mich besser um mich und meine Selbstfürsorge kümmern und gleichzeitig schaffe ich es einfach nicht, weil ich so viel zu tun habe." Die Aussage des Satzes bleibt dieselbe, die Wirkung ist eine andere. Durch das „und gleichzeitig" sind nun beide Aussagen gleichwertig.

Bitten formulieren

Vielleicht fällt es dir schwer, eine Bitte zu formulieren, statt etwas einzufordern. Diese Beispiele sollen dir dabei helfen, dies zu trainieren.

Die Bitte sollte **positiv formuliert** sein, also nicht: „Ich wünsche mir, dass du zukünftig nicht zu spät kommst", sondern: „Ich wünsche mir, dass du zukünftig pünktlich kommst."

Formuliere deinen Wunsch **konkret**, also nicht: „Ich wünsche mir, dass du ordentlicher bist", sondern: „Ich wünsche mir, dass du die Dinge an den festen Ort zurücklegst."

Deine Bitte sollte **realistisch und umsetzbar** sein. So kannst du deine Kolleg:innen bitten, deine Aufgaben genauso gut wie du in deiner Urlaubszeit erledigen, ob das jedoch realistisch ist, hängt von ihrem Arbeitspensum und den Fähigkeiten ab.

Es kann helfen, wenn du dir eine Art Bittenvokabular aneignest. Hierfür kannst du dir selbst Sätze überlegen. Beispiele sind:

„Würdest du dein Handy kurz zur Seite legen und mir zuhören?"
„Könntest du zukünftig pünktlich kommen oder mir vorher Bescheid geben?"
„Ich bitte dich, zukünftig darauf zu achten, das Licht auszumachen, wenn du die Wohnung verlässt."
„Kannst du bitte mein Bedürfnis nach Ruhe respektieren?"
„Ich möchte, dass du mir zuhörst und mich nicht unterbrichst."
„Ich wünsche mir, dass du dich meldest, wenn du zu Hause bist."
„Bringst du heute Abend bitte die Kinder ins Bett?"

Satzanfänge für eine Bitte können sein:
„Ich wünsche mir ..."
„Ich bitte dich, dass ..."
„Was hältst du davon, dass ..."
„Bitte ..."
„Könntest du wohl ..."
„Ich möchte, dass ..."

Verbessere deine Kommunikation

Du weißt nun, dass Kommunikation einen großen Beitrag zu funktionierenden Beziehungen und somit zu deiner Selbstfürsorge beitragen kann. Im Folgenden möchte ich dir ein paar Kommunikationstipps mit an die Hand geben. Wie immer: Schaue, was für dich stimmig ist, probiere die Impulse aus und beobachte, ob sie dich und dein Gegenüber weiterbringen.

Ich-Botschaften

Wenn du in einem Konflikt mit einer anderen Person bist, dann gibt es kaum etwas Besseres, als mit Ich-Botschaften zu kommunizieren.

Mit Ich-Botschaften teilst du deinem Gegenüber mit, was die Aussage oder das Verhalten bei dir auslösen. Sie wirken deeskalierend. So verurteilst du nicht, greifst nicht an oder beschuldigst nicht. Dadurch machst du deutlich, dass deine Interpretation subjektiv ist, und die andere Person hat die Möglichkeit darzustellen, wie etwas gemeint war.

Du-Botschaften wie „Du kommst immer zu spät“, „Nie meldest du dich“, „Wieso hast du das schon wieder vergessen?“ oder „Das ist so typisch für dich“ beinhalten meist einen Vorwurf, Ablehnung, Abwertung, Schuldzuweisungen oder Kritik. Diese Aussage führt beim Gegenüber meist zu einem Gegenangriff, Verteidigung oder Rückzug.

Durch Ich-Botschaften ist ein Umgang auf Augenhöhe möglich. Dadurch wird eine Abwehrreaktion unwahrscheinlicher, außerdem hat die andere Person die Möglichkeit, zu verstehen, worum es dir geht.

Eine Ich-Botschaft kannst du gut anhand der GfK formulieren: „Ich bin ..., wenn du ..., weil ... und ich möchte ...“

„Ich muss“

„Ich muss noch einkaufen“, „Ich muss zur Arbeit“, ‚Ich muss noch Sport machen“, „Ich muss mich noch um mich selbst kümmern“ – wie oft hast du dies und anderes schon gesagt oder gedacht? Doch stimmt es wirklich?

Nein. Du musst gar nichts. Ich plädiere dafür, das Wort „müssen“ aus dem Wortschatz zu streichen, denn du bist erwachsen und kannst selbst entscheiden, was du tust und was nicht. Weshalb das Wort „müssen“ unnötig ist, möchte ich dir am Beispiel „Ich muss zur Arbeit“ verdeutlichen. Was wäre, wenn du nicht zur Arbeit gehst? Irgendwann würde es auffallen, irgendwann würden eine Abmahnung und die Kündigung folgen. Was wäre dann? Dann hättest du kein Einkommen mehr, müsstest wahrscheinlich irgendwann aus deiner Wohnung ausziehen und dir einen neuen Job suchen. Möchtest du das? Wahrscheinlich nicht. Deshalb wirst du dich tagtäglich, mal gern und mal nicht so gern, bewusst dazu entscheiden, zur Arbeit zu gehen. Eben weil du dein Gehalt beziehen und dein Leben finanzieren möchtest. Ich finde, das hat wenig mit Müssen und viel mit Wollen zu tun.

Statt Selbstfürsorge als Muss anzusehen, frage dich, was geschieht, wenn du sie nicht ausübst? Mit der Zeit wird es dir womöglich mental und körperlich schlechter gehen. Möchtest du das? Wahrscheinlich nicht. Selfcare ist eine bewusste Entscheidung und kein Müssen.

Was wäre, wenn du die Wohnung nicht putzt, auch wenn du gleich Besuch erwartest? Was wäre, wenn du das Auto nicht tankst, obwohl du gleich eine lange Strecke vor dir hast? Sage stattdessen: „Ich will noch einkaufen, damit ich heute Abend etwas kochen kann“, „Ich möchte zur Arbeit, damit ich meinen Job behalte“, „Ich will jetzt Sport machen, weil ich damit meinem Körper etwas Gutes tue“, „Ich werde nun Selbstfürsorge betreiben, damit ich mental stabil bleibe“.

„Immer“ und „nie“

„Immer muss ich mich um alles kümmern“, „Nie meldest du dich“, „Immer muss ich dich anrufen“, „Nie kommst du pünktlich.“ Wie oft hast du solche oder ähnliche Aussagen gemacht oder zu hören bekommen? Dass jemand sich nie um etwas kümmert, meldet oder immer zu spät kommt, halte ich jedoch für recht unrealistisch. In dem Moment fühlt es sich für dich so an, doch es sind Pauschalisierungen, die zu Vorwürfen führen.

Wenn du diese Wörter verwendest, hoffst du eigentlich darauf, dass du mit deinen Bedürfnissen gesehen wirst, und fühlst dich womöglich hilflos. Sinnvoller wäre es hier, dein Bedürfnis zu verbalisieren und eine Bitte zu äußern: „Ich fühle mich überfordert, könntest du mir Aufgabe XY abnehmen?“, „Ich fühle mich nicht beachtet, könntest du dich auch selbst einmal melden?“, „Ich habe das Gefühl, dir nicht wichtig zu sein. Magst du das nächste Mal anrufen?“, „Ich habe das Gefühl, nicht wichtig zu sein. Könntest du zukünftig pünktlich sein?“

Das „Weil-Tier“

Wenn du eine Pause brauchst und deshalb eine Verabredung absagen möchtest, du eine Aufgabe auf der Arbeit ablehnen musst oder anderweitig eine Grenze setzt, weil es dir zu viel wird, kann es sinnvoll sein, wenn du das Ganze begründest. „Nein“ ist zwar ein vollständiger Satz, gleichzeitig können so Missverständnisse entstehen. Der Mensch ist ein Weil-Tier: Wenn er eine Begründung bekommt, weshalb etwas nicht geht, reagiert er meist nicht direkt erbost oder enttäuscht.

Ich habe das schon oft im Supermarkt getestet. Wenn ich nur ein oder zwei Sachen bezahlen muss, frage ich oft, ob ich vorgelassen werde. Es macht einen großen Unterschied, ob ich frage: „Darf ich bitte vor?" oder „Darf ich bitte vor, weil ich a) nur eine/zwei Sachen bezahlen muss, b) einen dringenden Termin habe, c) etwas bezahlen muss." Ja, du liest richtig: Jede:r in einer Schlange im Supermarkt muss etwas bezahlen. Doch auch bei Begründung c) werde ich fast immer vorgelassen, ohne eine Erklärung höre ich häufiger ein „Nein".

Wenn du das nächste Mal zu einer Verabredung eingeladen wirst, es dir aber einfach nicht passt, kannst du einfach „Nein" sagen, oder du probierst es mit: „Nein, das geht nicht, weil ich aktuell sehr erschöpft bin und einen Abend für mich brauche."

Kompromisse schließen

Freundschaften, Beziehungen und alle anderen zwischenmenschlichen Kontexte sind gekennzeichnet von Geben und Nehmen, denn jede:r hat andere, individuelle Vorstellungen und Bedürfnisse, die zu Meinungsverschiedenheiten führen können. Deshalb ist es wichtig, dass du bereit bist, Kompromisse zu schließen. Dadurch fühlen du und deine Mitmenschen sich im Kontakt wohl(er) und es dient deiner Selbstfürsorge. Kompromisse helfen dir, dich selbst nicht zu verlieren, authentisch zu bleiben, für dich einzustehen und gleichzeitig dein Gegenüber miteinzubeziehen. So könnt ihr gemeinsam einen Weg gehen.

Doch was versteht man eigentlich unter einem Kompromiss? Es ist eine Annäherung von mindestens zwei Parteien in einem Konflikt, die von allen als fair und gerecht empfunden wird und bei dem alle Beteiligten einen Schritt aufeinander zugehen. Die Lösung ist dann oft ein Mittelweg, bei dem sich alle wohlfühlen. Bei einem Kompromiss sollte es dir nicht darum gehen, zu gewinnen, sondern darum, dass du und dein Gegenüber zufrieden mit der Lösung sind. Selbstfürsorge bedeutet, die eigenen Bedürfnisse und Wünsche mitzuteilen, diese jedoch nicht auf Biegen und Brechen durchzusetzen, sondern auch hier das Bedürfnis nach Bindung zu befriedigen und Kompromisse zu schließen. Dazu solltest du jedoch kommunizieren, denn so kann ein Mittelweg gefunden werden, bei dem beide Parteien Zugeständnisse machen.

Hierzu ein kleines Beispiel: Ein Ehepaar sitzt in der Weihnachtszeit zusammen in der Küche. Beide möchten die letzte Orange haben. Sie schließen einen Kompromiss und teilen sie sich. Der Mann isst das Fruchtfleisch und wirft die Schale weg. Die Frau wirft das Fruchtfleisch weg und nutzt die Schale, um damit zu backen. Hätte das Paar nicht darüber diskutiert, dass beide die letzte Orange haben wollen, sondern mitgeteilt, *weshalb* sie das Obststück benötigen, hätten beide mehr von Fruchtfleisch oder Schale gehabt. Wenn du die Motivation deines Gegenübers empathisch verstehst, könnt ihr besser einen Kompromiss finden.

Ich höre immer wieder, dass Kompromisse ja faule Kompromisse seien, doch sich aufeinander zuzubewegen, kann auch positive Aspekte haben. So kannst du neue Dinge ausprobieren, etwas anders machen oder die andere Person besser verstehen lernen. Ungesund wird es jedoch, wenn du dich immer wieder anpasst und Opfer bringst, um dein Umfeld zufriedenzustellen. Dies geht auf deine Kosten.

Manchmal musst du auch Kompromisse mit dir selbst schließen, wenn z. B. kurz- und langfristige Ziele kollidieren. Auch das ist selbstfürsorglich. Einerseits würdest du gerne spontan mit deinen Freund:innen eine Veranstaltung besuchen, andererseits musst du aber noch deine Bewerbung für die neue Arbeitsstelle bis morgen fertig machen. Hier könnte der Kompromiss sein, dass du dir ein Zeitlimit setzt, wann du spätestens wieder zu Hause bist, um die Bewerbung abzuschließen.

Einen guten Kompromiss zeichnet Folgendes aus:

- Niemand hat sein Gesicht verloren.
- Es wurde auf Augenhöhe und fair kommuniziert.
- Niemand muss seine Werte aufgeben.
- Es geht nicht nur darum, den eigenen Willen durchzusetzen.
- Alle sind mit dem Kompromiss einverstanden.
- Niemand nimmt durch den Kompromiss Schaden.

Außerdem ist es sinnvoll, in Freundschaften oder Beziehungen auch mal zu diskutieren oder zu streiten und Kompromisse zu schließen. Wenn Patient:innen auf meine Nachfrage zu Konflikten in der Beziehung erzählen, dass sie nie oder sehr selten streiten würden, ist das für mich immer ein Warnzeichen, dass ein Partner sich womöglich zurücknimmt. Das geht auf Kosten der eigenen Bedürfnisse und ist das Gegenteil von Selbstfürsorge.

Wenn du in einem Konflikt steckst und bereit bist, einen Kompromiss zu schließen, helfen dir folgende Schritte:

- Teile deine Meinung, Bedürfnisse, Sichtweise, Vorstellungen mit. Verwende hierzu am besten Ich-Botschaften.
- Höre zu, was dein Gegenüber sich vorstellt, und verhalte dich respektvoll.
- Stelle Rückfragen, um die Motivation der anderen Person besser zu verstehen.
- Versuche, dich in dein Gegenüber hineinzuversetzen und Verständnis zu zeigen.
- Vermische nicht die Beziehungs- und Sachebene. Nimm eine andere Meinung also nicht persönlich und werde nicht emotional.
- Schlage eine alternative Lösung vor, die für beide Seiten fair und gerecht ist.
- Verhandelt eure Motive und Interessen und nicht eure Standpunkte.

Sich entschuldigen

In Freundschaften oder Beziehungen, aber auch im beruflichen Kontext kommt es früher oder später vor, dass du Mist gebaut hast, weil du etwas Verletzendes gesagt oder getan, dich nicht an eine Absprache gehalten etc. hast. In so einer Situation wäre es angebracht, wenn du dich entschuldigst. Einmal für dein Gegenüber, um zu zeigen, dass du verstanden hast, dass dein Verhalten nicht in Ordnung war, und gleichzeitig auch für dich, denn so kann sich die Situation entspannen, du kannst besser mit deiner Schuld umgehen und etwas für deine Selbstfürsorge tun. Außerdem wird die andere Person sich verstanden fühlen.

Sich zu entschuldigen, fällt jedoch vielen Menschen schwer und sie haben Angst vor einem Gesichtsverlust. Um Verzeihung zu bitten, hat jedoch nichts mit Schwäche oder Versagen zu tun, sondern viel mehr mit Respekt und Empathie. Wenn du dich entschuldigst, dann übernimmst du Verantwortung.

Doch weshalb haben viele Menschen Hemmungen, sich zu entschuldigen? Das kann beispielsweise daran liegen, dass Fehler in der Gesellschaft als Schwäche angesehen werden und nicht als Chance, dazuzulernen. Außerdem erfordert es Mut, zuzugeben, dass das eigene Verhalten nicht fair war. Möglicherweise hat die Person in der Kindheit auch schlimme Erfahrungen gemacht, wenn er oder sie sich entschuldigt hat.

Übrigens: Sätze wie: „Es tut mir leid, wenn ich dich verletzt habe", „Wenn du dich angegriffen fühlst, dann entschuldige ich mich für mein Verhalten" oder „Sorry, aber ..." sind keine echten Entschuldigungen, denn sie suggerieren, dass die Verantwortung bei der anderen Person liegt. Solche Aussagen solltest du zukünftig tunlichst vermeiden. Doch was machte eine gute Entschuldigung aus? Roy Lewicki und andere Wissenschaftler:innen von der Ohio State University haben dazu geforscht und folgende Punkte herausgearbeitet:

- Das Wichtigste ist, dass du die Entschuldigung ernst meinst. Worte alleine reichen jedoch nicht aus. Du solltest die komplette Verantwortung für dein Verhalten übernehmen, dich nicht rechtfertigen oder ein „aber" einfügen. Das macht deine Entschuldigung wieder zunichte.
- Zeige Reue nur dann, wenn du sie auch wirklich spürst, denn sonst bist du unauthentisch.
- Deine Entschuldigung sollte dein Fehlverhalten konkret benennen, du solltest dein Bedauern ausdrücken und es kann sinnig sein, wenn du mitteilst, wie du dich zukünftig verhalten möchtest.

Je nachdem, wie stark du dein Gegenüber verletzt hast, kann es helfen, wenn du eine Wiedergutmachung anbietest.

Außerdem finde ich es wichtig, dass du nicht darauf beharrst, dass deine Entschuldigung angenommen wird. So wie jede:r das Recht hat, sich zu entschuldigen, kann auch jede:r dies verwehren. Bei einer Entschuldigung kommt es oft auf den richtigen Zeitpunkt an, manchmal ist es zu früh oder zu spät und manchmal ist es vielleicht auch unmöglich, die Entschuldigung anzunehmen.

Wenn dir auf der Arbeit ein Fehler unterläuft, kann es sinnvoll sein, direkt das Gespräch unter vier Augen mit deiner:m Vorgesetzten zu suchen, anstatt darauf zu hoffen, dass dein Missgeschick nicht auffällt. Auch hier solltest du Verantwortung übernehmen, dich auf eine negative Reaktion vorbereiten und am besten eine Lösung anbieten.

Wenn du dich in einer Freundschaft oder deiner Beziehung fehlverhalten hast, dann solltest du deine Emotionen erst einmal runterkochen lassen, bevor du das Gespräch suchst, um dich zu entschuldigen, sonst entsteht direkt der nächste Streit. Geh z. B. eine kleine Runde um den Block, spiele mit deinem Haustier oder rufe eine:n Freund:in an. Führe anschließend das Gespräch, in dem du dich entschuldigst und um Verzeihung bittest.

Lass jedoch auch nicht zu viel Zeit ins Land ziehen, bevor du dich entschuldigst. Mir kommt eine Patientin in den Sinn, die sich einer Freundin gegenüber mies verhalten hatte. Sie schämte sich enorm und machte sich Vorwürfe, traute sich jedoch nicht, das Gespräch zu suchen. In jeder Sitzung nahm die Patientin sich vor, sich zu entschuldigen, und in jeder nächsten Stunde teilte sie mir mit, dass sie die Situation gemieden hatte. Diese Patientin hatte große Angst vor Ablehnung und war deshalb wie gelähmt. Wir machten viele Rollenspiele, in denen ich manchmal die Freundin und manchmal die Patientin spielte, sodass sie das Ganze üben und selbstsicherer werden konnte. Irgendwann kam sie stolz, aber auch traurig in die Sitzung: Ihre Freundin habe die Entschuldigung angenommen und ihr auch verziehen, sie sei jedoch so enttäuscht, dass sie auf dieses Gespräch so lange habe warten müssen, dass sie sich erst einmal distanzieren wolle. Hätte sich die Patientin nicht so viel Zeit gelassen, hätte es diesen Bruch in der Freundschaft wahrscheinlich nicht gegeben.

Letztendlich darfst du dir bewusst machen, dass Fehler menschlich sind und niemand frei davon ist. Sie zuzugeben zeigt wahre Stärke und verbindet dich mit deinen Mitmenschen – und da sind wir wieder bei den Bindungen, die deiner Selbstfürsorge guttun. Um Verzeihung zu bitten fällt schwer. Deshalb hier ein paar Beispiele für dich, um dich zu inspirieren, wie eine Entschuldigung beginnen könnte:

- „Das ist mir total unangenehm und tut mir sehr leid."
- „Ich möchte mich von ganzem Herzen bei dir entschuldigen. Mir war in dem Moment nicht bewusst, dass ich dich mit ... verletzt habe."
- „Der Fehler liegt ganz klar auf meiner Seite. Es tut mir leid."
- „Ich möchte mich aufrichtig für das, was ich gesagt habe, entschuldigen."
- „Es tut mir leid, dass ich gestern so hässlich zu dir war. Das war unfair und ich gebe mein Bestes, dass das nicht mehr vorkommt."
- „Es tut mir leid, dass ich dir bei deinem Umzug doch nicht helfen konnte."
- „Ich habe noch einmal darüber nachgedacht und darf mir eingestehen, dass du recht hast. Es tut mir leid."

Konstruktive Kritik äußern

Wie oft spreche ich mit meinen Patient:innen darüber, dass sie in ihrem sozialen Umfeld etwas ansprechen dürfen, wenn sie etwas stört. Konstruktive Kritik zu geben, ist für dein Gegenüber im ersten Moment möglicherweise unangenehm, mittel- und langfristig jedoch meist sehr hilfreich. Gleichzeitig kann das Aussprechen bei dir zu Erleichterung führen, denn du schleppst den Ärger und Ballast nicht mehr mit dir herum.

Doch viele Menschen, du vielleicht auch, haben Angst, dass die Kritik verletzend oder als Angriff aufgenommen und man selbst anschließend abgelehnt wird. Sie fürchten sich vor destruktiver Kritik. Konstruktive Kritik hingegen beinhaltet, dass sie so respektvoll formuliert ist, dass dein Gegenüber lernen kann, wie es etwas zukünftig anders machen könnte. Sie umfasst konkrete Beispiele und eine förderliche Rückmeldung, keine Vorwürfe oder Anschuldigungen. Wenn du konstruktive Kritik äußerst, dann geht es nicht nur darum, ein Problem zu benennen, sondern es auch gemeinsam zu lösen. Wenn dein Umfeld weiß, dass du, wenn dich etwas stört, dies auch konstruktiv ansprichst, können deine Bindungen vertrauter und tiefer werden und es herrscht eine offene Atmosphäre.

Kritik solltest du möglichst nicht äußern, wenn du gerade auf dem Sprung bist. Gleichzeitig solltest du nicht Tage oder gar Wochen warten, bis du etwas, das dir auf der Seele liegt, ansprichst. Mir kommt ein Patient in den Sinn, den es unglaublich störte, dass seine Freundin während des gemeinsamen Essens immer wieder am Handy war. Er sprach es jedoch nicht an. Eines Tages sollte seine Partnerin von der Post ein Paket abholen, was sie vergaß. Der Patient rastete komplett aus und warf seiner Freundin alles vor, was er in den Monaten zuvor heruntergeschluckt hatte. Er war erschüttert von seinem Ausbruch, und es stellte sich heraus, dass er nie gelernt hatte, konstruktive Kritik zu äußern, da in seiner Familie entweder alles totgeschwiegen wurde oder in großen Streitigkeiten eskalierte. Dadurch konnte der Patient Mitgefühl mit sich selbst entwickeln und aufhören, sich für seinen Wutausbruch zu verurteilen. In vielen Gesprächen lernte er, Kritik konstruktiv zu kommunizieren, und seine Partnerin kam auch einige Male mit in die Sitzung. So lernten die beiden eine neue Form der Verständigung und fühlten sich stärker verbunden.

Wichtig ist, dass du dir darüber bewusst bist, dass du nur für deine Gefühle und Bedürfnisse verantwortlich bist, nicht für die deines Gegenübers, auch wenn es sich manchmal so anfühlt oder es dir vermittelt wird. Das klingt erst einmal sehr radikal, doch du hast es nicht in der Hand, wie dein:e Gesprächspartner:in dein Handeln auffasst. Außerdem solltest du deine Mitmenschen nicht für deine Gefühle verantwortlich machen.

Kritik zu äußern, bedarf einiger Übung. Deshalb solltest du im Kleinen und bei Alltagsdingen damit beginnen. Bei Personen, zu denen deine Bindung sicher ist, fällt es meist am leichtesten, etwa Bezugspersonen, Partner:in oder Freund:innen. Anderen Menschen fällt es bei fremden Menschen leichter. Wie ist es bei dir?

Tipps für konstruktive Kritik:

- Bleibe konkret und werde nicht verallgemeinernd. Beschreibe genau, welche Aussage oder welches Verhalten dich gestört hat. Beschreibe also das Problem und kritisiere nicht die Person an sich.
- Nutze die GfK (siehe S. 216), um wertschätzend auszudrücken, weshalb dich etwas verärgert hat oder dich belastet. Wenn ein:e Kolleg:in dich immer wieder unterbricht, könntest du z. B. sagen: „Liebe Jana, mir fällt auf, dass du mich in der Morgenbesprechung mehrmals unterbrochen hast. Das ärgert mich. Ich würde mir zukünftig wünschen, dass du mich erst einmal ausreden lässt, bevor du etwas sagst."
- Verwende Ich-Botschaften.
- Vermeide „immer" und „nie".
- Frage dich zuvor:
  - Worum geht es genau?
  - Was ist der Kern des Problems?
  - Was soll konkret geändert werden?
  - Wie kann das umgesetzt werden?
  - Wie kann ich der Person dabei helfen?
- Gib konkrete Ideen, wie die Person es anders machen kann, denn das Ziel konstruktiver Kritik ist, ihr etwas mitzugeben.
- Lass dein Gegenüber Stellung beziehen. So kann es sinnvoll sein, wenn du beispielweise fragst: „Ist dir das auch aufgefallen?" oder „Wie siehst du das?", um deutlich zu machen, dass du auf eine gemeinsame Lösung aus bist.
- Wende die „Sandwich-Methode" an: Lobe deine:n Gesprächspartner:in zunächst ehrlich und nicht gekünstelt, äußere dann die konstruktive Kritik und schließe mit positiven Worten ab.
- Konstruktive Kritik sollte in einem freundlichen Ton und einer zugewandten Körperhaltung erfolgen, denn dein Gegenüber wird sich höchstwahrscheinlich in der Situation erst einmal unwohl fühlen.

Kritik annehmen

Viele Menschen haben Angst, Kritik zu äußern, jedoch noch mehr davor, Kritik zu bekommen, denn damit umzugehen und sie anzunehmen, ist eine Herausforderung. Auch wenn sie konstruktiv, sachlich und freundlich entgegengebracht wird, reagieren viele Menschen mit Rechtfertigungen, Gegenangriffen, Rückzug oder Schuld und Scham. Wenn du auch dazu neigst, nimmst du dir die Möglichkeit, aus Kritik zu lernen und dich weiterzuentwickeln.

Es ist menschlich, Kritik vermeiden zu wollen. Bindungen sind ein Grundbedürfnis, wie du weißt, und du tust alles, um diese nicht zu gefährden. Wenn du sowieso kritisch mit dir umgehst, werden dich kritische Worte wahrscheinlich in deinen negativen Überzeugungen und deinem Selbstbild bestätigen. „Ich wusste es, ich bin ein:e Versager:in“ könnte ein Gedanke sein, der dann hochkommt. Vielleicht nimmst du diese Worte auch persönlich und glaubst, als Person abgelehnt zu werden.

Inwieweit du mit Kritik umgehen kannst, hängt zu einem beachtlichen Teil davon ab, wie du aufgewachsen bist. Wie sind deine Bezugspersonen damit umgegangen, wenn du etwas falsch gemacht hast? Wurdest du bestraft oder wurdest du getröstet und unterstützt? Wurde dir vermittelt, dass Kritik bedeutet, dass du nicht in Ordnung bist?

Dabei muss Kritik an sich gar nicht schlecht sein. Wenn du kritisiert wirst, beziehst du möglicherweise das Gesagte nicht nur auf dein Handeln oder das Gesagte, sondern auf dich als gesamte Person. Doch das sollte bei konstruktiver Kritik nicht der Fall sein. Selbstfürsorge bedeutet, kritikfähig zu sein oder zu werden. Das schließt beide Seiten ein: konstruktive Kritik sowohl äußern als auch empfangen zu können. Wenn du Kritik deiner Mitmenschen annehmen kannst, ohne sauer oder beleidigt zu sein, dann können beide Seiten ehrlich miteinander kommunizieren.

Kritik anzunehmen, bedeutet, dass du die negativen Gefühle aushältst, ohne dich direkt abzuwerten oder als Versager:in zu fühlen. Versuche nicht, perfekt zu sein, um jede Kritik zu vermeiden. Dies ist zum Scheitern verurteilt, denn jede:r macht Fehler. Wenn du Kritik passiv erträgst, schluckst du sie herunter und machst es allein mit dir aus – auch das ist wenig selbstfürsorglich, denn selbst aus nicht konstruktiver Kritik kannst du viel lernen.

So kann es dir leichter fallen, mit Kritik umzugehen:

- Atme erst einmal durch und bekomme etwas Abstand. Es ist völlig legitim, wenn du so etwas sagst wie: „Da muss ich jetzt erst einmal kurz drüber nachdenken, denn es fällt mir schwer, das Gesagte nicht persönlich zu nehmen. Können wir in zehn Minuten noch einmal sprechen?“ So hast du die Möglichkeit, alles zu verarbeiten und nicht impulsiv zu handeln.
- Mach dir bewusst, dass konstruktive Kritik dich weiterbringen und einen positiven Einfluss haben kann. Sei dir darüber im Klaren, dass nicht du als Person, sondern eine Aussage oder ein Verhalten von dir bemängelt wurde, und reflektiere, was du daraus lernen kannst.
- Wenn du sehr aufgewühlt bist, kann dir Aufschreiben helfen. Notiere, was gesagt wurde und stelle dir anschließend folgende Fragen:
  - Was sagt diese Kritik über mich aus?
  - Was sagt diese Kritik über die andere Person aus?
  - Worum geht es eigentlich?
  - Gibt es Aspekte an der Nachricht, die stimmen?
- Sprich mit einer neutralen Person über die Sache. Bedeutsam ist jedoch, dass diese Person sich nicht auf eine Seite schlägt, denn dann besteht die Gefahr, dass man sich über die kritisierende Person nur aufregt. Das ist jedoch nicht zielführend.
- Hinterfrage deine eigenen Ansprüche. Darfst du wirklich keine Fehler machen?
- Übrigens: Du musst nicht jede Kritik annehmen. Stell dir folgende Fragen: Handelt es sich um konstruktive oder destruktive Kritik? Würde ich diese Person auch eigenständig um ihre Meinung bitten oder um Rat fragen? Steht die Person mir so nah, dass sie die Situation einschätzen kann?

Du kannst es nicht allen recht machen

Wenn du zu den Menschen gehörst, die nach Perfektion streben, solltest du dir noch einmal verdeutlichen, dass Selbstfürsorge auch bedeutet, dass du es nicht allen recht machst, sondern dir selbst treu bleibst. Es wird immer Menschen geben, denen dein Handeln nicht passt – auch wenn du die besten Absichten hast.

So ergeht es mir oft auf Instagram. Ich möchte dort aufklären, entstigmatisieren und Wissen vermitteln, und doch gibt es immer wieder Personen, die mich kritisieren, mir falsche Google-Bewertungen schreiben oder mich irgendwo melden. Meine Kritiker:innen sind meine besten Lehrmeister:innen, denn durch ihr Handeln reflektiere ich mich und mein Handeln noch einmal mehr. Ich habe mittlerweile meinen Frieden damit geschlossen, denn mich muss nicht jede:r mögen. Am Ende des Tages ist es wichtig, dass du dir selbst in die Augen schauen kannst, denn du bist die wichtigste Person in deinem Leben.

Eine Geschichte, die das Ganze gut verdeutlicht, möchte ich dir dazu mitgeben: Ein Vater reitet auf einem Esel, neben ihm läuft sein kleiner Sohn. Ein Passant ruft empört: „Schaut euch den an! Er lässt seinen kleinen Jungen nebenherlaufen!" Der Vater steigt ab und setzt seinen Sohn auf den Esel. Kaum sind sie ein paar Schritte gegangen, ruft ein anderer: „Schaut euch das an! Der Sohn sitzt wie ein Pascha auf dem Esel und der alte Mann muss laufen." Nun setzt sich der Vater zu seinem Sohn auf den Esel. Da schreit schon der nächste: „Schaut euch die beiden an! Eine Tierquälerei, zu zweit auf dem armen Esel zu sitzen!" Beide steigen ab und laufen neben dem Esel her. Doch sogleich ruft ein anderer belustigt: „Wie kann man nur so blöd sein! Wozu habt ihr einen Esel, wenn ihr ihn nicht nutzt?"

Komplimente, Lob und Wertschätzung geben

Kritik zu äußern, fällt vielen Menschen schwer. Einige haben jedoch auch Hemmungen davor, ihren Mitmenschen positives Feedback zu geben. Doch zu loben ist ebenfalls selbstfürsorglich, denn so fühlst du dich besser und stärkst deine Bindungen, die ein wichtiges Grundbedürfnis sind. Gleichzeitig ist es für die Person, die das Lob empfängt, Balsam für die Seele und kann das Selbstvertrauen stärken. Komplimente können eine Liebesbeziehung vertiefen, eine Freundschaft verbessern oder auch im Job das Miteinander erleichtern, da sich beide Seiten gesehen und wertgeschätzt fühlen.

Doch wie lobst du richtig?

- Dein Lob sollte ehrlich und kein Mittel zum Zweck sein, denn sonst kann es sich wie Spott anfühlen.
- Ein Kompliment sollte sich weniger auf Äußerlichkeiten und dafür mehr auf innere Qualitäten beziehen. Vor allem Aussagen wie: „Du hast aber toll abgenommen" können für dein Gegenüber wie ein Schlag in die Magengrube sein. Denn vielleicht steckt dahinter eine Essstörung, Liebeskummer oder eine körperliche Erkrankung. Ich plädiere immer wieder dafür, andere Körper nicht zu bewerten – positiv wie negativ. Komplimente zu Äußerlichkeiten scheinen auf den ersten Blick gutzutun. Doch wirklich berühren Worte, die tiefer gehen und die Persönlichkeit, Werte oder Verhalten betreffen. Sie bleiben dir in Erinnerung und berühren.
- Optimal ist es, wenn du Freund:innen, Kolleg:innen oder anderen Menschen die positiven Worte persönlich entgegenbringst, statt es per Textnachricht oder E-Mail zu machen. Dies bringt mehr Emotionen rüber.
- Was dir positiv aufgefallen ist, solltest du konkret benennen, also z. B.: „Deine Idee, hier essen zu gehen, war echt super" oder „Du hast wirklich sehr lecker gekocht."
- Mach dein positives Feedback nicht im gleichen Zug nieder, indem du z. B. etwas sagst wie: „Danke, Elsa, dass du mich heute Morgen im Meeting nicht unterbrochen hast. Wieso klappt das nicht immer?"
- Auch das Verhalten deines Umfelds, etwa Geduld oder Verständnis, sind Anlässe, die du positiv anmerken darfst:
  - „Ich schätze an dir, dass du immer so gute Laune hast."
  - „Mich beeindruckt, dass du versuchst, immer das Positive in einer Situation zu sehen."

- „Dein Essen schmeckt vorzüglich."
- „Du kannst echt gut zuhören."
- „Ich mag deinen Humor."
- „Unsere Unterhaltungen bringen mich jedes Mal weiter."
- „Durch dich kann ich Dinge auch aus einer anderen Perspektive betrachten."
- „Sie haben den Workshop wirklich gut organisiert."

Lob und Komplimente annehmen

Nun weißt du um die Bedeutung von Lob und Komplimenten und kannst sie vermehrt und gezielt anwenden. Vielleicht tust du dich aber schwer, selbst ein Kompliment oder Lob anzunehmen. Ich kenne das von mir selbst nur zu gut und tappe auch heute manchmal noch in die Falle. Meine Freund:innen können ein Lied davon singen. „Ach, so besonders war das doch gar nicht", „Andere machen es doch viel besser", „Die Jacke ist schon älter", „Ich hatte doch Hilfe von XY" oder „Das war doch gar nicht schwer" sind typische Sätze. Irgendwie ziemlich schade und wenig selbstfürsorglich, wenn du Anerkennung ablehnst, oder?

Doch warum fällt es dir so schwer, ein Lob oder Kompliment anzunehmen? Vielleicht, weil du einen geringen Selbstwert oder negative Grundannahmen oder Glaubenssätze über dich besitzt. Wenn du dann ein Kompliment hörst, passt dieses nicht mit deinem Selbstwert zusammen und es entsteht eine kognitive Dissonanz, ein als unangenehm empfundener Gefühlszustand. Er kommt dadurch zustande, dass du einander widersprechende Gedanken (z. B. „Ich bin wertlos" und „Ich höre, dass ich ein:e gute:r Freund:in bin") gleichzeitig wahrnimmst. Würdest du die positiven Worte annehmen, müsstest du dein Selbstbild korrigieren, um Konkordanz, also Übereinstimmung, herzustellen.

Möglicherweise willst du auch nicht eingebildet wirken oder schätzt deine Leistung selbst nicht. Oder du findest die Worte übertrieben, da du eine andere Einschätzung hast. Oder du glaubst, dass man dir das nur sagt, weil man etwas anderes von dir will und dich positiv stimmen möchte. Oder du hast gelernt, dass Bescheidenheit wichtig ist. Es gibt also viele Gründe, weshalb du schlecht mit Komplimenten umgehen kannst.

Wenn du das Lob infrage stellst, hat das zwei Konsequenzen. Zum einen entwertest du das Kompliment und entziehst dir die Möglichkeit, stolz zu sein und dich wertzuschätzen. Zum anderen würdigst du die Worte deines Gegenübers nicht und er oder sie merkt, dass du dich mit den lobenden Worten unwohl fühlst, und wird dich zukünftig möglicherweise weniger positiv würdigen.

Du kannst jedoch lernen, positive Worte anzunehmen. Dies wirkt sich positiv auf dein Selbstbewusstsein aus und zudem begegnest du deinen Mitmenschen wertschätzend. Wenn du das Kompliment relativierst, wertest du auch unbewusst die Meinung der Person ab. Stell dir vor, du hast Geburtstag und lädst zum Kaffeetrinken ein. Ein:e Freund:in lobt den Kuchen, den du gebacken hast. Wenn du dies mit den Worten „So gut schmeckt der nun aber auch nicht" abtust, stellst du den Geschmack der Person in Frage.

Komplimente dürfen mit einem einfachen „Danke" angenommen werden und du bist dann niemandem etwas schuldig. Du kennst sicherlich das Gefühl, wenn du jemandem ein Kompliment machst und die Person sich sehr freut. Das zaubert auch dir ein Lächeln ins Gesicht. Verwehre diese Erfahrung deinem Umfeld nicht. Wenn du das Lob annimmst, machst du auch deinem Gegenüber ein Kompliment, denn du zeigst, dass du der Person und ihrem Urteil vertraust und die Meinung annimmst.

Mache dir bewusst, dass deine Mitmenschen eine eigene Sichtweise haben. In ihren Augen hast du etwas gut gemacht. Komplimente bewusst anzunehmen, kann dir helfen, deine Stärken zu erkennen und deine positiven Seiten schätzen zu lernen. Das bedarf Zeit, wenn du dich zuvor jahrelang kleingehalten hast.

Ich erinnere mich an eine Patientin, die immer Erklärungen hatte, weshalb mein Lob unangebracht sei. Wenn sie sich ihren Ängsten gestellt hatte, dann tat sie dies ab mit Aussagen wie: „Ja, aber das habe ich ja auch nur geschafft, weil wir das vorher so im Detail durchgegangen sind." Dies vermittelte mir im ersten Moment das Gefühl, dass mich meine Wahrnehmung, nämlich, dass diese Frau sich ihrer

Angst gestellt hatte, täuschen würde. Dies thematisierte ich mit ihr und wir erarbeiteten die lebensgeschichtlichen Hintergründe für dieses Verhalten. Die Patientin war als Kind von ihren Bezugspersonen immer runtergemacht worden, wenn sie stolz auf etwas war. Aus Schutz wertete sie Komplimente direkt ab – denn zu viel Freude könnte ja bestraft werden.

Noch ein Gedanke: Kritik und negative Worte nimmst du dir wahrscheinlich schnell zu Herzen und glaubst nicht, dass die andere Person sich täuscht. Warum sollte das bei Komplimenten anders sein? Lob kostet die Lober:innen keine Mühe, denn sie spüren in dem Moment, dass du etwas gut gemacht hast. Das wollen sie dich wissen lassen.

Was du auf ein Kompliment oder Lob sagen kannst:

- „Danke“, „Danke für das Kompliment.“
- „Das freut mich zu hören.“
- „Toll, dass es dir schmeckt/gefällt/ ...“

Grenzen setzen

Grenzen zu setzen, ist essenziell, wenn du gut für dich sorgen möchtest. Wie oft begegnen mir Menschen, die „Ja“ sagen, obwohl sie „Nein“ meinen und sich dann ärgern, dass sie keine Grenze gesetzt haben.

Grenzen sind höchst individuell. Was für die eine Person eine Grenzüberschreitung ist, kann für eine andere total normal sein. So ist es für dich vielleicht normal, eine fremde Person beim ersten Treffen zu umarmen, für jemand anderen ist dies „too much“. Was grenzüberschreitend ist, ist auch kulturell unterschiedlich.

Durch Grenzensetzen kommunizierst du deinem Umfeld, wie weit du gehst und was du tolerierst. Es hilft dir dabei, für dein seelisches Wohlbefinden zu sorgen. Indem du für deine Grenzen einstehst, hast du Einfluss darauf, wie Menschen dich behandeln und welches Verhalten du zulässt.

Vielleicht erwartest du, wie viele andere Menschen auch, dass dein Umfeld schon weiß, was du denkst, fühlst oder brauchst. Sie können jedoch nicht hellsehen, daher darfst du deine Grenzen kommunizieren.

Theoretisch ist es leicht, Grenzen zu setzen, praktisch ist es für viele Menschen die Herausforderung schlechthin. Vielleicht bemerkst du es häufig gar nicht direkt in dem Moment, wenn deine Grenzen übertreten werden, sondern erst zeitverzögert. Das ist erst mal ganz normal, da du dir deiner Grenzen vielleicht gar nicht bewusst bist und wahrscheinlich nicht gelernt hast, Grenzen zu setzen. Du kannst jedoch lernen zu bemerken, wenn deine Bedürfnisse verbal oder körperlich übertreten werden.

Grenzen setzen bedeutet:

- Deine Grenzen und Werte zu kennen und diese sicherstellen.
- Zu wissen, was du (gerne) für andere tust und was nicht.
- Zu wissen, welche Verhaltensweisen du tolerieren kannst und welche nicht.
- Nein zu Situationen zu sagen, die dir nicht guttun.
- Deine Grenzen klar zu kommunizieren und dich so zu schützen.
- Menschen loszulassen, die deine Grenzen nicht respektieren.

Gründe und Folgen von fehlenden Grenzen

Die Gründe für fehlende Grenzen sind vielfältig. Vielleicht haben deine Bezugspersonen dir nicht vorgelebt, wie man Grenzen setzt und dass dies wichtig ist. Möglicherweise hast du die Sorge, andere Menschen zu verletzen oder vor den Kopf zu stoßen, wenn du Nein sagst und eine Grenze kommunizierst. Dahinter steht die Angst vor Ablehnung oder Zurückweisung, denn dein Bedürfnis nach Bindung könnte verletzt werden. Du könntest die Sorge haben, „schwach" zu wirken, wenn du deutlich machst, dass es dir zu viel ist. Eventuell hast du auch die Überzeugung, dass deine Bedürfnisse, Wünsche und Ziele nicht so wichtig sind oder du verlassen wirst, wenn du nicht das tust, was andere von dir erwarten. Oder du hast die Vermutung, egoistisch zu wirken, wenn du deine Bedürfnisse priorisierst.

Wenn deine Grenzen ständig übertreten werden, dann geht das auf deine Kosten. Du fühlst dich nicht gesehen und wertgeschätzt und hast das Gefühl, mehr zu geben als dein Gegenüber.

Wenn du es deinem Umfeld immer rechtmachen willst, besteht die Gefahr, dass du ausgenutzt und zum Spielball wirst. Dein „Ja“ zählt dann gar nicht mehr, weil alle ohnehin davon ausgehen, dass du die unliebsame Aufgabe übernimmst, einspringst oder die Geschenke der Clique organisierst und einpackst.

Wenn du deine Grenzen klar kommunizierst, kann das deine stabilen Beziehungen auf eine andere Ebene bringen. Deine Mitmenschen können dich und dein Verhalten besser verstehen und wissen, wie sie dich behandeln sollen. Natürlich kann es geschehen, dass Beziehungen dabei in die Brüche gehen, weil dein Gegenüber es nicht gewohnt ist, dass du dich nicht mehr anpasst. Mach dir hier bewusst, dass dies wahrscheinlich keine stabilen Beziehungen waren, wenn diese nur funktionierten, indem du dich unterordnest.

Grenzen auf der Arbeit

Möglicherweise gelingt es dir im Privaten gut, deine Grenzen zu setzen, beruflich knickst du jedoch immer wieder ein, aus Sorge vor einer Kündigung oder keine Beförderung zu bekommen. Wenn du immer wieder Grenzüberschreitungen oder unrealistische Erwartungen von deinen Vorgesetzten erfährst, kann dich das auslaugen oder im Worst Case zum Burn-out führen.

Folgende Fragen können dir helfen:

- Sind die Anforderungen an mich realistisch?
- Kann ich sie meistern oder übersteigen sie meine Fähigkeiten und Möglichkeiten?
- Ist diese Aufgabe dringend und wichtig (siehe das Eisenhower-Prinzip auf S. 77)?
- Was passiert, wenn du Nein sagst und eine Grenze ziehst?

Auch im beruflichen Kontext darfst du deine Grenzen kommunizieren. Wie das geht, erfährst du jetzt.

Grenzen setzen in jeder Situation

- Werde dir deiner Grenzen bewusst. Was wünschst du dir im Umgang mit deinen Mitmenschen? Wie soll man dich behandeln? Wann werden deine Grenzen übertreten? Wann fühlst du dich angegriffen oder ausgenutzt? Welches Verhalten ist für dich noch tolerierbar?
- Es ist wichtig, dass du deine Grenzen kommunizierst, denn dein Gegenüber kann nicht hellsehen. Sage klar, was du nicht möchtest und welche Bedürfnisse du hast, und bleibe bei dir. Kommuniziere, was eine bestimmte Situation oder ein Verhalten bei dir auslöst.
- Was wünschst du dir stattdessen? (z. B.: „Wenn du ständig zu spät kommst, habe ich das Gefühl, unser Treffen sei dir nicht wichtig. Ich wünsche mir, dass du mir 30 Minuten vorher Bescheid gibst, wenn du dich verspätest.")
- Bleibe bei deiner Grenze und knicke nicht ein. Verteidige sie und mach deutlich, dass du dir wünschst, dass deine Grenze ernst genommen und respektiert wird.
- Zieh Konsequenzen, wenn Personen deine Grenzen wiederholt missachten und übertreten. Frage dich, ob es wahre Freund:innen sind, wenn sie deine Bedürfnisse nicht sehen. Im beruflichen Kontext kannst du den Kontakt vielleicht auf ein Minimum begrenzen oder dein:e Vorgesetzte:n mit ins Boot holen. Außerdem solltest du dir überlegen, ob du nicht eine andere Stelle findest.
- Fang klein an und überfordere dich nicht. Setze z. B. zu Beginn in anonymen Situationen in der Stadt Grenzen, wenn du gefragt wirst, ob du an einer Umfrage teilnehmen möchtest oder sag „Das weiß ich nicht", wenn du nach dem Weg gefragt wirst. Wenn du das gut geübt hast, kannst du beginnen, bei Kolleg:innen und Freund:innen deine Grenzen zu ziehen.

Grenzen zu setzen, kann zu Beginn erst einmal unangenehm sein. Vielleicht willst du am liebsten direkt zurückrudern und deine Entscheidung rückgängig machen. Tu es nicht. Es ist okay, wenn du Verabredungen absagst, weil es dir zu viel wird. Es ist okay, dich erst einmal unwohl dabei zu fühlen. Mach dir bewusst, dass Selbstfürsorge sich nicht immer angenehm anfühlen muss, um dir langfristig gutzutun. Sei umgekehrt nicht enttäuscht, wenn jemand dir kurzfristig absagt: Es wäre egoistisch zu verlangen, dass die Person sich mit dir trifft, damit du dich gut fühlst.

Neinsagen

Das Thema Neinsagen hängt ganz eng mit „Grenzen setzen" zusammen. Vielleicht kennst du deine Grenzen recht klar, scheiterst jedoch immer wieder daran, sie zu kommunizieren und Nein zu sagen.

Möglicherweise sagst du auch aus Gewohnheit häufig direkt Ja und gehörst zu den Menschen, die von allen gemocht werden möchten. Wenn Patient:innen mir berichten, dass sie von niemanden abgelehnt werden wollen, dann erzähle ich, dass es sogar Menschen gibt, die etwas an der „Biene Maja" oder der „Sendung mit der Maus" zu kritisieren haben. Du kannst es nicht allen recht machen. So singt die Band Die Ärzte in „Lasse redn": „Lass die Leute reden und hör ihnen nicht zu! Die meisten Leute haben ja nichts Besseres zu tun. Lass die Leute reden bei Tag und auch bei Nacht. Lass die Leute reden, das haben die immer schon gemacht!" Wie wahr.

Du darfst also Nein sagen, auch wenn es jemand anderem nicht gefällt. Dir würde es (langfristig) nicht gefallen, wenn du „Ja" sagst. Wenn du lernst, Nein zu sagen, dann wirst du mehr Zeit für Dinge haben, die dir wichtig sind, und für deine Bedürfnisse besser einstehen. Außerdem verschaffst du dir Respekt. Dein Ja ist nicht mehr selbstverständlich und wird zukünftig mehr geschätzt, und deine Selbstfürsorge kann auf ein anderes Level kommen, da du dich mehr wertschätzt.

Wenn du damit haderst, ob du wirklich Nein sagen solltest, dann frage dich: Welche Kosten hat es, wenn ich Ja sage? Was kommt zu kurz? Was wollte ich eigentlich machen? Lebenszeit ist das Kostbarste, das wir haben. Sie kommt nicht zurück. Wie möchtest du sie verbringen? Mit einem Gefallen, den du Kolleg:innen tust? Oder mit den Aufgaben, die dich weiterbringen?

So kannst du Nein sagen:

- Verschaffe dir etwas Zeit: „Ich muss kurz darüber nachdenken. Ich melde mich in 30 Minuten“ oder „Das muss ich erst abklären, ich sage dir zeitnah Bescheid.“ So hast du etwas Zeit, über eine Bitte oder Aufgabe nachzudenken. Wenn du unsicher bist, wie du dich entscheiden sollst, kannst du dich mit nahestehenden Personen beratschlagen. Selten müssen Entscheidungen direkt in dem Moment getroffen werden.
- Sage kategorisch „Nein“: „Das mache ich grundsätzlich nicht.“
- Lehne eine Bitte mit der Begründung ab, dass dein Bedürfnis XY dann auf der Strecke bleiben würde.
- Erkläre, weshalb du Nein sagst, wenn du das Bedürfnis hast. Denke daran, der Mensch ist ein „Weil-Tier“ (siehe S. 223).
- Sei empathisch: „Ich kann verstehen, dass du dir meine Unterstützung wünschst, mir passt es zeitlich jedoch nicht. Ein anderes Mal sehr gerne.“
- Mach einen Vorschlag: „Ich kann dich dabei nicht unterstützen, aber frag mal Julian, ob er dich unterstützen kann.“
- Wenn jemand dein Nein nicht akzeptiert, dann wiederhole dein Nein so, als ob du eine Schallplatte verschluckt hättest.

Genauso wie beim Grenzensetzen kann es sein, dass du dich zunächst unwohl fühlen wirst. Mach dir dann immer wieder bewusst, dass du für dich und deine Selbstfürsorge eingestanden bist und dir Zeit verschafft hast.

Indem du immer wieder übst, Nein zu sagen (eventuell auch vor dem Spiegel), wirst du selbstsicherer und traust dich eher, Grenzen zu setzen. Diese Formulierungen helfen:

- Nein. (Ja, „Nein“ ist ein ganzer Satz.)
- Das möchte ich nicht, weil .../Das passt mir nicht, weil ...
- Nein, aber nett, dass du fragst.
- Das muss ich (leider) absagen.
- Das kann ich machen, wenn du für mich XY übernimmst.
- Ich schätze, dass du mir das zutraust, aber ich möchte es nicht machen, weil ...

- Wenn ich ehrlich bin, habe ich auf den Kinofilm keine Lust.
- Tut mir leid, aktuell habe ich keine Kapazitäten.
- Ok, welche Aufgabe soll ich dafür nicht machen? (Arbeitgeber:in)
- Bitte nimm es mir nicht übel, aber dieses Mal muss ich leider passen. Du kannst mich zukünftig aber gerne wieder fragen, denn ich helfe gern, wenn es möglich ist.

Wenn du diese Aspekte in deinen Beziehungen ausprobierst und dir das aneignest, was sich für dich stimmig anfühlt, dann können diese Verhaltensweisen und Kommunikationsänderungen dazu führen, dass deine Beziehungen besser laufen. Dadurch, dass du deine Selbstfürsorge praktizierst, kann du Veränderungen in deinem Umfeld bewirken und deine Mitmenschen inspirieren, auch fürsorglicher mit sich selbst umzugehen.

SCHLUSSWORT

So hast du einen ganzen Batzen an Informationen, Hintergrundwissen und Übungen zum Thema Selbstfürsorge erhalten. Ich hätte noch so viel mehr schreiben können, doch jedes Buch geht irgendwann zu Ende.

Du weißt nun, weshalb Selbstfürsorge so enorm wichtig ist, und hast Tools kennengelernt, die dir auf deinem Weg zu mehr Selbstfürsorge helfen können. Nun heißt es: üben, üben, üben. Probiere dich aus und bediene dich am Selbstfürsorgebuffet. Nimm einen Nachschlag von den Speisen, die dir munden – oder verzichte und wähle lieber einen Nachtisch. Stelle dir also dein individuelles Menü zusammen. Sei bitte nicht frustriert und geh liebevoll mit dir um, wenn es anstrengend wird. Das ist ganz normal.

Ich bin mir ziemlich sicher, dass dein Weg von Höhen und Tiefen geprägt sein wird, doch wenn ich es geschafft habe, mich nach meinem Koma mithilfe von ganz viel Selbstfürsorge zurück ins Leben zu kämpfen, dann kannst du das auch schaffen. Gehe die Schritte in *deinem* Tempo, lege kleine Pausen ein, wenn es dir zu anstrengend wird, doch bleibe dran. Selbstfürsorge ist ein Langstreckenlauf und kein Sprint.

Teste die unterschiedlichen Aspekte mehr als nur einmal, denn es braucht Zeit, bis aus neuem Verhalten eine Gewohnheit wird und du den Nutzen erkennst. Mache dir außerdem bewusst, dass das Kümmern um dich selbst nicht immer Spaß macht, es aber deinem Wohle dient.

Es braucht nur eine einzige Person, die daran glaubt, dass du es schaffst, so wie es bei mir meine wunderbare Psychotherapeutin war. Du brauchst noch nicht daran zu glauben, dass du eine bessere Selbstfürsorge erlernen wirst. Was es braucht, ist deine Bereitschaft. Und diese eine Person, die an dich glaubt, das bin ich. Ich glaube an dich und bin fest davon überzeugt, dass du deinen Weg gehen wirst, um dich besser um dich selbst zu sorgen.

Wenn ich in die Zukunft blicke, dann wünsche ich mir, dass dieses Buch irgendwann gar nicht mehr notwendig sein wird, weil alle Menschen denken: „Selbstfürsorge – das ist doch total selbstverständlich. Darüber brauche ich gar nichts zu lernen."

Ich wünsche mir eine Welt, in der es normal ist, nein zu sagen, wenn man eine Pause braucht, und in der es selbstverständlich ist, sich gut um sich zu sorgen und nicht abwertend mit sich selbst zu sprechen. Ich wünsche mir ein Bewusstsein dafür, dass wir Menschen uns nicht kritisieren und runter machen, sondern mit Mitgefühl und Wohlwollen begegnen. Ich wünsche mir eine Welt, in der das Motto gilt: Selbstfürsorge ist nicht egoistisch, sondern logisch.

Du schaffst das. Ich glaub an dich.

DANKSAGUNG

Ich danke meiner Familie, die mich immer unterstützt und niemals aufgegeben hat. Ich weiß, dass ich nicht die leichteste Tochter und Schwester war. Ich habe größten Respekt davor, dass ihr immer für mich da seid und mich unterstützt. Danke an meine Nichte Lilly, deren Foto das erste war, was ich im Krankenhaus sah, als ich aus dem Koma aufwachte. Ich wollte dir eine gute Tante sein, und so hast du mir die Motivation gegeben, nicht aufzugeben.

Ein ganz besonderer Dank gilt meiner Psychotherapeutin Frau R., ohne die ich heute nicht da stehen würde, wo ich bin. Auch sie hat mich niemals aufgegeben, mir zahlreiche lehrhafte Momente geschenkt und immer an mich geglaubt, wenn ich mich aufgegeben hatte. Außerdem hat sie mich vieles gelehrt, was ich an meine Patient:innen weitergeben kann. So gebe ich Betroffene niemals auf und unterstütze sie auf ihrem Weg in ihrem Tempo. Danke, danke, danke. Ich hoffe, Sie wissen, was Sie geleistet haben.

Ein riesen-, riesengroßer Dank gilt Serge, der mich in den letzten Jahren auf der Reise raus aus dem Untergewicht begleitet, unterstützt und mir mit größter Geduld entgegengetreten ist. Ohne ihn wäre ich heute nicht dort, wo ich bin, und würde mich definitiv nicht so wohl in meinem Körper fühlen, mit dem ich 20 Jahre im Krieg war. Danke für deine Geduld, dein Durchhaltevermögen und die freundlichen Arschtritte. Ich habe mit dir nicht nur einen großartigen Coach, sondern auch einen sehr guten Freund dazugewonnen. Außerdem geht eine große Wertschätzung an alle Mitarbeitenden aus dem LA Performance House.

Ich danke allen meinen Patient:innen, die mir ihr Vertrauen schenken und ihre Geschichten erzählen. Durch sie darf und durfte ich sehr viel lernen und die Psychotherapeutin werden, die ich heute bin. Ich fühle mich jedes Mal wieder geehrt, sie auf ihrem Weg ein Stück zu begleiten und so auch mich immer wieder zu hinterfragen und reflektieren.

Danke auch an Katja vom humboldt Verlag für die tolle Zusammenarbeit zu diesem Buch. Ich habe mich immer sehr gesehen, einbezogen und unglaublich wohlgefühlt.

Respekt und großer Dank geht an meine Lektorin Linda, die über 100.000 Zeichen kürzen musste und dennoch keine Inhalte aus dem Buch gestrichen hat. Du hast genau verstanden, was mir wichtig ist, und den Worten Raum gegeben.

Danke an alle Menschen in meinem Umfeld, die das Buch vorab gelesen und mir Impulse und Feedback gegeben haben.

Ganz besonderer Dank geht an meine großartige Community auf Instagram, die kontinuierlich wächst und mir zeigt, dass die Themen Psychologie, Psychotherapie und mentale Gesundheit eben keine Tabuthemen mehr sind. Ich schätze den Austausch mit euch sehr und ihr seid der Grund, warum ich das alles mache.

Selbstverständlich danke ich auch dir und allen anderen Leser:innen, die das Thema Selbstfürsorge für wichtig erachten. Lasst uns das Thema noch mehr in die Welt tragen, sodass es irgendwann Normalität ist. Wenn dir das Buch gefallen hat, würde ich mich sehr über eine positive Amazon-Rezension oder Nachricht freuen. Gib mir auch gerne Feedback, wie es nach einiger Zeit mit deiner Selbstfürsorge steht.

Zum Schluss danke ich mir selbst, dass ich mich niemals aufgegeben habe und mich täglich meiner Selbstfürsorge widme. Danke, Anke, dass du deinen Lebensmut und deine Kraft nicht verloren hast.

LITERATUR

Quellen und Literatur zum Weiterlesen

Angevaren M, Aufdemkampe G, Verhaar HJJ, et al. (2008): Physical activity and enhanced fitness to improve cognitive function in older people without known cognitive impairment. Cochrane Database Systematic Reviews 16(3): CD005381

Antonovsky, A.: Salutogenese. Zur Entmystifizierung der Gesundheit, DGVT-Verlag 1997

Berking, M., Rief, W. Klinische Psychologie und Psychotherapie. Band II: Therapieverfahren. Lesen, Hören, Lernen im Web, Springer 2012

Colberg SR, Sigal RJ, Fernhall B, et al: Exercise and type 2 diabetes: the American College of Sports Medicine and the American Diabetes Association: joint position statement. Diabetes Care 2010; 33: e147–167)

Czekierda K, Banik A, Park C (2017): Meaning in life and physical health: systematic review and meta-analysis. Health Psychology Review Vol. 11, Issue 4, 387–418

Dickens, LR (2017): Using gratitude to promote positive change: A series of meta-analyses investigating the effectiveness of gratitude interventions. Basic and Applied Social Psychology 39

Eismann, G., Lammers, C.-H.: Therapie-Tools Emotionsregulation, Beltz 2017

Elkjær E, Mikkelsen M, Michalak J, Mennin D, O'Tolle M (2022): Expansive and contractive postures and movement: A systematic review and meta-analysis of the effect of motor displays on affective and behavioral responses. Perspectives on Psychological Science 17: 276–304

Emmons, RA, McCullough, ME (2003): Counting blessings versus burdens: Experimental studies of gratitude and subjective well-being. Journal of Personality and Social Psychology 84

Faßbinder, E., Klein, J. Ph., Sipos, V., Schweiger, U.: Therapie-Tools Depression, Beltz 2015

Frankl, V. E.: ...trotzdem Ja zum Leben sagen. Ein Psychologe erlebt das Konzentrationslager, Kösel 1994

Guthold R, Stevens GA, Riley LM, Bull FC: Worldwide trends in insufficient physical activity from 2001 to 2016: a pooled analysis of 358 population-based surveys with 1.9 million participants. Lancet Glob Health 2018; 6: e1077–86

Holt-Lunstad, J, Smith, B, Layton JB (2010): Social relationships and mortality risk: A meta-analytic review. Plos Medicine, 7

http://mediation-ch.org/cms2/fileadmin/dokumente/Newsletter/2015-02/de/Handout_GFK.pdf

http://www.blitz-psychotherapie.de/media/files/Einleitung_2.pdf

https://de.statista.com/infografik/amp/16820/darum-fehlen-deutsche-arbeitnehmer/

https://de.statista.com/statistik/daten/studie/1055110/umfrage/zahl-der-toten-nach-staaten-im-zweiten-weltkrieg/

https://hateaid.org/doomscrolling/

https://hph-psychologie.de/selbstfuersorge-faellt-mir-schwer-was-steckt-dahinter-die-6-haeufigsten-probleme/

https://journals.plos.org/plosmedicine/article?id=10.1371/journal.pmed.1000316

https://www.aerzteblatt.de/archiv/209444/Sport-als-Praevention-Fakten-und-Zahlen-fuer-das-individuelle-Mass-an-Bewegung

https://www.bzfe.de/service/news/aktuelle-meldungen/news-archiv/meldungen-2019/november/ernaehrung-und-depression/

https://www.bzfe.de/service/news/aktuelle-meldungen/news-archiv/meldungen-2019/november/ernaehrung-und-depression/

https://www.dge.de/presse/pm/mehr-ballaststoffe-bitte/

https://www.dgppn.de/_Resources/Persistent/f80fb3f112b4eda48f-6c5f3c68d23632a03ba599/DGPPN_Dossier%20web.pdf

https://www.klaus-grawe-institut.ch/blog/selbstfuersorge-und-was-daran-so-schwierig-ist/

https://www.lunge-zuerich.ch/file/10_Shop/Merkblaetter/Merkblatt_Gesunder_Schlaf_Schlafhygiene.pdf

https://www.mentalhealthcrowd.de/mentalhealthguide/

https://www.psychologie-heute.de/leben/artikel-detailansicht/40931-das-leise-glueck-der-zufriedenheit.html

https://www.tk.de/resource/blob/2143222/8e38808d9a1f82ed55d34320c1aaf8a1/tk-studie-praesentismus-data.pdf

https://www.tk.de/resource/blob/2116464/9ff316aaf08870ed54aa8a664502ac67/2021-stressstudie-data.pdf

Iyengar, Sh, Lepper, M (2000). When choice is demotivating: Can one desire too much of a good thing? Journal of Personality and Social Psychology, 79, 995–1006

Lelord, F.: Hectors Reise oder die Suche nach dem Glück. Piper 2004

Maas, A.: Die Happiness-Lüge. Wenn positives Denken toxisch wird, Anna Maas. Eden Books 2021

Macleod A, Moore E (2000): Positive thinking revisited: positive cognitions, well-being and mental health. Clinical Psychology & Psychotherapie. Vol. 7, Issue 1, 1–10. (https://onlinelibrary.wiley.com/doi/abs/10.1002/(SICI)1099-0879(200002)7:1%3C1::AID-CPP228%3E3.0.CO;2-S)

Neff, K: Self-Compassion: An alternative conceptualization of a healthy attitude toward oneself (Self and Identity, 2003) (https://www.tandfonline.com/doi/abs/10.1080/15298860309032)

Netz Y, Wu MJ, Becker BJ, Tenenbaum G (2005): Physical activity and psychological well-being in advanced age: a meta-analysis of intervention studies. Psychology Aging 20: 272–284

Özdemir, N.: Was wir glauben, wer wir sind. Vom Mut, sich neu zu denken. Geschichten aus der Psychotherapie, Beltz 2022

Pedersen L, Idorn M, Olofsson GH, et al: Voluntary running suppresses tumor growth through epinephrine- and IL-6-dependent NK cell mobilization and redistribution. Cell Metab 2016; 23: 554–6

Reddemann, L.: Selbstfürsorge. In: Kernberg, O. F., Dulz, B., Eckert, J. (Hrsg.): Wir: Psychotherapeuten über sich und ihren „unmöglichen“ Beruf, Hogrefe 2005 (S. 563–568)

Reichhart, T.: Das Prinzip Selbstfürsorge. Wie wir Verantwortung für uns übernehmen und gelassen und frei leben. Roadmap für den Alltag, München 2019

Revenstorf, D.: Psychotherapeutische Verfahren, Band 1: Tiefenpsychologische Therapie, Stuttgart [2]1994

Ross R, Blair SN, Arena R, et al: Importance of assessing cardiorespiratory fitness in clinical practice: A case for fitness as a clinical vital sign: A scientific statement from the American Heart Association. Circulation 2016; 134: e653–99

Schulz von Thun, F.: Miteinander reden: 1. Störungen und Klärungen, Rowohlt 2013

Spence JC., Mc Gannon KR., Poon P. (2005): The effect of exercise on global self-esteem: a quantitative review. Journal of Sport and Exercise Psychology 27: 311–334

Ware, B.: 5 Dinge, die Sterbende am meisten bereuen. Einsichten, die Ihr Leben verändern, Goldmann 2015

Empfehlen und gewinnen!

Hat dir dieses Buch gefallen?

Dann empfiehl es bitte weiter und schreib eine aussagekräftige Bewertung in einem Buch-Shop deiner Wahl, auf deinem Blog oder in den Sozialen Medien. Aus der Bewertung sollte hervorgehen, was dir an dem Buch gefallen hat und für wen es besonders geeignet ist.

Als Dankeschön verlosen wir jeden Monat unter allen, die mitmachen, fünf humboldt-Ratgeber – mit etwas Glück bist auch du mit deinem Wunschtitel dabei.

Um an der Verlosung teilzunehmen, schick uns einfach den Link zu deiner Buchbewertung sowie deinen Wunschtitel aus unserem Programm an: presse@humboldt.de.

Bibliografische Information der Deutschen Nationalbibliothek
Die Deutsche Nationalbibliothek verzeichnet diese Publikation in der deutschen Nationalbibliografie; detaillierte bibliografische Daten sind im Internet über https://dnb.de abrufbar.

ISBN 978-3-8426-4262-1 (Print)
ISBN 978-3-8426-4263-8 (PDF)
ISBN 978-3-8426-4264-5 (EPUB)

Abbildungen:
Titelmotiv: shutterstock/world of vector, Chantal de Bruijne
Autorinnenfoto: L&A Performance House

Originalausgabe

Die Ratgebermarke der Schlütersche Fachmedien GmbH
Hans-Böckler-Allee 7, 30173 Hannover
www.humboldt.de
www.schluetersche.de

Lektorat: Linda Strehl, wort & tat, München
Covergestaltung: ZERO, München
Satz: PER MEDIEN & MARKETING GmbH, Braunschweig
Druck und Bindung: gutenberg beuys feindruckerei GmbH, Langenhagen